생존을 위한 세계사

신념의 탄생과 충돌의 역사

생존을 위한 세계사

강태형 지음

"
인간의 삶은
투쟁의 연속이다.
"

토머스 홉스

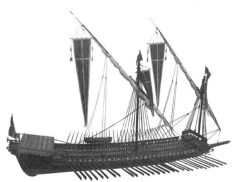

유아이북스

들어가는 글

우리는 왜 세계사를 배워야할까요?

단도직입적으로 얘기하겠습니다. 살아남기 위해서입니다.

토머스 홉스는 1651년 1월 런던에서 《리바이어던》이라는 책을 발표합니다. 그는 책에서 '인간은 본래 이기적인 존재'이기 때문에 원시시대부터 지금까지 '만인에 대한 만인의 투쟁 상태'가 계속 된다고 주장합니다.

무척이나 과격한 주장이지만 슬프게도 사실입니다. 원시시대 호모 사피엔스는 호모 네안데르탈렌시스와 생존 투쟁을 벌였고, 결국 네안데르탈인은 멸종하고 인류만 살아남았습니다.

그렇다면 투쟁에서 살아남기 위해서 가장 필요한 것은 무엇일까요?

기원전 6세기 중국 전국시대 사람인 손무는 자신의 저서 《손자병법》에서 "지피지기백전불태知彼知己百戰不殆"라고 했습니다. 해석하면 '적을 알고 나를 알면 백번 싸워도 위태로움이 없다'입니다. 살아남기 위해서는 적을 잘 알아야합니다.

1853년 일본은 미국의 매튜 페리 제독이 이끄는 쿠로후네黑船(흑선)의 공격을 받고 강제로 개항됩니다. 일본은 부지런히 서양을 공부하여 30여 년 후인 1868년 메이지 유신을 단행하고 근대화에 성공하여 근대 제국주의 열강으로 거듭납니다. 9년 후인 1876년 쿠로후네 사건을 모방하여 조선을 강제 개항시킵니다. 하지만 조선은 강화도 조약이 체결된 이후에도 전혀 서양을 공부하려 하지 않았고 결국 일본의 식민지가 되는 비극을 맞이하였습니다.

그러면 세계사를 움직이는 힘은 무엇일까요?

18세기 영국의 경제학자 애덤 스미스는 아마도 '경제'라고 주장할 것입니다.

먹지 않으면 살 수 없습니다. 때문에 경제만큼 중요한 문제는 없습니다. 만약 애덤 스미스에게 세계사를 쓰라고 한다면 '시장'을 중심으로 쓸 것입니다.

하지만 예수라면 "사람이 떡으로만 사는 것이 아니다"라며 통렬히 비판 할 것입니다. 그리고는 "여호와의 입에서 나오는 모든 말씀으로 사는 것이라"고 할 것입니다. 실제로 인류의 역사에서 종교적 신념이나 정치적 이념에 목숨을 바친 사람은 셀 수 없이 많습니다. 지금도 수많은 국가와 민족들이 자신의 신념을 위해 전쟁까지 일으킵니다.

어떤 이들은 '실제로 존재하지도 않는 신념이나 이념에 목숨을 바치는 것은 어리석은 일'이라고 하겠지만, 다른 이들은 '먹고 사는 것에만 만족하는 인간은 짐승과 다를 바 없다'라고 할 것입니다.

이 책에서는 종교적 신념과 정치적 이념을 중심으로 세계사를 풀어나가겠습니다.

여러분에게 당부의 말씀 드립니다. 이 책을 읽는 동안은 자신이 가진 종교적 신념과 정치적 이념을 잠시 내려놓고 제3자의 시선에서 읽어주시기를 바랍니다.

차 례

제2부 중세 세계

제3부 근대 세계

제4부 현대 세계

제1부

고대 세계

제1장 | 선사 시대

	세계사	우리 역사
400만 년 전	오스트랄로피테쿠스 출현	
300만 년 전	구석기 시대 시작	
230만 년 전	호모 하빌리스 출현	
200만 년 전	오스트랄로피테쿠스 멸종	
190만 년 전	호모 에렉투스 출현	
150만 년 전	호모 하빌리스 멸종	
70만 년 전		구석기 시대 시작
40만 년 전	호모 네안데르탈렌시스 출현	
30만 년 전	호모 사피엔스 출현	
10만 년 전	호모 에렉투스 멸종	
5만 년 전	호모 사피엔스 아프리카에서 출발	
3만 년 전	호모 네안데르탈렌시스 멸종	
2만 7000년 전	개의 가축화	
2만 년 전	호모 사피엔스 아메리카 대륙 진출	
BC 15000년	신석기 시작	
BC 9600년	괴베클리 테페 건설	
BC 9000년	농업 시작, 밀 재배	
BC 8000년	벼 재배	
BC 7000년	보리 재배, 양, 염소, 소, 돼지의 가축화	
BC 6000년		신석기 시대 시작
BC 4000년	유목의 시작	
BC 3000년	말의 가축화	

석기 시대는 사람 속(호모)에 속하는 생물이 돌을 주요한 도구로 사용한 시대입니다. 호모의 특징은 도구와 불을 사용하였고, 언어가 있어 서로 대화가 가능하다는 것입니다. 여러 종류의 호모가 있었으나 현재까지 살아남은 것은 호모 사피엔스뿐입니다.

선사 시대는 아직 문자는 발명되지 않았을 때라 유물과 유적으로 당시의 생활상을 추측해야 합니다. 그래서 역사를 기록하기 이전이라는 의미로 선사시대라고 합니다.

구석기 시대: 호모의 탄생

260만~300만 년 사람 속(호모)에 속하는 생물이 돌을 깨서 만든 뗀석기를 이용했습니다. 이 시기를 구석기 시대라고 합니다.

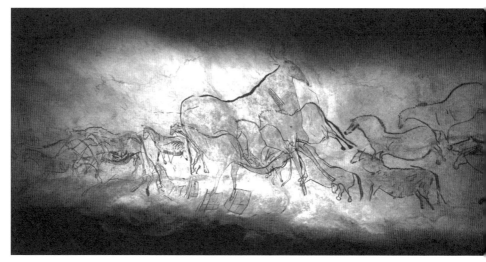

• 라스코 동굴 벽화(기원전 17000년~15000년경 그려진 것으로 추정)

호모 네안데르탈렌시스는 약 40만 년 전에 출현합니다. 지중해와 유럽에서 주로 살았으며, 사후 세계에 대한 개념이 있었는지 시체를 매장하고 그 위에 꽃을 놓기도 했습니다.

호모 사피엔스는 약 30만 년 전에 출현합니다. 아프리카에서 등장하여 전 세계 각지로 확산합니다. 예술가의 기질이 있어서 그림을 그리기도 했습니다.

그런데 호모 네안데르탈렌시스는 약 3만 년 전에서 4만 년 전 사이에 멸종합니다. 아마도 호모 사피엔스와의 경쟁에 밀려 활동 범위가 축소되다가 사피엔스에게 흡수되어 사라진 것 같습니다.

네안데르탈인에 비해 생체 능력이 월등히 약하고 지능에서도 큰 우위를 보이지 못한 우리들이 살아남을 수 있었던 이유는 무엇일까요? 여러 가지 가설이 있지만 그중 하나는 신의 발견(또는 발명)입니다. 신이라는 개념을 통해 사피엔스들은 집단으로 뭉칠 수 있었고, 사회를 이루어 결국 네안데르탈인과의 생존경쟁에서 이길 수 있었다는 것입니다.

신석기 시대: 인류의 탄생

국어 시간에 직유와 은유에 대해 배우셨을 것입니다. "내 마음은 호수처럼 잔잔하다"는 직유이고, "내 마음은 호수다"는 은유입니다. 인류학자인 스반테 페보는 네안데르탈인과 혼종이 된 현생 인류의 뇌 속에 커다란 변화가 일어나 은유의 능력이 생겼다고 주장합니다. 은유는 직유에서 한 단계 발전된 비유법으로 사물, 사고, 현상, 사태 등의 원관념을 구체적이고 직접적인 언어로 말하지 않고 보조 관념들만을 이용해 제시하는 것입니다.

인류가 사용하는 모든 언어는 은유를 통하여 의미를 전달합니다. 인류는 자연, 사회, 진리 등을 인격체로 은유하면서 신神이라는 개념을 발견(혹은 발명)합니다.

현재 발견된 가장 오래된 도시는 튀르키예 동남부 아나톨리아 지역의 산맥 능선 꼭대기에서 있는 괴베클리 테페입니다. 이 도시는 1만 2000년 전에서 1만 1000년 전에 지어진 것으로 추정됩니다. 유적의 발굴자인 클라우스 슈미트는 괴베클리 테페가 신전이라고 주장합니다. 사람들은 약 150킬로미터 떨어진 곳에서도 공물로 바칠 사슴과 가젤을 가지고 괴베클리 테페로 몰려왔다고 합니다.

아마도 종교의 형태는 애니미즘, 토테미즘, 샤머니즘이었을 것입니다.

• (좌) 괴베클리 테페 유적/(우) 유적지에서 발견된 토템

애니미즘Animism은 해와 달, 별과 같은 천체나 바위, 강, 바다 등 자연물에 신격을 부여하고 믿는 것입니다. 토템Totem이란 부족, 씨족과 특별한 관계를 맺고 있다고 생각되는 동식물, 자연물을 말합니다. 이런 토템을 숭배하는 신앙이 토테미즘입니다. 샤머니즘Shamanism이란 신神이나 초자연적인 존재의 말을 인간에게 전달하는 샤먼이 중심이 되는 종교 체계입니다.

몰려든 사람들을 상대하다 보니 정착하는 사람들이 생기고 정착한 사람들은 이동할 수 없으니 농경과 목축을 하게 됩니다. 그러면서 자연스럽게 도시가 형성됩니다.

농업과 유목의 시작

최초의 인류는 모두 수렵채집인이었습니다. 수렵채집인들은 근무시간은 1주일에 서너 번 사냥이나 채집을 나가서 반나절 일하면 끝입니다. 다양한 종류의 음식을 먹었기 때문에 훨씬 튼튼하고 건강했습니다. 천재지변이 닥치더라도 다른 지역으로 이동하여 먹거리를 구할 수 있기 때문에 굶어 죽는 일이 거의 없습니다. 공동으로 사냥하거나 채집하고 공동으로 분배하는 평등한 사회입니다.

반면에 농업은 무척이나 고된 일입니다. 작물을 기르기 위해서는 1주일에 80시간은 일해야 합니다. 농경민은 대부분의 열량을 오로지 작물에서만 얻습니다. 그래서 균형 잡힌 식사를 못해 튼튼하지 않습니다. 더구나 천재지변으로 농사를 망치면 그냥 굶어 죽는 수밖에 없습니다. 부족한 먹거리를 확보해야 하니 사유재산이라는 개념이 생깁니다.

농사를 짓기 위해서는 정착 생활을 할 수밖에 없습니다. 많은 사람이 모여 살다 보니 전염병이 돌면 마을 전체가 떼죽음을 당합니다. 사회의 규모가 커지고 조직화하면서 무리를 관리할 사람이 필요해지는데 이 때문에 사회에는 부리는 자와 부림을 받는 자라는 계급이 생깁니다.

좋은 점이라고는 거의 없음에도 불구하고 농경이 전 세계로 퍼지게 된 것은 도시가 발달했기 때문입니다. 농업을 통해 작물을 수확하면 많은 사람을 먹여 살릴 수 있습니다. 그래서 인류는 작물을 재배하여 도시를 유지할 수 있게 됩니다. 인류는 서서히 수렵채집 생활에서 농경의 단계로 이동합니다. 이를 농업 혁명 또는 신석기 혁명이라고 합니다.

BC 9000년 밀 재배	아나톨리아
BC 8000년 쌀 재배	중국 장강 유역
BC 7000년 보리 재배	메소포타미아

농경민들은 생산량을 늘리기 위해 노동력을 확보하고자 자식을 많이 생산합니다. 그런데 인구가 늘면 생산량이 늘어날 뿐 아니라 생산량을 나눠 먹을 입도 늘어납니다. 농경민은 농경할 땅을 확보하기 위해 수렵채집인들의 땅을 침범합니다. 땅에 별 관심이 없는 수렵채집인들은 별 미련 없이 다른 곳으로 이동합니다.

하지만 농경민들이 '노동력 확보→인구 증가→농지 확보→노동력 확보'를 반복하면서 인구와 점거한 토지로도 수렵채집인들을 압도하게 되자, 수렵채집인들은 농사가 불가능한 지역까지 밀려나 일부는 몰살당하고 일부는 농경민이 되어버립니다.

한편 농경민 중 일부는 농사를 지을 수 없는 땅까지 밀려나면서 농경을 포기하고 유목遊牧 생활을 합니다. 지금까지 발견된 가장 오래된 유목민 문화는 우크라이나 동부에서 발견된 쿠르간 문화로 기원전 4000년경으로 추정됩니다. 학자들은 쿠르간 문화가 최초의 기마 유목 문화라고 추측합니다. 인도, 이란, 유럽의 언어인 인도유럽어족의 기원이 쿠르간 문화의 언어에서 기원하였다는 쿠르간 가설이 있습니다.

동물의 가축화 시기	
4만 년~2만 7000년 전	개(중동)
BC 7000년 전	양, 염소(중동), 소(서아시아), 돼지(중국)
BC 3000년 전	말(중앙아시아), 라마, 알파카(남미), 나귀, 고양이(이집트), 비단 나방(중국)
BC 1500년 전	낙타(중동), 닭(동남아)

유목민과 농경민은 서로 협력도 하고 경쟁도 하면서 역사를 만들었습니다. 하지만 농업기술의 발달로 농업을 할 수 있는 지역이 늘어나면서 유목을 포기하고 농경을 하는 등, 결국 농경민이 최종 승리합니다.

◉ 읽을거리

석기, 청동기, 철기 시대에 관한 얘기는 필자의 전작《이야기 한국사: 고대-고려》에 실려있으니 여기서는 간략하게만 소개합니다.

제2장 | 최초의 문명들

	지중해 및 중동	인더스 문명	황하 문명	우리 역사
BC 35세기	청동기 시대 시작 메소포타미아 문명 탄생			
BC 34세기	얌나야 문화 탄생			
BC 32세기	상하이집트 통일			
BC 31세기	미노스 문명 탄생			
BC 27세기	엘람 문명 탄생			
BC 25세기		인더스문명 탄생 (~BC 18세기)	황하문명 탄생	
BC 2334년	아카드 제국 건국 (~BC 2154년)			
BC 2333년				고조선 건국 (~BC 194년)
BC 2070년			하나라 건국 (~BC 1600년)	
BC 1894년	고 바빌로니아 건국 (~BC 1595년)			
BC 1792년	함무라비대왕 즉위			
BC 15세기				청동기 시대 시작

　비옥한 초승달 지대에서 메소포타미아 문명이 탄생합니다. 지금은 중동 지역의 황량한 사막지대이지만 당시에는 강과 습지가 넘쳐나는 지대였습니다. 밀, 콩, 보리 등 지금까지도 중요하게 여겨지는 작물들이 여기에서 탄생했습니다.

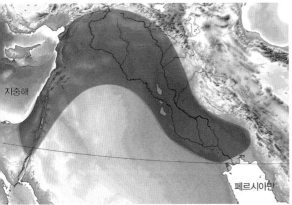

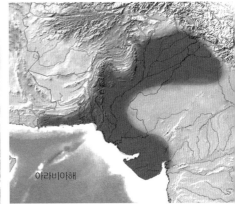

지중해

페르시아만

아라비아해

• 비옥한 초승달 지대

• 인더스 문명 지대

나일강 유역에서는 이집트 문명이 탄생하고 인더스강 유역과 중국 황하에서도 각각 독자적으로 문명이 탄생합니다.

농경하면서 신이라는 개념에도 큰 변화가 닥칩니다. 수렵채집인들은 자연이 곧 신이었습니다. 그 때문에 신의 형상은 자연이나 생물의 모습이었습니다. 하지만 농경을 통해 자연을 정복의 대상으로 여기게 된 농경민은 자연이 아니라 인간의 형상을 닮은 신을 발견(혹은 발명)합니다. 고대 문명이 생각하는 신들은 인간보다 월등한 힘을 지닌 존재입니다. 그리고 제각각 맡은 영역이 있으며 특기도 다릅니다. 지금의 슈퍼맨이나 원더우먼 같은 슈퍼히어로가 고대 문명의 신들과 정확하게 일치합니다.

신들은 인간의 세계를 지배합니다. 물론 직접 하늘에서 내려오는 것이 아니라 자신의 대리인을 내세워 지배합니다. 신의 대리인인 통치자의 권위는 절대적이며, 인민은 무조건 복종해야 합니다. 이러한 정치체제를 신권정치神權政治, theocracy라 합니다.

메소포타미아: 인류 최초의 문명

수메르 문명

지금의 이라크 지역에는 동쪽으로 티그리스강, 서쪽으로 유프라테스강이 흐르고 있습니다. 그리스어로 강은 '포타미아', 가운데는 '메소'입니다. 그래서 이 지역을 '메소포타미아'라고 합니다.

이곳에서 셈족은 인류 역사상 최초의 문명인 수메르 문명을 건설합니다. 메소포타미아는 홍수와 가뭄이 자주 일어나고 물길이 바뀌는 등 자연환경이 호의적이지 못했습니다. 그래서 이 지방의 신들도 성격이 무척이나 까다롭고 변덕스럽습니다. 수메르의 길가메시 신화에는 인류에 실망한 신들이 대홍수를 일으켜 인간을 몰살시키는 내용이 나옵니다. 수메르의 도시들은 서로 다른 신을 모셨습니다. 수메르인들은 도시의 주신을 위

• 우르의 지구라트

해 지구라트를 건설하였습니다.

번성하는 도시의 신이 다른 신보다 더 큰 권력을 가집니다. 수메르에는 7대 도시가 있었고, 이 도시의 신들은 7대신으로 불립니다. 이들은 가장 번성하던 도시인 니푸르에 있는 엔릴의 신전 에쿠르에서 세상의 운명을 결정하는 회의에 참석한다고 여겨졌습니다.

> 우르크 안(하늘의 신), 라라크 닌투(땅의 여신), 에리두 엔키(물의 신), 리푸르 엔릴(대기의 신), 우르 난나(달신), 시파르 우투(태양신), 바드티비라 인안나(천지의 여신)

아카드

움마의 왕 루갈자게시는 수메르의 도시국가들을 하나씩 정복하더니 마침내 수메르 최대의 도시인 우루크마저 정복하고 수메르를 통일합니다. 하지만 그의 최대의 적은 내부에 있었습니다. 키쉬에서 정원사로 일하며 힘을 키우고 있었던 사르곤이 쿠데타를 일으켜 키쉬를 정복하고 기원전 2334년 아카드를 세웁니다.

사르곤은 이쉬타르 여신을 섬기는 여사제의 자식으로 아버지는 모른다고 합니다. 어머니는 아기가 태어나자 모든 것을 운명에 맡기고 이쉬타르의 표식이 있는 목걸이를 걸어주고는 바구니에 담아 강물에 흘려보냅니다. 그런데 왕의 정원사인 아키가 아기를 양동이로 건져 올립니다. 아키는 사르곤을 입양하여 자신의 아들로 키우고 정원 일을 맡겼습니다.

아카드의 제4대 왕인 나람신대왕은 자그로스산맥, 아르메니아, 동東아라비아까지 판도를 넓혀 기존의 메소포타미아와 합쳐 4개의 영역을 차지하였고 사계왕四界王이라 불렸습니다. 여기서 한 걸음 더 나가 그는 스스로를 사람의 모습으로 땅에 내려온 신으로 자처합니다.

바빌로니아

기원전 1792년 바빌로니아에 함무라비라는 왕이 즉위합니다. 그는 기원전 1756년에 아카드 멸망 이후 분열되었던 메소포타미아 일대를 통일합니다. 바빌로니아가 최강국이 되면서 수도인 바빌론의 수호신이던 벨 마르두크(벨은 주主라는 의미입니다)는 온 세계와 모든 신의 왕으로 격상됩니다.

기원전 1750년경 함무라비는 꿈에서 태양신으로부터 법을 받습니다. 인간이 합의하여 법을 만든 것이 아니라 신이 만든 것입니다. 글자 하나라도 바꾸는 것은 있을 수 없는 일입니다. 그는 2미터가 넘는 거대한 흑

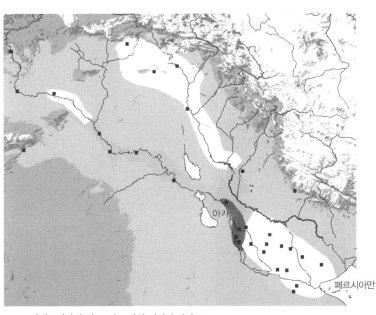

• 바빌로니아의 영토, 지도 남부 지역이 아카드

• 함무라비 법전

아카드 제국

색 바위에 법을 새기게 합니다. 이 바위는 세계 최초의 성문법전인 함무라비 법전입니다.

이집트:
피라미드와 파라오의 나라

나일강의 범람은 규칙적으로 일어납니다. 그래서 이집트의 신은 메소포타미아의 신과 다르게 관대하며, 인간에게 협조적입니다. 그리고 지중해, 홍해, 사하라 사막으로 둘러싸인 지형은 외부의 침략을 막아냅니다. 그래서 메소포타미아와 달리 왕조가 바뀌지 않고 안정적으로 발전합니다.

나일강 중류 지방은 상이집트, 하류 지방은 하이집트라고 합니다. 농사가 잘되는 하이집트에서 문명이 빨리 진보했을 것 같지만 실제로는 상이집트가 더 빠르게 문명을 이루었습니다. 상이집트의 나르메르가 하이집트까지 정복하고 이집트를 통일합니다.

세트는 상이집트의 주신, 호루스는 하이집트의 주신입니다. 상, 하이집트를 통합한 역대 파라오들은 자신들이 세트와 호루스의 후계자라고 자처했습니다. 이집

• 나르메르의 팔레트(화장판), 머리채 잡힌 사람은 하이집트의 파라오 워시입니다.

트의 왕은 이집트어로 대궐을 의미하는 파라오로 불리는데 태양신 라의 아들로 간주됩니다. 즉 파라오는 정치와 종교를 모두 장악한 절대권력자이며 이집트는 제정일치 사회입니다.

왕의 무덤인 피라미드는 절대 권력의 상징입니다. 피라미드의 외부는 흰색 석회석을 사용하여 매끈하게 마감했는데 세월이 지나며 외장이 떨어지거나, 석회석을 떼어내서 다른 곳에 쓰는 바람에 계단 형태가 되었습니다.

이집트인들은 사후세계와 부활을 믿었습니다. 부활할 때 육체가 없으면 곤란하기 때문에 미라를 만들게 됩니다.

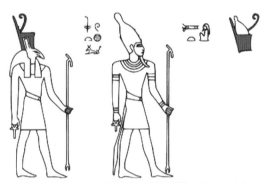

• 세트, 호루스 그리고 상, 하이집트를 통합한 파라오의 왕관

• 사자의 서(死者의 書), 미라와 함께 관 속에 매장한 사후세계(死後世界) 안내서

인더스: 잃어버린 도시와 그 비밀

기원전 25세기 인더스강 유역에서 인도 최초의 문명이 탄생합니다. 이 문명은 강의 이름을 따서 인더스 문명이라고 합니다. 인더스 문명이 발달한 이유는 환경 때문입니다. 기원전 25세기 이 지역의 연평균 강수량은 700~800밀리미터 이상으로 농사에 적합하였습니다. 밀과 보리를 재배하였으며, 물소와 염소, 코끼리 등을 길렀습니다. 사람들이 몰려들며 도시가 생기고 물건을 만드는 장인과 물건을 파는 상인들도 생겨납니다. 상인들은 배를 이용해 다른 도시와 교역을 하였고, 멀리 메소포타미아 문명과도 교역했습니다.

인더스 문명에서는 당시 어떤 문명보다 넓은 땅에 많은 도시가 발달했습니다. 발견된 도시 유적만 250여 개에 이릅니다. 그중 하라파, 모헨조다로, 돌라비라는 가로 1킬로미터 세로 1.2킬로미터의 규모이고 전성기에

• 모헨조다로 유적

• 인더스 문명 지역

도시 인구는 4만~8만 명가량으로 추측됩니다. 도시에는 광장, 성채, 곡물창고, 공중목욕탕 등이 있으며 상하수도 시설도 갖추어져 있고 도로도 바둑판 모양으로 반듯하게 만들었습니다. 그러나 기원전 1800년경 연평균 강수량이 200밀리미터 이하로 급격히 떨어지면서 농사를 지을 수 없게 되자 쇠퇴하더니 결국 버려집니다.

인더스 문명에서는 어떤 신을 믿었을까요? 요가 수행자의 자세를 한 시바와 비슷한 조소 상이 발견되었습니다. 그래서 시바 신을 믿었을 것으로 여겨집니다. (시바는 나중에 힌두교의 신으로 편입됩니다.) 그리고 요가의 기원이 인더스 문명이라는 가설도 있습니다.

황하 문명

황하 문명은 중국 황하 중·하류 유역의 황토 지대에서 발달한 문명입니다. 메소포타미아 문명, 이집트 문명, 인더스 문명과 함께 세계 4대 문명이라고 불리지만, 그 말은 중국의 근대 사상가인 량치차오가 정의한 것입니다. 게다가 서로 영향을 많이 주고받은 중동의 3대 문명과 달리 황하 문명은 다른 문명과 교류가 없었습니다. 그래도 문명 발달의 방식은 다른 문명과 비슷합니다. 황하 근방은 홍수가 수시로 일어나 흙탕물이 범람하는데, 이때 영양분도 같이 실려오기 때문에 농지가 발달했습니다. 그리고 황하의 관개와 치수 사업과 관리를 위해 정치권력이 출현하게 됩니다.

지금의 뤄양(낙양洛陽)에 있는 얼리터우의 신석기 문화가 중국 최초의 왕조인 하夏나라로 추정됩니다. (기원전 2070년)

제3장 | 문명의 충돌과 민족의 이동

	함셈족	아리안족	화하족
BC 17세기	힉소스 이집트 침략	히타이트 건국(~BC 1178년)	
BC 1600년			상나라 건국
BC 16세기	페니키아 건국 (~BC 539년)		
BC 15세기		아리안족 인더스강 유역 진출 미케네 크레타 침공	일본 조몬시대 시작(추정)
BC 1349년	이집트 아케나톤 종교개혁		
BC 1310년	히브리인 이집트 추방		
BC 1274년	카데시 전투		
BC 12세기	청동기 시대 붕괴 리디아 건국		
BC 1047년	이스라엘 왕국 건설		
BC 1046년			중국 주나라 건국
BC 10세기		아리안족 갠지스강 유역 진출	
BC 911년	신 아시리아 건국 (~BC 609년)		
BC 8세기		그리스 폴리스 형성 스키타이족 출현	일본 야요이 시대 시작(추정)
BC 770년			중국 춘추시대 시작
BC 753년		로마 건국	
BC 700년		메디아 건국 (~BC 549년)	
BC 671년	아시리아 서아시아 통일		
BC 626년	신 바빌로니아 건국 (~BC 539년)		

영웅의 시대

고대 그리스의 작가인 헤시오도스의 《일과 나날》에서는 인간의 시대를 황금의 시대, 은의 시대, 청동의 시대, 영웅의 시대, 철의 시대, 이렇게 다섯 시대로 분류합니다.

황금의 시대는 제우스의 아버지 크로노스가 세계를 지배하던 시대이고 은의 시대는 올림포스의 신들이 지배하기 시작한 시대이며 청동의 시대는 인간들이 청동을 쓰던 시대로 세상이 폭력으로 혼란스러워지자 제우스가 홍수를 일으켜 멸망시킵니다. 데우칼리온과 그의 아내 퓌라가 살아남아 다시 인류는 번성합니다. 영웅의 시대는 그리스 로마 신화의 사건이 일어나는 시대입니다. 철의 시대는 헤시오도스가 살던 시대로 대략 그리스 폴리스 형성 이후입니다.

그리스에서는 영웅의 시대가 신화의 시대이지만, 중동에서는 국가들이 서로 충돌하는 역사의 시대였습니다.

아케나톤의 종교개혁

기원전 16세기경 테베(룩소르)의 지방신이던 아문은 이집트 최고신의 위치에 오릅니다. 기원전 1349년 이집트의 파라오 아멘호테프 4세는 즉위하자마자 아문 중심의 다신교 신앙을 무너뜨리고 태양신 아톤을 숭배하는 유일신 사상을 세계 최초로 도입합니다. 그리고 자신의 이름도 '아톤에게 이로운 자'라는 의미의 아케나톤으로 개명합니다. 수도 테베에 있는 아몬 신관의 반발을 피하고자 아마르나 지방에 신도시 '아케타톤'(뜻은 아텐의 지평선)을 건설해 천도합니다. 하지만 그가 죽자마자 아멘 신앙이 부활하였고 수도도 다시 테베로 돌아갑니다. 또한 아케나톤의 업적이 모두 지워지는 기록말살형을 당합니다. 아들도 투탕카톤(투트-앙크-아톤)에서 투탕카멘(투트-앙크-아멘)으로 개명됩니다.

기원전 1310년에는 이집트에서 적조, 모래폭풍, 우박에 의한 냉해라는 자연재해가 연이어 일어나고 파라오는 먹을 입을 줄여야겠다고 결심합니다. 그래서 히브리인들의 지도자 모세를 불러 이집트를 나가라고 명령합니다.

페니키아와 이스라엘

히브리인들은 시나이반도를 떠돌다 자신들과 같은 핏줄인 레반트 지역의 가나안인에게 살 땅을 달라고 간청합니다. 비옥한 초승달의 서쪽 절반은 레반트라고 합니다. 아시아와 유럽, 아프리카를 잇는 교통의 중심지입니다. 그래서 고대로부터 중요한 무역거점이었습니다. 가나안인들은 무역에

• BC 1200년에서 800년경의 페니키아 무역로

종사하며 바알(바빌로니아의 벨)을 주신으로 하는 다신교를 믿었습니다.

이들의 거래 물품으로 유명한 것은 보라색 염료라 그리스인들은 가나안인을 '자주색'을 뜻하는 페니키아라고 불렀고, 나중에는 가나안인들도 스스로를 페니키아인이라고 자칭합니다.

가나안인들은 무역에 종사하며 해안가에 몰려 살았습니다. 그래서 히브리인들에게 쓸모없는 내륙 지방의 땅을 내어줍니다. 물론 내륙 지방에는 이미 다른 가나안인들이 살고 있었지만 평화롭게 함께 정착하여 농업·목축 생활을 합니다.

기원전 1047년 사울이 처음으로 이스라엘의 국왕 자리에 오르면서 히브리인들의 나라인 이스라엘 왕국의 역사가 시작됩니다. 그런데 히브리인들의 신관들은 전지전능한 한 명의 신이 세상만사를 모두 주관한다고 여겼습니다. 다신교가 상식이던 시기에 이러한 신관은 너무나 이례적이라 히브리인들조차도 쉽게 믿지 못합니다. 그래서 심지어 이스라엘의 왕조차도 다신교 신앙을 믿는 경우가 허다했습니다.

신 아시리아

메소포타미아 지역에서는 기원전 911년 신 아시리아가 건국됩니다. 아시리아인들의 주신은 아시리아를 상징하는 아수루입니다. 그 외에 천둥, 번개, 바람, 비, 등을 관장하는 아다드라는 신도 믿었습니다. 아시리아는 철제 무기로 무장한 기병을 양성하고, 군용 도로와 교역로를 정비하고 식민지에 총독을 파견하는 등 중앙집권 통치를 통해 강대국으로 도약합니다.

아슈르나시르팔 2세 때인 기원전 879년 수도를 아수르에서 님루드(성

• 티글라트 필레세르 3세의 공격 모습
  공성 무기를 사용했으며 포로는 잔인하게 살해합니다. 또한 역사상 최초로 기병을 운영하였습니다.

경에는 니므롯)로 옮깁니다. 티글라트 필레세르 3세는 페니키아와 바빌
론을 정복합니다. 그 아들인 살만누아사리두 5세는 기원전 722년 북이스
라엘을 침공하여 멸망시키고, 북이스라엘의 마지막 왕 호세아를 포로로
잡아 옵니다.

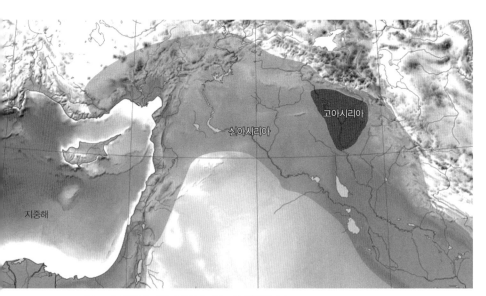

• 아슈르바니팔왕은 기원전 664년 이집트를 정복합니다.

신 바빌로니아

아시리아는 정복한 민족에게 정책적으로 잔인하고 혹독하게 다루었습니다. 그 때문인지 아슈르바니팔 사후 왕위 다툼으로 내분이 일어나자 정복당한 국가들이 하나둘 일어납니다. 아시리아 제국의 남부 사령관인 나보폴라사르가 반란을 일으켜 기원전 626년에 바빌론의 옛 땅에 신 바빌로니아를 세웁니다. 그는 메디아 왕 키악사레스와 연합하여 기원전 612년 아시리아를 멸망시킵니다.

바빌로니아는 나보폴라사르의 아들인 네부카드네자르 2세 때 최고의 전성기를 구가합니다.

네부카드네자르 2세(성경에는 느브갓네살)는 유다 왕국을 멸망시키고 유대인들을 끌고 옵니다. 이를 바빌론 유수라고 합니다.

⊘ 읽을거리

바빌론도 아시리아와 마찬가지로 포로를 혹독하게 대했습니다. 그 때문에 바빌론 유수의 장본인인 네부카드네자르는 유대인에게 증오의 대상이었습니다. 그런데 이 증오 때문인지 3000년 후 러시아의 한 역사학자가 죽임을 당합니다.

이 학자는 네부카드네자르를 연구하여 논문을 발표합니다. 그런데 네부카드네자르는 러시아어로는 "네 부카드(신도 없고) 네 자르(짜르도 없다)"라고 읽힙니다. 결국 그는 신과 짜르(러시아 황제)에 대한 불경으로 사형당합니다.

아리안족의 지중해 진출

쿠르간 문화의 뒤를 이어 기원전 34세기에서 기원전 26세기경 유럽의 도나우강과 우랄산맥 사이에 얌나야 문화가 일어납니다. 얌나야 문화를 가진 종족은 유목 집단으로 승마용의 말과 가족 이동용 우차牛車를 이용해 동남쪽으로는 인도와 이란, 서쪽으로는 유럽까지 퍼집니다. 역사상 최초의 수레바퀴도 이 종족의 발명이라는 설이 있습니다.

이 종족을 뭐라고 불러야 할지는 모르겠으나 인도와 이란에서는 스스로를 '고귀한', '훌륭한'이란 뜻으로 '아리안'이라고 하니 아리안족이라고 하겠습니다.

아리안족은 같은 신화를 공유하고 있습니다. 그래서 인도, 이란, 유럽에서 동일한 신을 찾을 수 있습니다. 인도에서 바루나라고 불리는 신은 이

• 얌나야 문화의 발생지

란에서는 아후라 마즈다, 그리스에서는 우라노스라고 부릅니다. 인도에서 디아우스라고 불리는 신은 그리스에서는 제우스, 북유럽에서는 티르라고 불립니다. 공통되는 신화로는 마누와 예모의 천지창조 신화가 있습니다. 영어로 man인 마누와 쌍둥이라는 뜻의 예모는 형제입니다. 두 형제는 태초의 암소를 데리고 우주를 여행합니다. 어느 날 마누는 '우리가 사는 세계를 창조해야 한다'고 판단하여 예모를 죽였고 그의 시신으로 세계를 창조합니다.

태초의 암소는 북유럽 신화의 아우둠라, 그리스 신화의 아말테아에 해당합니다. 예모는 북유럽 신화의 이미르, 인도 신화의 야마(염라대왕), 이란 신화의 잠시드에 해당합니다.

히타이트

아리안족은 기원전 17세기경 아나톨리아(현재의 튀르키예) 반도로 이동하여 히타이트라는 나라를 세웁니다. 히타이트인들은 최초로 철기를 사용한 민족이라 전해지는데, 철제 무기를 이용하여 주위를 정복합니다. 무와탈리 2세는 기원전 1274년에 이집트의 파라오 람세스 2세와 카데시 전투를 벌입니다. 이집트와 히타이트가 서로 자신들이 이겼다고 기록했지만 대체로 히타이트 측의 우세로 보입니다.

히타이트는 당대 기준으로 대단히 평등하고 너그러우며 개방적인 나라였습니다. 다른 나라와 달리 여성에게도 이혼할 권리가 있었으며, 가혹한 형벌이 없었습니다. 또한 히타이트의 종교를 정복한 민족에게 강요하지 않고 오히려 그들의 신을 받아들였습니다. 이러한 개방성이 히타이트를 강대국으로 만든 원인이라고 생각합니다.

미케네 문명

　기원전 16세기에 에게해 제도의 여러 화산이 분화합니다. 이 분화는 인류 역사상 가장 큰 화산 사건 중 하나입니다. 산토리니는 섬의 절반이 날아가 버렸고 크레타섬에도 지진과 쓰나미가 덮쳤습니다. 이 사건으로 미노스 문명은 큰 타격을 입습니다. 혹자는 이 분화가 아틀란티스 전설의 기원이라고 주장하기도 합니다.

　그리스 남부에 있던 아카이아인들은 이를 기회로 여기고 크레타섬을 침공합니다. 미노스 문명은 기원전 1075년 멸망해 사라집니다. 미케네 문명을 세운 아카이아인들은 그리스 신화의 주인공이기도 합니다. 그리스 신화의 대미를 장식하는 트로이 전쟁도 아카이아인들이 벌인 것입니다.

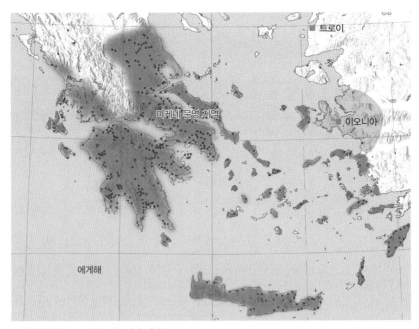

• 미케네 문명, 트로이와 이오니아 지방

그리스 문명

기원전 12세기에 에게해 지역, 서남아시아, 지중해 동부에서 청동기 시대가 갑작스럽게 붕괴합니다. 그리스 북부의 산악 지대에 살던 도리스인들은 이때를 틈타 그리스 남부 펠로폰네소스반도에 있던 미케네 문명을 무너트리고 정착합니다. 도리스인들은 기원전 8세기경 그리스에 도시국가인 폴리스를 건설합니다.

폴리스들은 몇 가지 공통점을 가지고 있습니다. 폴리스의 내부에는 아크로폴리스와 아고라가 있었습니다. '높은 도시'라는 의미의 아크로폴리스는 높은 위치 때문에 군사의 거점이며 도시의 핵심부입니다. 그래서 여기에 폴리스의 신을 모시는 신전을 지었습니다. 그래서 종교의 중심지이기도 합니다. 아크로폴리스 아래에는 아고라라고 불리는 광장이 있습니다. 아고라는 '모이는 곳'이라는 의미입니다. 말 그대로 시장이나 공공 모임 장소로 이용되던 곳입니다. 또한 시민들이 자유롭게 토론을 벌이기도 했습니다.

그리스를 대표하는 폴리스는 스파르타와 아테네입니다.

기원전 8세기 무렵 스파르타는 이웃 폴리스 메세니아와 라코니아를 정복하고 시민들을 노예로 삼았습니다. 그 때문에 밖으로는 끊임없이 전쟁을 치르고 안으로는 노예의 반란을 진압해야 하는 상황이었습니다. 당시 스파르타의 왕은 조카였던 리쿠르고스의 개혁안을 수용하여 스파르타를 군국주의 국가로 변화시킵니다. 군국주의란 전쟁에 집중하기 위해 정치, 문화, 교육, 경제까지 국가의 거의 모든 요소를 군대에 종속시켜야 한다는 이념입니다.

라이벌 폴리스인 아테네는 여러모로 스파르타와 대비됩니다. 스파르타가 땅(농업, 육군)의 도시라면, 아테네는 바다(무역, 해군)의 도시입니다. 스파르타는 군국주의 국가이지만 아테네는 불완전해도 민주주의 국가입니다. 아테네는 왕정국가였는데 기원전 7세기경에는 9명의 아르콘(집정관)이 통치하는 귀족정이 됩니다.

기원전 593년에는 솔론이 평민들에게도 일부 참정권을 주는 개혁을 단행합니다. 그런데 참정권의 기준이 시민들의 경제적 수준에 따라 차별하기 때문에 금권정金權政이라고 합니다. 기원전 561년 페이시스트라토스가 정치깡패들을 동원해 무력으로 아크로폴리스를 점거하고 정권을 찬탈합니다. 이 시기를 참주정僭主政이라 합니다. 참주정이란 비합법적인 방법으로 정권을 장악하는 것을 말합니다. 기원전 508년 클레이스테네스는 민회(에클레시아)와 민회에서 뽑힌 사람으로 구성된 500인회(불레)를 설치하면서 비로소 민주정이 됩니다.

• 스파르타와 아테네(기원전 416년)

로마

전설에 따르면 로마의 시조는 트로이 왕족인 아이네이아스입니다. 그는 트로이가 멸망하자 트로이의 백성을 데리고 지중해를 떠돌다가 카르타고에 도착해 여왕 디도와 결혼하지만 제우스로부터 이탈리아로 가라는 말을 듣고 몇 달 만에 다시 떠납니다. 디도는 아이네이아스를 저주하며 "나의 자손과 당신의 자손은 적이 될 것"이라고 말합니다. 아이네이아스 일행은 이탈리아의 라티움 지방에 정착합니다.

전설은 계속되어 아이네이아스의 후손인 로물루스(로마 사람)와 레무스 쌍둥이 형제는 기원전 753년 티베레 강변에 도시를 건설합니다. 그러나 형제가 경계 문제로 다투다가 로물루스가 레무스를 죽이고 로마를 건설합니다. 하지만 이는 아리안족의 창조 신화를 그대로 따라 한 전설일 뿐입니다. 사실 초기의 로마는 어중이떠중이들이 모인 조그만 부락에 불과했습니다. 그 때문에 이탈리아 북부를 차지한 에트루리아족들의 도시국가에 묶인 속국 정도에 지나지 않았습니다. 그러나 다른 나라의 문화와 사람을 받아들이는데 주저함이 없었던 로마는 날로 성장하여 오히려 에트루리아를 흡수하고 남쪽의 그리스 문화까지 흡수하면서 대제국을 건설합니다.

아리안족의 인도 진출

기원전 1500년경 아리안족은 북인도로 남하하여 펀자브 지방에 정착합니다. 철기를 사용했기 때문에 농경과 전쟁에 유리했던 그들은 계속 동과 남으로 진출하여 인도 대부분을 장악합니다. 기원전 1300년 전후 무렵 아리안족은 자신들의 특권을 유지하고 피정복민을 차별하기 위해 카스트 제도를 만듭니다. 이들보다 먼저 인도땅에 살고 있던 드라비다인들은 하층 계급인 수드라로 전락합니다. 오스트로아시아 계통의 소수민족인 문다인들은 더욱 하층인 불가촉천민이 됩니다.

브라만	성직자	
크샤트리아	전사, 왕족	아리아인
바이샤	자작농, 상인, 수공업자, 하급 관리	
수드라	소작농, 어민, 노동자	드라비다인

아리안족의 인도정복과정에서 브라만에 의해 브라만교가 탄생합니다. 아리안족의 주신은 바루나였지만 브라만교에서 주신은 번개의 신이자 전쟁의 신인 인드라가 주신이 됩니다. 아마도 인도 정복을 위해 전쟁의 신의 권능이 필요했던 것 같습니다.

브라만교의 경전은 베다로 아리안 인이 믿던 자연신들에게 바치는 찬가를 모은 것입니다. 베다는 구전되다가 기원전 10세기경 문자로 기록됩니다. 그런데 베다의 권위는 신을 능가합니다. 베다에 나오는 찬가를 올바른 방식으로 부른다면, 대상이 되는 신은 그 기도를 반드시 들어주어야 한다고 합니다. 또한 인도 전통의 정신수련법인 요가도 브라만교에서 나왔습니다.

아리안족의 이란 진출

페르시아는 아케메네스 왕조의 수도인 파르스의 그리스 발음입니다. 그리스는 아케메네스 왕조의 국가를 페르시아라고 불렀습니다. 그러나 아케메네스 왕조는 스스로를 아리안의 변형인 이란이라고 불렀습니다. 사실 아케메네스 왕조 이전부터 이란족이었으며 이들이 터 잡은 곳은 이란이라고 해야 옳습니다.

메디아

아리안족의 일파인 메디아인들은 신아시리아 제국의 속국으로 한때 스키타이인의 침공을 당했지만, 기원전 625년 3대 키악사레스왕이 즉위하면서 전성기를 맞게 됩니다. 키악사레스는 영토를 이란고원 너머로 확장하고, 신바빌로니아와 동맹하여 신아시리아 제국을 멸망시킵니다. 그리고 동쪽으로 진격하여 인더스강 유역까지 점령합니다. 당대 리디아, 이집트, 신바빌로니아, 메디아는 오리엔트의 4대 강국이라 불렸습니다.

하지만 키악사레스의 아들 아스티아게스 대에 남쪽의 속령 파르스에서 키루스 2세가 반란을 일으켰고, 아스티아게스가 키루스 2세에게 직접 처형을 당하며 메디아 왕국은 멸망합니다. 그러나 키루스 2세가 세운 아케메네스 왕조 페르시아는 언어, 문화, 인종, 습속이 같았으므로 메디아를 페르시아가 계승했다고 보아도 됩니다.

메디아는 나중에 세계종교가 되는 조로아스터교와 여기에서 파생된 밀교密敎인 미트라교를 믿었습니다. 미트라교는 태양신 미트라가 아후라 마즈다의 아들이며 동급이라는 비밀秘密스러운 가르침을 믿었습니다. 미트라교는 나중에 로마로 수입되어 로마 제국 후반기에 군인들 사이에서 선풍적인 인기를 끌게 됩니다.

리디아

리디아는 아나톨리아 서부 지방에서 BC 12~BC 6세기에 존재한 왕국입니다.

헤로도토스 역사에 다음과 같은 이야기가 실려있습니다.

"리디아의 왕 크로이소스는 페르시아와 전쟁을 하기 전 두 군데의 신전에 신탁을 요청했다. 두 신전의 신탁은 똑같이 '페르시아와 전쟁을 하면 대국大國이 멸망한다'였다. 크로이소스는 신탁을 믿고 페르시아와 전쟁을 하지만 패배하고 만다. 신탁이 말한 대국은 페르시아가 아니라 리디아였기 때문이다."

그런데 크로이소스는 대단히 현명한 사람이었습니다. 그래서 키루스 2세는 그를 죽이지 않고 자문으로 두고 많은 조언을 받았다고 합니다.

◎ 읽을거리

이란족들의 나라는 모두 기마 능력이 뛰어나 카타프락토이 부대를 구성하였습니다. 카타프락토이는 말과 기병 모두에 중무장하였고 대형기병창을 이용한 강력한 돌격이 특기였습니다. 산이 많은 지역에서는 그 위력을 발휘하지 못하지만 이란과 같은 평원에서는 무시무시한 위력을 발휘합니다. 그 때문에 후대에 이란족과의 전투에서 고전한 로마도 카타프락토이 부대를 양성하게 됩니다.

• 사산조 페르시아의 카타프락토이

중화의 개화

중국은 스스로를 화하華夏족이라고 합니다. 화華는 중국 중앙에 있는 화산華山이고, 하夏는 하夏나라를 의미합니다. 화하족은 자신들 외에 이민족을 동이東夷, 서융西戎, 남만南蠻, 북적北狄으로 비하했습니다. 여기서 자주 혼동하는 것이 있는데 동이라고 하면 중국을 기준으로 동쪽에 사는 여러 민족을 통틀어 부르는 것이지 동이족東夷族이라는 민족은 없습니다. 서융, 남만, 북적도 마찬가지입니다. 그런데 동이, 서융, 남만, 북적은 후대로 내려가면서 범위가 바뀌게 됩니다. 주周나라 때 동이 지역에는 제齊나라, 서융에는 진秦, 남만에는 초楚, 북적에는 진晉이 들어섭니다. 즉 기존의 동이, 서융, 남만, 북적의 땅이 모두 중국이 된 것입니다.

그러자 동이, 서융, 남만, 북적은 훨씬 바깥쪽의 이민족을 부르는 말이 됩니다. 이때부터 동이는 현재 우리 겨레나 일본 등을 가리키는 말이 되고, 서융은 진나라 서쪽의 강족, 저족을 가리키는 말이었는데 나중에는 티베트, 아랍을 가리키는 말이 됩니다. 남만도 마찬가지로 삼국지에 나오는 맹획이 있던 곳이나 베트남 등을 뜻하게 되고, 북적은 흉노, 선비, 거란, 오환족을 가리키는 말이 됩니다. 중국은 하, 상, 주, 춘추전국 시대를 거치며 주변의 이민족들을 흡수해 계속 영토를 확장하였고 현재도 진행 중입니다.

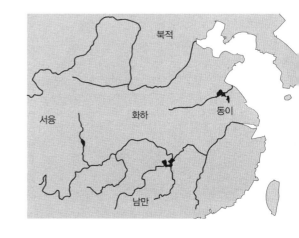

상나라

하의 뒤를 이은 나라는 상나라입니다. 수도인 호경은 나중에 장안長安이라 불리게 됩니다.

상나라는 신정정치를 하였습니다. 신정정치란 신에게 국가의 중대사를 물어 결정하는 것입니다. 그 방법은 거북이 껍데기에 열을 가하여 터진 금을 보고 점을 쳐서 결정하는 것입니다. 그런데 상나라가 믿는 신은 제帝라고 하는데 왕이 죽으면 제帝가 된다고 믿었습니다. 이런 믿음은 후대에 왕실의 사당인 종묘宗廟라는 형태로 전해집니다. 그래서 정치政의 지도자인 왕이 제사장祭까지 겸하는 제정일치祭政一致의 사회였습니다. 또한 상나라는 청동기 문명인데 발견되는 대부분의 청동기는 제기祭器입니다. 이를 통해 신정의 권위를 세운 것입니다.

• 갑골문

• 청동기

그런데 제사의 풍습이라는 것이 노예나 이민족을 잡아 죽여 하늘에 바치는 것입니다. 그뿐만 아니라 신하나 종을 죽여 왕의 무덤에 같이 묻는 순장殉葬도 벌어졌습니다. 결국 이런 상나라의 잔인하고 가혹한 정치에 대한 반발로 혁명이 일어나 상나라가 무너지고 주나라가 건국됩니다.

주나라

주周나라는 상商나라의 서쪽에 위치한 국가로 농경민이 아니라 유목민 국가였습니다. 이웃인 아리안족 계열의 토하라인Tocharian에게 영향을 받은 것 같습니다

그런데 주나라가 비록 중국을 차지했다고는 하지만 당대의 교통과 통신 기술로는 전토를 다스릴 수가 없습니다. 그래서 경기京畿(수도와 그 근방)는 왕이 직접 다스리고 나머지 지역土은 왕족이나 공신을 보내封 나라國를 세워建 다스리는 봉토건국封土建國, 줄여서 봉건封建 제도를 실시했습니다. 그런데 이 봉토라는 것이 주나라의 땅이 아니라 이민족이 살고 있는 미개척지를 주는 것입니다. 이는 2800년 후 미국이 서부로 확장하며 이민족을 몰아내는 프런티어Frontier와 완전히 판박이입니다.

주나라 때부터 토지 신社과 곡식 신稷을 모시는 사직社稷을 세웠습니다. 중국과 중국의 영향을 받은 국가들은 건국하자마자 조상신을 모시는 종묘와 농사의 신을 모시는 사직부터 세웁니다. 그리고 주나라 왕은 하늘을 대신해 땅을 다스리는 사람, 즉 천자天子라는 개념이 만들어집니다.

춘추시대

주나라와 제후들은 왕실로부터 책봉을 받고, 유사시에 왕실을 지킨다

는 책봉-조공의 관계로 유지됩니다. 하지만 건국되고 긴 시간이 흐르자 제후국과 왕실과의 관계는 멀어집니다.

유왕 3년(기원전 779년) 견융이 침입해서 봉화를 올렸는데 제후들이 모이지 않는 일이 벌어집니다. 견융은 유왕을 죽이는 데 그치지 않고 수도인 호경까지 약탈하고 돌아갑니다. 다음 왕인 평왕은 기원전 770년 폐허가 된 호경을 버리고 낙읍으로 천도합니다. 이를 기준으로 이전을 서주, 이후를 동주라고 구분합니다.

동주 시대 전반은 춘추시대라고도 하는데 이는 공자가 편집한 노나라의 역사서인 《춘추》에서 따온 것입니다. 춘추春秋는 봄春과 가을秋이 지나가는 것, 즉 세월, 나이, 역사 등을 의미합니다.

춘추시대에 비록 천자의 권위는 땅에 떨어졌지만 제후국들은 동주의 왕이 천자임을 부정하지는 않았습니다. 여러 제후국의 군주가 모여 맹약

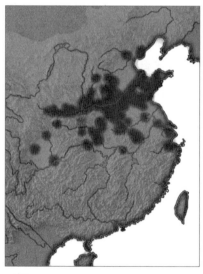

• 서주

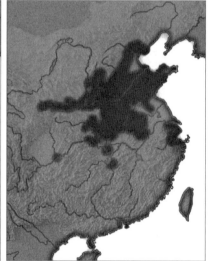

• 동주

을 맺는 것을 회맹會盟이라 하는데, 춘추시대에는 힘센 제후가 천자를 대신해 제후국들의 회맹을 주도합니다. 이를 패자霸者라고 합니다. 패자라고 부를 만한 제후는 다음과 같습니다.(정, 제 등 앞 글자는 나라 이름)

정 장공 鄭 莊公 (기원전 743년 ~ 기원전 701년, 이하 재위 기간)

제 환공 齊 桓公 (기원전 685년 ~ 기원전 643년)

진 목공 秦 穆公 (기원전 659년 ~ 기원전 621년)

송 양공 宋 襄公 (기원전 651년 ~ 기원전 637년)

진 문공 晉 文公 (기원전 636년 ~ 기원전 628년)

초 장왕 楚 莊王 (기원전 614년 ~ 기원전 591년)

오 합려 吳王 闔閭 (기원전 515년 ~ 기원전 496년)

오 부차 吳王 夫差 (기원전 496년 ~ 기원전 473년)

월 구천 越王 勾踐 (기원전 496년 ~ 기원전 465년)

역사서에서는 음양오행설의 영향을 받아 대표적인 인물 5명을 뽑아 춘추오패라고 부릅니다. 제나라의 환공, 진나라 문공, 초나라 장왕, 오나라 부차, 월나라 구천 등이 이들입니다.

춘추시대의 종말

기원전 7세기쯤에 장강 하류에는 오吳나라와 월越나라가 들어섭니다.

오왕 합려는 국가를 부흥시키고자, 초평왕에게 일가가 몰살당하고 도망친 오자서와 《손자병법》의 저자 손무를 영입합니다. 손무와 오자서는 오군을 강군으로 훈련시켰고, 기원전 506년 두 장군이 이끄는 오군은 초나라로 진격해 궤멸 직전의 상태로까지 몰아갑니다. 오나라는 초나라를 대신해 춘추사강(제齊, 진秦, 초楚, 진晉)의 일원이 됩니다.

오왕 합려는 이웃에 있는 월나라의 왕 윤상이 죽었다는 소식을 듣고 공격하다가, 월왕 구천의 기습을 받고 사망합니다. 오나라에서는 태자 부차가 오왕으로 즉위합니다. 월왕 구천은 기선을 제압하기 위해 오나라를 먼저 쳐들어갔으나 대패하고 반격당하여 월나라의 수도까지 포위당합니다. 절체절명의 순간 구천은 범려의 진언에 따라 부차에게 항복합니다. 오자서가 극력 반대했지만 부차는 항복을 받아들입니다.

구천은 월나라의 국력을 키우기 위해 열심히 노력하였고, 범려의 계책에 따라 오왕 부차에게 재물과 미녀 서시를 보내 향락에 빠트려 국력을 낭비하게 하고 월나라에 대한 경계를 풀게 만듭니다. 범려는 오나라의 간신 백비에게 뒷공작을 펼쳐 부차로 하여금 오자서에게 자결을 명령하도록 합니다. 분노한 오자서는 "내가 죽으면 (부차의 관을 짜도록) 무덤에 가래나무를 심고, (오나라가 월나라에 멸망하는 것을 볼 수 있도록) 두 눈을 뽑아 동쪽 성문에 걸어두라"라고 유언을 하고는 자결합니다.

차곡차곡 국력을 쌓은 구천은 오왕 부차가 패자로 인정받으려고 회맹에 나갔을 때를 노리고 오나라를 공격합니다. 부차는 오나라로 돌아와서 황급히 방어에 나섰지만 결국 패배하고 포로가 됩니다. 구천은 부차에게 살려주겠다며 비웃습니다. 부차는 저승에서 오자서를 볼 낯이 없다며 비단 주머니로 얼굴을 가린 채 자결합니다. 이로써 오나라는 기원전 473년 멸망합니다. 오나라를 멸망시킨 구천은 제후들과 회맹하고 패자가 됩니다.

한편 월나라가 멸망하자 초나라는 다시 국력을 회복하였고, 오나라에서는 구천과 같은 인물이 다시 나오지 않아 점점 쇠퇴하더니 기원전 306년 초나라에 멸망합니다.

⊘ 읽을거리

일본에는 기원전 15세기에 비로소 신석기 시대가 들어섭니다. 당시에 만들어지던 새끼줄(繩) 무늬(文) 토기의 이름을 따 조몬(繩文) 문화라 불립니다. 기원전 8세기에는 우리나라로부터 청동기와 철기가 동시에 들어오는데 이 시기는 야요이 시대라 합니다.

제4장 | 세계종교의 탄생과 제국의 등장

	지중해	이란	인도	동아시아
BC 560년			석가모니 탄생 (~BC 480년)	
BC 551년			공자 탄생 (~BC 479년)	
BC 539년		페르시아 제국 건설		
BC 538년	키루스 유대인 해방			
BC 490년	1차 페르시아 전쟁			
BC 480년	2차 페르시아 전쟁			
BC 479년	3차 페르시아 전쟁			
BC 470년	소크라테스 탄생 (~BC 399년)			
BC 453년				전국시대 시작
BC 431년	펠로폰네소스 전쟁			
BC 331년	헬레니즘 제국 건설	페르시아제국 멸망		
BC 320년			마우리아 제국 건설	
BC 268년			아소카왕 즉위	
BC 221년				진 중국통일
BC 202년				한 중국통일
BC 200년				백등산 전투

민족 국가에서 다민족의 제국으로 사회가 발전해 가면서 '모든 민족을 아우를 수 있는 신'이 필요해지게 됩니다. 만약 황제가 모든 국민을 '유일

신' 아래에 모을 수 있다면 자신은 그 '유일신'의 대리인으로서 권위를 가지게 됩니다. 그 때문에 제국은 필연적으로 유일신을 믿는 세계종교를 가지게 됩니다. 만약 제국이 세계종교를 가지지 못하면 얼마 못 가 반드시 분열하게 됩니다.

제국은 공통으로 제국의 수도로 향하는 길을 만들고, 도량형과 화폐를 통일하며, 다민족 간의 의사소통을 위해 문자 언어를 통일합니다. 세계 종교의 경전은 제국의 언어로 기록됩니다.

조로아스터교의 경전인 아베스타는 페르시아어로 기록되었고, 유교의 경전인 사서오경은 한자로 기록됩니다. 불경도 상좌부 불교는 부처님의 모국어인 팔리어로 기록했지만, 대승불교는 인도 제국의 언어인 산스크리트어로 기록했습니다. 신약성경도 예수가 사용한 아람어가 아니라 헬레니즘 제국의 언어인 코이네 그리스어로 기록되었습니다.

조로아스터와 페르시아 제국

조로아스터교의 창시자는 '자라수슈트라'인데 그리스에서는 전사라는 뜻의 '조로아스트레스Ζωροάστρης'가 되었고, 영어로는 '조로아스터Zoroaster'가 되었습니다. (추정 활동 시기 기원전 2000년~기원전 1000년)

조로아스터교는 아리안족 신화를 바탕으로 기원전 6~7세기 세계 최초의 세계 종교로 발전합니다. 그 과정에서 다신교이던 아리안족 신화를 이원론적 일신교로 정리합니다.

자라투스트라는 아후라 마즈다가 진리·빛·생명의 신인 스펜타 마이뉴와 악·거짓·어둠·죽음·파괴의 신인 앙그라 마이뉴를 창조하였고, 세상은 이들을 쌍둥이 신의 투쟁이라 설명합니다. 다른 신들은 전부 격이 떨어져 이 두 신의 보조에 불과합니다. 이후 조로아스터교 경전인 '아베스타'에서는 아후라 마즈다는 스펜타 마이뉴(오르마즈드, 호르무즈)가 되어 앙그라 마이뉴(아흐리만)와 직접 투쟁합니다. 이 두 쌍둥이가 서로 번갈아 가며 세상을 지배하는데 최종적으로 스펜타 마이뉴가 승리하고 역사가 끝난다고 합니다.

그렇다면 우리가 해야 할 일은 무엇일까요?

선신인 아후라 마즈다를 따르는 것이겠지요. 아후라 마즈다의 길을 따르겠다는 좋은 생각은 곧 좋은 말을 낳고, 좋은 말은 좋은 행동으로 나타납니다.

조로아스터교는 불을 숭상한다고 하여 중국에서는 배화교拜火敎로 알려졌지만, 조로아스터교도가 필수적으로 해야 하는 일은 하루 다섯 번의 예식에 쓰이는 불을 소중히 여기는 것뿐입니다. 조로아스터교는 메디아와 아케메네스 왕조의 국교가 되었고 다른 종교에 어마어마한 영향을 끼쳤습니다.

셈족 종교의 유일신 사상, 천사와 악마 사상과 최후의 심판, 구세주 사상은 아마도 유대인들이 페르시아에서 포로 생활을 할 때 유입되었을 것입니다. 매일 다섯 번의 예배는 이슬람교에 영향을 준 것 같고 좋은 생각, 좋은 말, 좋은 행동이란 불교의 팔정도 중 정사유, 정언, 정명과 같습니다. 결국 조로아스터교의 사상은 사라지지 않고 다른 종교에 들어간 것뿐입니다.

키루스 대왕

키루스의 어머니는 메디아 국왕 아스티아게스의 외동딸 만다네입니다. 만다네는 처녀 시절 어느 날 오줌을 누었더니 오줌이 아시아를 뒤덮는 꿈을 꿉니다. 조로아스터교의 사제인 마구스는 이 꿈을 손자에게 왕국을 빼앗기는 꿈이라고 예언합니다.

아스티아게스는 만다네를 피정복국이던 페르시아 안샨의 왕자 캄비세스 1세에게 시집보냅니다. 그런데 이번에는 태몽으로 가랑이 사이에서 포도나무가 자라 온 세상으로 뻗어 나가는 꿈을 꿉니다. 마구스는 이 꿈을 손자가 왕이 되어 아시아를 지배하는 꿈이라고 예언합니다.

아스티아게스는 심복 하르파고스에게 손자를 죽이라고 명령했는데 그는 차마 죽이지 못하고 아이를 소치기에게 보내 몰래 키우도록 합니다. 하지만 몇 년 후 발각 나버리고 운명이라 생각한 아스티아게스는 손자를 인정하며 만다네에게 보냅니다. 하지만 임무를 제대로 수행하지 않은 하르파고스에게는 자신의 아들을 죽여 먹는 벌을 내립니다.

장성한 만다네의 아들은 페르시아 아케메네스 왕조의 제5대 왕 키루스 2세로 즉위하였고 하르파고스의 도움을 받아 아스티아게스에게 반란을 일으켜 기원전 555년 메디아를 점령합니다.

키루스는 기원전 545년에 소아시아를 점령, 기원전 539년에는 메소포타미아 지역의 강대국인 신바빌로니아 제국까지 점령하고는 아케메네스 왕국을 제국으로 만듭니다.

고레스 그리스도

키루스는 신바빌로니아가 정복한 민족에게 정책적으로 잔인하고 혹독하게 다루다가 멸망한 것을 반면교사 삼았습니다. 그는 모든 종교를 존중하고 노예제를 폐지했으며, 군인이 점령지 백성을 약탈하는 걸 금지하고, 빚 때문에 종이 되는 것에 반대했으며, 인간들을 억압하지 말고 노동자들에게 적절한 급여를 지불하라고 명령합니다. 그리고 바빌론에 끌려왔던 민족들을 모두 고향으로 돌아가도록 풀어주고 심지어 국가를 재건할 수 있도록 지원까지 해줍니다.

이스라엘에서는 히드기야에 의해 예루살렘에 성전을 재건하면서 유대교가 정립됩니다. 키루스 왕의 관용 정책이 너무나 고마웠던 유대인들은 고레스(키루스)를 메시아(그리스도)라고 여겼습니다.

> *야훼께서 당신이 기름 부어 세우신 고레스에게 말씀하신다.*
>
> *"내가 너의 오른손을 잡아주어 만백성을 네 앞에 굴복시키고 제왕들을 무장해제 시키리라. 네 앞에 성문을 활짝 열어젖혀 다시는 닫히지 않게 하리라."*
>
> *(이사야서 45장 1절)*

다리우스 1세

다리우스 1세는 아케메네스 왕조 페르시아의 제7대 샤한샤(왕중왕)입니다. 페르세폴리스를 새로운 수도로 만들었는데, 당시 건설에 동원된 인부들에게 빠짐없이 보수를 공평히 나눠주었습니다. 그리고 무역을 촉진하고 황제의 명령이 빠르게 전달할 수 있도록 왕의 길을 만드는데 길이가 제국의 서쪽 끝 사르디스부터 수도 수사까지 무려 2699킬로미터나 됩니다. 이 외에도 운하를 건설하고 역참제를 정비합니다. 제국 전역을 총 20개의 행정구역인 사트라피로 나누고 지방 총독에 해당하는 사트라프들에게 행정을 맡기는 제도를 만듭니다. 그들의 감시를 위한 감찰관도 파견합니다.

또한 황제만 발행 가능한 다릭 금화와 일반 총독과 장군들도 발행 가능한 시글로스 은화를 발행했는데, 화폐의 도입으로 초기 형태의 은행들이 등장하고, 세금을 쉽게 걷을 수 있게 되는 등 경제가 획기적으로 발전합니다. 종교적으로는 조로아스터교를 중심으로 한 관용 정책을 폈습니다. 제국 곳곳에 국교인 조로아스터교 신전들을 세웠을 뿐만 아니라 타 종교 신전들도 많이 세워줍니다.

외적으로는 정복 활동도 열심히 하여 페르시아의 영토를 확장합니다. 하지만 항상 성공만 한 것은 아니라서 스키타이와의 전쟁에서 패배하고 그리스와의 전투에서도 세 차례 패배합니다. 그러나 페르시아는 경제적으로 어마어마하게 강대한 나라였기에 그리 큰 타격을 받지는 않았습니다.

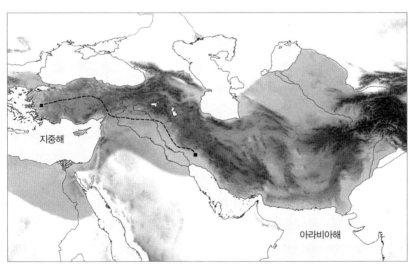

• 다리우스 1세 시절 페르시아 영토, 가운데 점선은 왕의 길

소크라테스와 헬레니즘 제국

이오니아 지역을 정복한 페르시아는 그리스 본토의 도시국가들에 사절을 보내 복종을 요구합니다. 그러나 아테네와 스파르타는 사신들을 처형해 버리며 거부합니다. 이에 분노한 다리우스대왕은 원정군을 구성해 그리스를 침공합니다.

1차 페르시아 전쟁 (기원전 490년)에서 밀티아데스가 이끄는 아테네 군은 마라톤에서 페르시아군을 물리칩니다. 승리의 요인은 여러 가지가 있겠지만 필자는 전제주의 국가의 용병보다는 조국을 지키기 위해 지원한 시민들의 사기가 더 높았기 때문이라고 생각합니다. 아테네 군의 사기가 얼마나 높았던지, 그들은 마라톤 전투에서 승리한 후 아테네를 방어하기 위해 36.75킬로미터 떨어진 아테네까지 33킬로그램 완전 군장을 한 채 3시간 만에 돌아옵니다.

기원전 480년 다리우스대왕의 아들 크세르크세스가 2차 침공을 개시합니다. 그리스는 연합군을 만들어 대항합니다. 테르모필레에서 스파르타의 레오니다스왕이 이끄는 300명의 스파르타 완전 시민을 주력으로 한 연합군은 페르시아 군대를 3일간 방어하다가 전멸당합니다. 하지만 이 사흘간 아테네 시민들은 아테네를 비워 페르시아군의 현지 조달을 막고는 전투를 준비합니다. 테미스토클레스가 이끄는 아테네 해군은 살라미스 해협으로 페르시아함대를 유인해 옴짝달싹 못 하게 한 다음 공격해 대승을 거둡니다. 크세르크세스는 어쩔 수 없이 철수합니다.

다음 해 페르시아 총사령관 마르도니오스는 다시 그리스를 공격하지만, 두 차례의 승리에 자신감이 붙은 그리스 연합군은 플라타이아 전투에서 페르시아군을 격파합니다.

페르시아와의 전쟁 후 그리스의 도시국가들은 전쟁을 막기 위해 델로스 동맹을 결성합니다. 그런데 전투의 승리로 오만해진 아테네는 델로스 동맹을 주도하며 마치 제국인 것처럼 행세합니다. 분노한 스파르타는 그리스 남쪽 도시국가를 중심으로 펠로폰네소스 동맹을 결성하고 아테네와 전쟁을 벌입니다. 이를 펠로폰네소스 전쟁(기원전 431년~기원전 404년)이라 합니다. 한편 페르시아는 양쪽을 번갈아 지원하면서 자신들의 이득을 챙깁니다. 결국 스파르타의 승리로 전쟁은 종결되었으나 두 국가 모두 엄청난 상처를 입어 국력이 크게 쇠퇴합니다.

소크라테스

펠로폰네소스 전쟁에 아테네 군으로 참가하기도 했던 소크라테스는 철학의 아버지라고 할 수 있습니다. 심지어 소크라테스 이후의 철학은 소크라테스 철학에 주석注釋을 단 것뿐이라는 우스개도 있습니다. 소크라테스의 철학의 방법은 "나는 내가 아무것도 모른다는 것을 안다"입니다. 자신이 모른다는 것을 알아야만 진리를 찾을 수 있다는 의미입니다.

소크라테스가 싫어한 사람들은 소피스트들입니다. 소피스트들은 돈을 받고 학생들에게 웅변술이나 토론의 방법을 가르치는 사람들인데, 소크라테스가 보기에는 궤변을 늘어놓아 사회를 어지럽히는 무리로만 보였습니다. 그래서 소크라테스는 무료로 학생들을 가르쳤습니다. 그러나 이 때문에 소피스트들에게 고발을 당하였으며 신을 믿지 않고, 아테네의 청년들을 타락시켰다는 이유로 사형당합니다. 하지만 그의 사상은 제자인 플라톤 등에 의해 전해집니다.

헬레니즘 제국

펠로폰네소스 전쟁이 벌어지는 사이 그리스 북부에서는 테베가 서서히 힘을 키웁니다. 기원전 371년 에파미논다스가 이끄는 테베군은 사선진斜線陣이라는 새로운 전술을 이용해 레욱트라 전투에서 스파르타군을 크게 무너뜨리며 그리스 최강국이 됩니다.

하지만 테베의 전성기는 불과 10년 남짓이었습니다. 테베의 북쪽 마케도니아 왕국의 필리포스 2세는 왕위에 오르자 군제 개혁을 통해 강력한 군대를 육성합니다. 그리스식의 보병은 팔랑크스라고 하는데 시민으로 구성되었으며, 한 손에 큰 방패, 다른 손에 2.5미터가량의 창을 들고 있습니다. 그런데 필리포스 2세는 직업 군인들로만 팔랑크스를 구성합니다. 이들은 방패를 가죽끈으로 팔뚝에 묶고, 사리사라고 하는 두 손으로 찌르는 6.5미터 긴 창을 썼습니다. 필리포스 2세는 그리스 도시 국가들을 차례차례 정복하더니 기원전 338년 카이로네이아 전투에서 승리하며 그리스를 통일합니다.

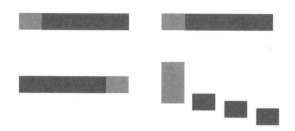

• 좌: 일반 대형, 우: 사선진, 빨간색이 정예전력
　사선진은 일반 대형과 달리 최정예군을 좌측에 더 두껍게 전진 배치하여 적의 정예군을 박살내는 전술입니다.

• 사리사를 든 마케도니아 팔랑크스

필리포스 2세가 죽자 그리스는 독립을 위해 다시 일어나지만 필리포스 2세의 후계자 알렉산드로스 3세에 의해 박살 납니다. 특히 테베는 기원전 335년 본보기로 완전히 파괴해 버립니다.

인류 역사상 가장 뛰어난 장군 중 한 명인 알렉산드로스 3세는 동방으로 원정을 감행하고 가우가멜라 전투(기원전 331년)에서 다리우스 3세의 페르시아 제국을 격파합니다.

알렉산드로스대왕은 페르시아를 격파하고 나서도 멈추지 않고 진격합니다. 마침내 인더스강을 넘어 펀자브 지방과 서북 인도마저 정복하고, 인도 북부를 장악한 마가다국 난다 왕조를 공격하려고 합니다. 하지만 집으로 돌아가고 싶은 병사들이 파업을 일으켰고 결국 철군합니다. 그리고 얼마 뒤 사망합니다.

알렉산더는 플라톤의 제자인 아리스토텔레스에게 그리스 철학을 공부했습니다. 그리고 정복한 지역에 그리스 문화, 즉 헬레니즘 문화를 이식합니다. 그래서 알렉산더의 제국은 헬레니즘 제국이라고 합니다. 하지만 헬레니즘 제국은 알렉산드로스대왕 사후 마케도니아를 차지한 안티고 노스 왕조, 페르시아와 메소포타미아를 차지한 셀레우코스 왕조, 이집트를 차지한 프톨레마이오스 왕조로 분열됩니다. 필자는 그 이유를 헬레니즘이 제국을 유지해 주는 사상으로서 부족했기 때문이라고 생각합니다.

> **◎ 읽을거리**
>
> 플라톤 철학의 핵심은 이데아입니다. 플라톤은 이데아라는 이상적이고 영원불멸한 존재가 있고, 현실은 이데아를 본뜬 것이라고 주장합니다. 아리스토텔레스는 존재와 운동에는 원인이 있고, 최종적인 목적을 향해 나아가는 것이라고 주장했습니다.

석가모니와 마우리아 제국

기원전 6세기 인도 북부에는 16대국이 있었으며 다양한 학문이 폭발적으로 번성합니다. 이들은 전통적인 브라만교의 가르침을 벗어나 새로운 가르침을 찾고자 노력했습니다. 이들을 '노력하는 자'라는 의미로 슈라마나(사문)라고 합니다. 이 중에서도 인기 높았던 슈라마나는 니간타 나타풋타, 산자야 벨랏티풋타, 아지타 케사캄발린, 막칼리 고살라, 파쿠다 캇차야나, 푸라나 캇사파 등입니다.

하지만 샤카(석가)족의 왕자였던 고타마 싯다르타가 깨달음을 얻고 가르침을 펼치자 한순간에 명성을 잃어버립니다. 마치 어두운 밤에는 별들이 반짝이지만 아침에 태양이 뜨면 모든 별이 빛을 잃는 것과 같습니다. 브라만과 슈라나마들은 '나'는 존재하기 때문에 영원히 윤회의 굴레를 벗어나지 못한다고 설명했습니다. 하지만 고타마 싯다르타는 '나'라는 것은 없다고 단언합니다. 그럼에도 '나'에 집착하기 때문에 윤회라는 수레바퀴에 껌딱지처럼 붙어있는 것이고, '집착'만 없앤다면 즉시 윤회를 벗어날 수 있다고 설명합니다.

이런 쉽고 통찰력 있는 설명에 수많은 사람이 구름같이 몰려듭니다. 고타마 싯다르타는 샤카(석가)족의 무니(성자聖者)인 샤카무니(석가모니)로 불리었고 깨달은 자(붓다, 불佛, 부처)로 칭송됩니다. 슈라마나(사문)라는 단어도 석가모니 부처님을 따르는 무리를 일컫는 말이 됩니다. 얼마 지나지 않아 불교佛敎는 바라문교를 대체합니다.

찬드라굽타 마우리아, 마우리야 제국을 건설하다

찬드라굽타는 인도를 침입한 알렉산드로스대왕을 만나고 크게 감화를 받아 정복과 제국이라는 야망을 품게 됩니다. 알렉산드로스가 죽은 후 그리스 세력권이었던 펀자브 지방과 서북 인도를 정복합니다. 그리고 마가다국 난다 왕조를 공격해 정복합니다. 이후 활발한 정복 사업을 펼쳐 북인도를 완전히 장악합니다. (기원전 320년) 알렉산드로스대왕의 후계자 가운데 한 명인 셀레우코스 1세 니카토르가 셀레우코스 제국을 세우고 기원전 305년에 인도를 침공하지만 찬드라굽타는 가볍게 격퇴합니다.

아소카왕

기원전 268년 아소카는 마우리아의 3대 왕으로 즉위합니다. 군사적 재능이 찬드라굽타와 알렉산드로스 못지않았던 그는 인도 남쪽 지역까지 정복하고 인도를 통일합니다. 하지만 성격이 잔인하고 취미활동이 고문인지라 정복 과정에서 수십만 명의 인간을 학살하였고 백성들에게 큰 고통을

• 아소카의 기둥

• 기둥 머리

안겼습니다. 그런데 어떤 계기로 불교를 믿으면서 180도 달라졌습니다.

불교 교리에 근거하여 살생을 금지하고, 백성을 차별하지 않으며, 약자들에게 복지를 제공한다는 '아소카의 칙령'을 반포하고, 인도 전역에 이 칙령의 내용을 새긴 '아소카의 기둥'을 세웠습니다. 그리고 스스로 칙령을 적극적으로 실행에 옮겨 전륜성왕(불교에서 말하는 최고의 성군)이라는 소리를 듣게 됩니다.

불교의 전파를 자신의 사명으로 생각한 아소카왕은 선교사들을 스리랑카, 중국, 태국, 그리스에까지 파견합니다. 그 때문에 불교는 세계 곳곳으로 전파됩니다.

당시 인도의 사상 중 니간타 나타풋타의 사상도 살아남아 현재 '자이나교'라는 이름으로 전해집니다. 자이나교는 극단적으로 불살생(不殺生)과 무소유(無所有)를 주장합니다. 그래서 옷을 입지도 않고, 혹시 물속의 미생물이 죽을까 봐 목욕도 하지 않습니다. 같은 이유로 바다를 건너는 것도 금지되어 있습니다. 식물을 수확해야 하는 농사도 지으면 안 되고 물건을 만드는 공업도 하지 않으며(그래서 자이나교 신도들은 대부분이 상인입니다), 음식은 죽지 않을 만큼만 먹어야 합니다. 실제로 자이나교에서 수행의 최고 경지는 굶어 죽는 것입니다. 물론 신도들에게는 이렇게까지 강요하지는 않습니다.

그런데 자이나교도들은 상업과 무역에 종사하면서 인도의 경제를 꽉 잡게 됩니다. 그 때문에 유럽에서 상권을 잡고 있던 유대인들도 인도로 침투하지 못합니다. 이런 사정으로 인도의 역대 국가 중 누구도 자이나교를 탄압하지 못했습니다. 현재 자이나교도는 인도 전체 인구의 0.42퍼센트밖에 안 되지만 인도 세금의 24퍼센트를 내고 있습니다.

공자와 한나라

기원전 453년 진晉나라는 위魏, 조趙, 한韓의 세 가문에 의해 분해됩니다.

기원전 386년 제齊나라에서는 부하이던 전씨田氏가 강씨姜氏로부터 나라를 빼앗습니다.

이처럼 신하가 임금의 자리를 찬탈하는 일이 벌어지지만 천자는 아무런 조치도 취하지 못합니다. 천자의 권위는 땅에 떨어지고 중국의 각 나라들은 공公이 아니라 왕王을 칭하기 시작하면서 봉건 제도는 끝이 납니다.

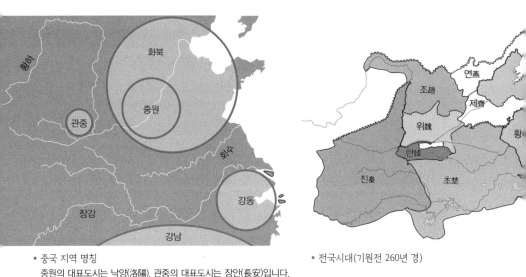

• 중국 지역 명칭
중원의 대표도시는 낙양(洛陽), 관중의 대표도시는 장안(長安)입니다.

• 전국시대(기원전 260년 경)

그나마 천자의 눈치를 보던 춘추시대와 달리 강대국들은 거침없이 약소국을 잡아먹으며 영토를 확장합니다. 강대국끼리도 끊임없이 전쟁이 일어납니다. 그래서 이 시대를 전국시대戰國時代라고 합니다. 전국시대 말기가 되면 7개 나라만 남게 되는데 이들을 전국칠웅戰國七雄이라 부릅니다.

제자백가

전국시대의 혼란을 끝내고자 하는 염원은 수많은 사상을 탄생시킵니다. 대표적인 것만 꼽아도 유가儒家 · 묵가墨家 · 도가道家 · 음양가陰陽家 · 명가名家 · 종횡가縱橫家 · 법가法家 · 잡가雜家 · 농가農家 등이 있습니다. 이를 제자백가諸子百家라고 합니다.

유가는 공자의 사상을 맹자, 순자가 계승한 것으로 인과 예를 바탕으로 한 덕치를 주장했습니다. 법가는 상앙과 한비자의 주장으로 중앙 집권,

관료제, 엄벌주의가 특징입니다. 도가는 노자와 장자의 주장으로 인위적으로 일을 꾸미지 말고(무위無爲) 자연스럽게 놓아두어야 한다고 주장합니다.(자연自然) 묵가는 묵자가 주장했는데 모든 사람을 차등 없이 사랑해야 한다(겸애兼愛)고 주장했습니다.

진나라 중국 통일

전국칠웅 중 법가法家의 사상을 채택한 진秦나라는 하루가 다르게 성장합니다. 종횡가도 많은 활동을 합니다. 소진은 진을 제외한 6국이 힘을 모으는 합종合從의 계책을 내세워 진을 한때 위기에 빠트리지만, 6국 간의 충돌로 소진이 암살당하면서 실패합니다. 소진의 친구인 장의는 연횡連橫의 계책을 내어 진나라와 각국이 일대일로 동맹을 맺게 합니다. 진나라는 6국을 하나씩 정복합니다. 연나라에서 최후의 저항으로 '형가'를 보내 암살을 시도하지만 실패로 끝나고 기원전 221년 마침내 중국 역사상 최초로 통일합니다.

중국을 통일한 영정은 흔해져 버린 '왕'이라는 칭호 대신 고대 전설의 임금인 삼황오제三皇五帝의 이름을 따 황제皇帝라는 칭호를 사용합니다. 따라서 진왕국秦王國은 진제국秦帝國이 됩니다.

진시황제 영정은 군현제를 실시하여 중앙집권제를 확립하고, 화폐, 도량형, 문자를 통일합니다. 북방 유목민족을 막기 위해 만리장성을 쌓기 시작했습니다. 그리고 법가 외에 모든 사상을 탄압하여 백가百家의 서적은 불태우고 제자諸子들은 생매장해 버립니다. 이를 분서갱유焚書坑儒라 합니다.

한나라 중국통일

하지만 진나라 엄벌주의는 백성들을 불안하게 하였고, 진제국의 초대 황제 시황제가 죽자마자 진승, 오광을 시작으로 여기저기서 반란이 일어납니다. 비록 진승, 오광은 진나라의 수도 함양으로 진군하다가 진나라의 명장 장한에게 패배하지만, 다른 반란군들도 함양을 향해 속속 진군하기 시작합니다. 그중에서 가장 큰 세력은 초나라 부흥군 대장인 항우였습니다.

하지만 패현에서 거병했던 유방이 가장 먼저 함양을 함락시키고 진나라 왕, 자영의 항복을 받아냅니다. 항우는 선수를 빼앗긴 것에 분노하여 유방을 치려고 합니다. 유방은 장량의 권유를 받아들여 함양 함락의 공을 항우에게 넘기고 서쪽땅으로 물러납니다. 항우는 함양을 재차 함락시키고 진왕 자영을 비롯해, 모든 진나라 왕족을 멸족시키고 아방궁을 불태워 버립니다. 진나라는 사라지고 그 자리에 초楚나라가 자리 잡습니다. 하지만 초나라 부흥이라는 말이 무색하게 항우는 초 의제를 침현으로 추방 후 살해하더니 봉건제를 되살려 자기 마음대로 부하에게 나누어 줍니다. 유방은 때가 왔다고 생각하고 촉을 나와 항우와 대결합니다.

항우의 무력은 인류 역사상 손꼽을 정도였습니다. 그 때문에 유방은 항우와의 대결에서 연전연패합니다. 하지만 오만한 항우는 거듭 승리하면서도 신망을 잃어버리고 부하들이 유방에게로 돌아섭니다. 최고의 참모인 범증마저도 화병으로 사망하게 만듭니다. 반면에 유방은 연패하면서도 장량, 소하, 팽월. 한신 등 인재들이 모이면서 항우를 능가하는 대군이 됩니다.

해하전투에서 항우는 한신에게 생애 첫 패배를 당합니다. 그리고 많은 병사가 배신하는 바람에 10만이 넘었던 병사는 불과 800명만 남았고 그나마도 오강 나루에 도착하자 28명만 남게 됩니다. 부하들이 다시 강동에서 군세를 일으켜 재기(권토중래捲土重來)하자고 권유하지만 자존감을 상실한 항우는 한군漢軍싸움 끝에 자살합니다. (기원전 202년)

유방은 진나라의 실수를 반복하지 않으려고 유가儒家의 사상을 채택합니다. 그리고 행정제도로 중앙은 군현제를 실시하고 지방은 제후를 봉하는, 군현제와 봉건제를 절충한 군국제를 실행합니다.

텡그리신앙과 흉노

흉노의 선우(흉노족 임금의 명칭) 바토르(묵돌)는 중국이 초한전쟁으로 정신이 없는 틈을 타 동쪽의 동호, 서쪽의 월지를 공격하여 중국 북쪽을 평정합니다. 기원전 201년에는 한나라 북방을 침범하여 일대를 장악합니다.

기원전 200년, 한고조 유방은 묵돌을 얕잡아보고 직접 군대를 이끌고 묵돌을 공격합니다. 하지만 묵돌은 흉노 역사상 최강의 임금으로 유방과 한나라군을 백등산에서 포위해 버립니다. 유방은 살기 위해 흉노에게 화친(이라는 이름의 항복)합니다. 흉노는 형이 되고 동생인 한나라는 흉노에게 황실의 공주를 시집보내야만 했으며, 엄청난 양의 공물을 매년 바쳐야만 했습니다. 이로써 최초의 유목제국인 흉노제국이 세워집니다.

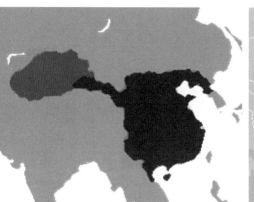

• 한나라의 영토

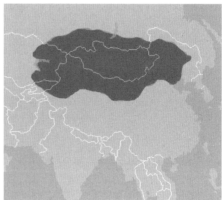

• 흉노의 영토

텡그리신앙

유목제국인 흉노, 유연, 돌궐의 종교는 텡그리신앙입니다. 샤머니즘, 애니미즘, 토테미즘, 조상숭배 등의 특징을 가지고 있습니다. 텡그리는 천신天神을 뜻합니다. 이렇게 말하면 좀처럼 어떤 종교인지 감이 잡히지 않지만 우리나라의 무속신앙이 바로 텡그리신앙입니다. 단군의 원래 발음이 텡그리라는 주장도 있습니다.

제5장 | 세계종교와 제국의 발전

	세계사	우리 역사
BC 264년	포에니 전쟁 시작	
BC 247년	파르티아 제국 탄생	
BC 194년		위만조선 시작
BC 146년	포에니 전쟁 끝	
BC 114년	한무제 즉위	
BC 108년	한사군 설치	위만조선 멸망
BC 57년		신라 건국
BC 49년	카이사르의 내전	
BC 37년		고구려 건국
BC 27년	로마제국 시작	
BC 18년		백제 건국

BC 2세기 전 세계적으로 여러 제국이 출현합니다. 세계종교는 제국 확장의 가장 중요한 역할을 하게 됩니다.

한나라의 발전

한나라의 시작은 참으로 위태위태했습니다. 한고조 유방이 사망한 후 황후인 여후는 정권을 장악하기 위해 개국공신들을 대거 숙청합니다. 심지어 유방의 총애를 받은 척부인도 잔인하게 죽여버립니다. 이런 짓에 충격을 받은 아들 혜제는 트라우마를 이기지 못하고 술에 중독되어 살다가 사망합니다. 이후 여후는 황제를 제멋대로 교체했으며, 황족의 봉토를 친정인 여씨들에게 주는 등 전횡을 일삼습니다. 여후가 죽은 후 유방의 옛 부하인 주발, 진평 등이 군사를 이끌고 여씨들을 처단하고 문제를 즉위시킵니다. 5대 문제와 6대 경제는 도가道家적 무위자연 정치로 내실을 다져 혼란을 마무리합니다.

한나라는 7대 한무제 대에 최전성기를 맞이합니다. 즉위하자마자 동중서의 건의를 받아들여 유학을 관학으로 공인하고 유가를 중국의 국교로 만들었습니다. 군국제를 폐기하고 군현제를 실시하여 중앙집권체제를 완성합니다. 경제적으로는 소금과 철을 전매, 각 지방의 산물을 조세로 징수하여 다른 지방에 운송하여 판매하는 균수법, 풍년 등으로 물건이 쌀 때 국가가 사들여 저장해 두었다가 가격이 오르면 내다 파는 평준법 등을 실시하여 국가 재정을 튼튼하게 하였습니다.

한무제는 국내가 안정되자 국외로 눈을 돌립니다. 북쪽으로는 위청, 이광, 곽거병 등의 명장들을 보내 만리장성을 넘어 흉노족을 박살 냅니다. 동쪽으로는 조선을 정복하여 4군을 세웠고, 남쪽으로는 남월을 정복하여 9군을 세웁니다. 그리고 장건을 서역으로 보내 실크로드를 개척합니다.

> **◎ 읽을거리**
>
> 한나라 때의 유교는 훈고학(訓詁學)입니다. 진시황의 분서갱유로 인해 많은 유교 경전이 소실되었습니다. 그래서 남아있는 유교 경전을 정리하고 그 뜻을 새롭게 해석하는 방향으로 학문이 이루어졌는데 이를 훈고학이라 합니다. 이 과정에서 유교 경전이 시경, 서경, 주역, 예기, 춘추의 오경(五經)으로 정해집니다.

파르티아, 이란을 장악하다

기원전 247년 지금의 이란 북부에 유목민 국가인 파르티아가 세워집니다.

셀레우코스 제국은 서쪽의 이집트 프톨레마이오스 제국과 투쟁하느라 정신이 없었습니다. 그 틈을 타 파르티아는 셀레우코스 제국의 서쪽을 야금야금 잠식합니다. 기원전 2세기 셀레우코스 제국이 로마에 대패하면서 동부지역의 주도권을 잃어버립니다. 파르티아는 거침없이 영역을 확장해 셀레우코스 제국 대부분을 차지합니다. 셀레우코스는 서부지역이 로마의 속주가 되면서 기원전 64년 사라집니다.

파르티아는 정치적으로는 봉건제였고, 종교의 자유가 있는 나라였습니다. 주요 숭배의 대상은 조로아스터교에서 나온 미트라와 아나히타입니다. 불교도 번성하여 파르티아 동부에서부터 페르시아만 일대에 많은 불교 사원을 지었습니다.

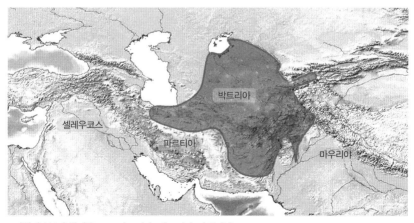

• 기원전 180년 셀레우코스-파르티아-박트리아-마우리야

간다라 양식의 발생

파르티아에 밀린 그리스-박트리아의 여러 나라는 인도로 넘어와 마우리야 제국을 몰아내고 펀자브 지역을 차지합니다. 이 왕국들을 인도-그리스 왕국이라 합니다.

초기 불교도들은 불상을 만들지 않았습니다. 그런데 불교로 개종한 그리스인들이 그리스 신상과 비슷한 불상을 제작합니다. 이후 인도 현지의 불교도들도 불상을 제작하기 시작합니다. 그 때문에 헬레니즘 양식과 인도 토착 양식이 결합하게 되는데 이러한 양식을 간다라 양식이라고 합니다. 간다라 양식의 불상은 그리스 의상인 토가를 입고, 곱슬머리에 날렵한 콧날을 가지고 있습니다. 그런데 석가모니는 아리안족이니 딱히 틀린 묘사는 아닙니다.

• 간다라 부처상

• 간다라 조각상 - 보살의 머리

스키타이족, 신라 왕족이 되다

한나라에 밀린 흉노는 서쪽으로 이동하여 토하라인의 나라 월지를 공격하고 땅을 차지합니다. 월지는 남으로 내려가 스키타이계 사카족을 밀어내고 땅을 차지합니다. 사카족은 인도로 내려가 인도-그리스 왕국을 밀어내고 인도-스키타이 왕국을 세웁니다.

스키타이족은 기원전 8세기 아시아 북서부 일대 스텝 지역에 거주했습니다. '스키타이'는 그리스인들이 사용한 명칭으로 '궁수Skuthēs'에서 유래합니다. 페르시아에선 샤카Sakā라고 불렸는데 뜻은 동일합니다. 이름 그대로 전차가 아닌 말을 타고 이동하며 활을 가지고 싸운 최초의 기마민족입니다. 아마 등자도 이들의 발명품인 듯합니다.

이 기마 전술을 이용해 세력을 크게 넓혀 기원전 1세기에는 아래의 지도와 같은 넓은 영토를 차지합니다.

하지만 점점 세력이 약해지더니 파르티아에 의해 멸망합니다. 그런데

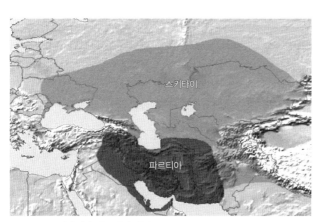

• 스키타이와 파르티아 지역

• 도기 기마인물형 명기-신라 시대
  유물로 등자가 있다.

• 스키타이 전사들

스키타이족의 일부는 동으로 계속 진출해 한반도까지 도달하였고 신라의 왕족이 됩니다. (중앙대 이광호 교수의 연구에 따르면 신라인과 스키타이인의 유전자는 거의 일치합니다.) 신라의 무덤 양식, 금관, 황금 보검 등은 스키타이의 것과 굉장히 유사합니다. 그리고 고대 한복의 기원도 스키타이 의복입니다.

로마, 지중해를 석권하다

기원전 509년 로마는 왕정에서 공화정으로 이행합니다. 공화정이란 대표로 선출된 여러 명이 공동으로 국가를 운영하는 정치 체제입니다. 정치는 귀족들의 모임인 원로원Senatus과 평민들의 모임인 민회Populusque에서 했으며, 민회에서 뽑힌 집정관(콘술) 2명이 정부를 운영했습니다. 집정관은 귀족 중 선출되었습니다.

그런데 평민들의 힘이 세지면서 대표를 세워 달라 요구했고, 이것이 받아들여져 기원전 459년부터 민회에서 호민관護民官을 선출하게 됩니다. 평민들은 귀족들이 호민관의 권한을 무시하지 못하도록 성문법을 만들어 달라고 요구하였고 이에 따라 12표법이 만들어집니다. 이 법에 따라 호민관은 원로원이나 집정관의 결정에 대하여 거부권을 가졌습니다.

기원전 367년 평민들이 집정관으로 선출될 수 있게 하는 리키니우스-

섹스티우스 법이 통과되었으며 기원전 342년부터는 아예 집정관 둘 중 하나는 무조건 평민이어야 한다는 법령도 생깁니다. 로마공화국의 공식 국호는 'Senātus Populusque Rōmānus(로마 원로원과 시민들)', 줄여서 SPQR입니다.

포에니 전쟁

이탈리아 중부지방에서 성장하던 로마는 기원전 3세기 이탈리아 남쪽까지 영토를 확장합니다. 지중해로 진출하려는 로마와 이미 지중해를 장악하고 있던 카르타고의 충돌은 일어날 수밖에 없는 상황이었습니다. 카르타고는 페니키아인이 아프리카에 건설한 도시로, 이름은 페니키아어로 카르트 하다쉬트, 새로운 도시라는 뜻입니다.

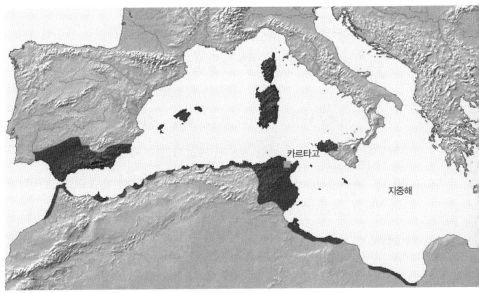

• 기원전 3세기 카르타고의 영토

기원전 264년부터 기원전 241년까지 제1
차 포에니 전쟁이 벌어집니다. (포에니는 페
니키아의 로마식 발음입니다.) 의외로 바다
의 나라인 카르타고는 육지의 나라인 로마 해
군에게 참패합니다.

위의 그림은 1차 포에니 전쟁 당시 로마군이 사용한 코버스corvus(까마
귀)입니다. 평상시에는 가교가 활차에 의해 선체 갑판 위에 접혀 있다가,
전투가 시작되면 가교를 내리고 로마 병사들이 가교를 통해 적함으로 이
동해 백병전으로 싸웠습니다.

로마는 카르타고에 막대한 양의 전쟁 배상금을 물려 카르타고가 다시
는 일어나지 못하도록 만듭니다. 카르타고의 명장 하밀카르 바르카는 10
살도 채 되지 않은 한니발을 바알 신전으로 데려가 로마를 멸망시킬 것을
맹세시켰습니다. (한니발은 페니키아어로 바알의 은총이라는 뜻입니다.)

기원전 218년 하밀카르 바르카가 개척한 이베리아반도가 탐이 난 로마
는 트집을 잡아 전쟁 명분을 만든 뒤 원정을 감행합니다. 하지만 한니발
바르카가 이베리아반도를 나와 선제공격을 가합니다. 로마군은 이베리아
에서 로마로 이르는 유일한 통로인 마살리아(현재 마르세유)에서 한니발
군을 기다립니다. 그러나 한니발은 허를 찔러 알프스산맥을 넘어 로마로
진군합니다. 로마까지 승승장구하며 진격하는 한니발을 막기 위해 두 집
정관이 직접 나서 칸나이에서 전투를 벌이지만 한니발의 망치와 모루 전
술에 걸려 2배에 가까운 로마군이 전멸당합니다.

하지만 로마의 집정관 스키피오 아프리카누스가 기원전 201년 카르타

고 본국을 공격하자 카르타고는 한니발에게 귀국 요청을 보냈고, 한니발은 카르타고로 귀국, 자마에서 스키피오와 대결하지만 패배합니다. 제2차 포에니 전쟁에서 승리한 로마는 이베리아반도를 얻었고 카르타고는 사실상 로마의 속국 처지가 됩니다.

한니발은 카르타고 부흥을 위해 열심히 활동합니다. 그런 한니발과 카르타고가 꼴 보기 싫었던 로마는 한니발을 죽이려고 로마로 소환합니다. 나라가 망해가는데도 인기 있는 한니발을 시기하고, 오직 자신의 이익밖에 생각하지 못하던 카르타고의 귀족들은 한니발을 넘기려 하지만 그는 미리 눈치를 채고 도망칩니다. 한니발이 사라진 카르타고는 로마에 아무런 위협이 되지 못합니다. 기원전 149년 로마는 카르타고를 공격했고 기원전 146년 멸망합니다.

최강의 적을 꺾은 로마는 이후 승승장구하며 영토를 확장합니다. 헬레니즘 계열 왕국인 폰토스 왕국의 미트리다테스 6세가 한때 로마군을 물리치고 아나톨리아 대부분을 차지했으나, 술라와 루쿨루스, 폼페이우스에게 잇달아 격파당하고 기원전 63년 로마의 속국이 됩니다.

율리우스 카이사르의 등장

카르타고의 멸망은 로마에 많은 부를 가져다 주었습니다. 그러나 이 부는 귀족들에게만 집중됩니다. 귀족들은 농장을 끝없이 확장하였고 자영농은 몰락합니다. 호민관인 그라쿠스 형제가 원로원 귀족들이 차지하고 있던 국유지를 파산한 무산자 계급들에게 무상으로 임대하는 농지법을 발의합니다. 원로원은 법과 절차를 완전히 무시하고 원로원 최종 권고를 내려 그라쿠스 형제를 살해하고 강제로 법안을 폐기합니다. 사실상 공화정은 명목일 뿐 귀족의 독재였습니다. 이때 율리우스 카이사르가 등장합니다.

야심 차고 능력 있는 군인이었던 카이사르는 여러 차례 전투에서 승리하며 착실하게 인기를 얻습니다. 갈리아(지금의 프랑스) 지방을 정복한 그의 인기가 하늘 높은 줄 모르고 올라가자 불안감을 느낀 원로원은 다시 최종 권고를 발동합니다.

기원전 49년 카이사르는 자신의 군대를 이끌고 로마 북쪽 루비콘 강을 건넙니다. 원로원측은 스파르타쿠스 노예 반란을 진압하고, 해적을 소탕했으며, 유다와 폰토스를 정벌한 명장 폼페이우스를 내세워 카이사르를 막습니다.

• 로마군은 방패인 스쿠툼으로 테스투도라는 방패진을 만들었으며, 글라디우스라는 짧은 칼을 사용했습니다.

그러나 폼페이우스는 패배하여 이집트로 도망칩니다. 카이사르가 무서웠던 이집트의 프톨레마이오스 13세는 폼페이우스를 죽이고 뒤쫓아온 카이사르에게 바칩니다. 그러나 보호국 주제에 감히 지배국의 장군을 죽였다는 것에 분노한 카이사르는 프톨레마이오스 13세를 퇴위시키고 클레오파트라 7세를 이집트의 여왕으로 삼습니다. 카이사르는 로마의 종신독재관으로 취임하여 임페라토르imperator(최고사령관)라는 호칭을 사용합니다. 원로원 최후의 저항으로 브루투스에게 암살당하지만 로마는 공화국에서 제국으로 옮겨갑니다.

임페라토르 카이사르 아우구스투스

율리우스 카이사르는 유언장에서 옥타비아누스를 후계자로 정합니다. 옥타비아누스는 안토니우스와 내전을 벌여 최종적으로 승리합니다. 안토니우스를 지원한 이집트 여왕 클레오파트라 7세는 자살하고 이집트는 로마의 땅이 됩니다. BC 29년 로마 원로원은 옥타비아누스에게 프린켑스princeps civitatis(제1시민)의 칭호를, BC 27년에는 아우구스투스Avgvstvs(존엄한 자)라는 칭호를, BC 23년에는 임페라토르Imperator를 부여합니다. 임페라토르 카이사르 아우구스투스Imperator Caesar Avgvstvs는 스스로 황제를 자처하지 않았습니다. 하지만 옥타비아누스의 후계자들이 이어받으면서 자연스럽게 '황제'를 의미하게 됩니다. 임페라토르imperator는 영어의 엠퍼러emperer, 카이사르Caesar는 독일어의 카이저Kaiser와 러시아어의 차르tsar의 어원이 되며 모두 황제를 뜻하게 됩니다. 당연히 제국을 뜻하는 라틴어 임페리움IMPERIVM, 영어단어 엠파이어Empire도 여기에서 나왔습니다.

제2부

세계종교의 전파

민족의 대이동

이슬람의 전파

남침의 시대

중세 세계

제6장 | 세계종교의 전파

	서양	동양	우리나라
1년	예수 탄생		
8년		신나라 창건	
25년		후한 설립	
30년	쿠샨 제국 설립		
37년			대무신왕 낙랑군 정벌
42년			가야 건국
44년		광무제 낙랑군 탈환	
105년		후한 채륜 제지술 발명	
184년		황건적의 난	
189년		야마타이국 히미코 여왕 즉위	
224년	사산조 페르시아 건국		
234년			백제 고이왕 즉위
244년			관구검 고구려 침입
280년		진나라 삼국통일	
293년	로마 사두정치		
320년		굽타 제국 건국	
324년	로마 재통합		
325년	니케아 회의		

기원후 1세기쯤 세계에는 4대 제국이 동서로 나란히 있었습니다. 제국들은 각각 세계종교인 기독교, 조로아스터교, 불교를 국교로 삼습니다.

예수 탄생

기원전 142년 유대 지역에 하스몬 왕조가 성립됩니다. 하스몬 왕조는 모압, 암몬, 에돔 등을 복속시키고 유대교로 강제 개종시키며 위세를 떨치지만 왕조 말 형제가 왕위를 놓고 다투다가 외세를 끌어들이는 바보 같은 짓을 벌입니다. 두 형제는 로마의 힘을 이용하려고 아부 경쟁을 벌였고, 그 꼴을 보고 있던 폼페이오스가 형제 사이를 중재하겠다는 명분으로 유대 지역을 정복해 버립니다.

에돔 사람인 안티파트로스는 카이사르와 폼페이오스가 내전을 벌일 때 카이사르 편으로 갈아탔고 그 대가로 유대의 행정장관 자리를 차지합니다. 이후 안티파트로스의 아들 헤로데는 유대의 왕이 됩니다. 헤로데는 예루살렘 성전을 증축하고 로마와 우호를 다져 국력을 신장시키는 등 나름 훌륭한 왕입니다.

헤로데는 아들 4명에게 유다 지역을 골고루 나누어 줍니다. 로마는 이들에게 분봉왕Tetrarch이라는 칭호를 내립니다. 테트라Tetra는 4분의 1을 뜻하니 반쪽도 아닌 반반쪽 왕이라는 의미입니다. 그런데 장남이며 왕위를 물려받은 아르켈라오스는 이런 조치에 반발하다가 쫓겨나고 그의 땅은 시리아 총독의 직할 통치령이 됩니다.

예수 탄생

분봉왕 시절 나자렛에 예수라는 인간이 살았습니다. 그는 당시 유명했던 종교 지도자 세례자 요한의 제자로 추측됩니다. 그런데 세례 요한이 본분왕 헤로데에게 죽임을 당한 후 자신은 하나님의 아들이자 그리스도라고 선언하고 그리스도를 믿으면 구원을 받아 천국으로 갈 수 있다며 열심히 전도합니다. 또한 유대교와는 다르게 이방인들도 천국에 갈 수 있다고 주장했으며, 종교적 예식으로 할례割禮 대신 세례를 주었습니다.

유대교의 사제들은 예수를 위험인물로 생각하고 로마에 반역했다는 혐의를 씌워 유대 총독 본티오 빌라도에게 끌고 갑니다. 유대인 따위는 인간 취급도 안 하던 본티오 빌라도는 자신의 상관인 시리아 속주의 총독의 승인도 받지 않고 다음 날 십자가형에 처합니다. 그런데 매장된 지 사흘날 여자 신도들이 무덤을 찾아갔더니 비어 있는 것을 발견합니다. 기독교에서는 이 사건을 예수가 죽음에서 부활한 것으로 보고 있습니다.

유대 로마 전쟁

한편 유대 지역의 총독들은 막대한 세금을 부과해 유대인들의 고혈을 빨아먹기에 혈안이었습니다. 참다못한 유대인들은 66년 반란을 일으킵니다. 네로 황제는 베스파시아누스를 유대 반란 진압군 사령관으로 임명하고 유대 지역으로 보냅니다. 베스파시아누스는 아들 티투스와 함께 유대 지방을 완전히 진압합니다. 마사다에서 최후까지 저항하던 유대인들은 집단 자살합니다. 이때 예루살렘 성전이 완전히 파괴되는 바람에 유대교는 사제들이 성전에서 제사를 집전하는 종교에서 랍비(교사)가 경전을 가르치는 종교로 바뀝니다. 또한 기독교는 유대교와 결별하게 됩니다.

한편 베스파시아누스는 유대 지역 진압 공로로 황제가 되었고 끌려온 유대 포로를 동원해 콜로세움을 건축합니다.

유대인들은 115년 제2차 유대─로마 전쟁, 132년 제3차 유대─로마 전쟁을 벌이지만 결국 진압당합니다. 그 결과 유대인들은 예루살렘에서 영구 추방하고, 유대 지역은 팔레스티나로 개명됩니다.

로마와 기독교

16세기 사람인 니콜로 마키아벨리는 자신의 저서 《로마사 논고》에서 네르바(96년 즉위), 트라야누스, 하드리아누스, 안토니누스 피우스, 마르쿠스 아우렐리우스의 다섯 황제가 양자로 승계하며 선정을 베풀었다며 오현제五賢帝라는 표현을 사용했습니다. 확실히 당대의 로마는 전쟁을 멈추고 평화를 누렸습니다. 그래서 이 시기를 로마에 의한 평화Pax라는 의미로 팍스 로마나Pax Romana라고도 부릅니다. 하지만 마르쿠스 아우렐리우스의 친아들인 콤모두스가 180년 제위에 오르며 팍스 로마나는 끝이 납니다.

야심만만했던 콤모두스의 누나 루킬라는 182년 콜로세움에서 동생 콤모두스를 암살하려다가 실패합니다. 이후로도 몇 차례의 암살 위협을 받은 그는 완전히 폐인이 되어버립니다. 폭군의 대명사인 선대의 황제 네로(54년 즉위)와 후대의 황제 카라칼라(211년 즉위)가 평범하게 보일 정도로 막장 정치를 하다가 192년 향년 31세로 사망합니다.

235년부터 284년까지 로마 제국 각지의 군대가 스스로 황제를 옹립하고 폐위하는 군인 황제시대입니다. 49년간 18대, 공동통치 포함 26명의 황제가 바뀌는 혼란을 겪으며 로마는 쇠퇴하는데 그 시작은 콤모두스입니다.

로마의 분열과 통합

디오클레티아누스는 군인황제 시대를 끝내고 로마 부흥을 위한 개혁에 나섭니다. 우선 사산조 페르시아의 강력한 전제군주제를 받아들입니다. 형식상 남아있던 로마 원로원과 민회의 권한을 모두 박탈하고 속주의 총독과 모든 관료를 황제가 임명하도록 만듭니다. 이로써 로마의 원로원과 대중Senatus Populus que Romanus, SPQR은 사라지고 황제Imperator만 남았습니다.

군사 조직도 개편하여 속주의 군단도 모두 로마 군단에 편입 군사력을 증강합니다. 또한 잡다한 세금을 폐지하고 농경지에 부과하는 토지세, 사람에게 부과하는 인두세로 간편화하여 재정수입을 안정화합니다.

디오클레티아누스는 너무나 커진 제국을 황제 한 명이 다스리기 힘들다고 판단했고 293년 네 명의 황제가 다스리는 사두정치를 실시합니다. 하지만 324년 콘스탄티누스 1세가 제국을 재통합하고 로마에서 비잔티움으로 천도합니다. 비잔티움은 콘스탄티누스의 도시라는 의미인 콘스탄티노폴리스로 불렸습니다.

기독교의 전파

한편 기독교는 사도 바울의 전도로 그리스 제국 곳곳으로 전파됩니다. 네로 황제 시절 신도라는 이유로 사잣밥이 될 정도로 극심한 탄압을 받았지만 군인 황제시대 불안정한 사회에서 민중들은 종교를 통해 안정을 찾으려고 하였고 기독교는 크게 팽창합니다. 서기 100년경 제국 인구 0.01퍼센트만 믿던 기독교는 200년대 말에는 제국 인구의 10퍼센트인 600만 명이 믿는 종교가 됩니다.

디오클레티아누스는 기독교를 로마제국 쇠퇴의 원흉이라 생각해 대대적으로 탄압하고 대신 로마의 다신교 숭배를 부활시키며 스스로를 신격화합니다. 하지만 313년 콘스탄티누스 1세는 그리스도교를 포함한 모든 종교에 대한 관용령을 내립니다. 이를 밀라노 칙령이라고 합니다. 380년 테오도시우스 1세는 테살로니카 칙령을 내려 그리스도교를 국교로 삼았으며 오히려 그리스도교를 제외한 모든 종교를 탄압합니다.

초기 그리스도교에서는 성부에 성자가 종속되고 성자에 성령이 종속된다는 아리우스파의 교리와 성부, 성령, 성자는 삼위일체라는 아타나시우스파의 교리가 논쟁을 일으켰습니다. 콘스탄티누스 황제는 교리를 통일할 목적으로 325년 니케아로 주교들을 소집합니다. 여기에서 아타나시우스파의 교리는 정통, 아리우스파의 교리는 이단으로 규정됩니다. 한편 오리엔트 정교회는 예수의 신성과 인성이 단 하나의 성질로 융합되어 있다는 합성론을 주장합니다. 20세기에 들어 가톨릭, 개신교, 정교회와 오리엔트 정교회 간 회담이 이루어지며 합성론은 삼위일체와 같은 의미를 다르게 풀이한 것이라는 합의에 이릅니다.

그런데 삼위일체론은 불교의 삼신불 사상과 판박이입니다. 비로자나불이 성부, 노사나불이 성령, 석가모니불이 성자에 해당합니다. 정말로 베낀 것일까요? 잘 모르겠습니다. 하지만 어떤 종교도 다른 종교로부터 독립적이지 못하고 서로 영향을 주고받습니다. 예수 탄생일이 12월 25일로 정해진 이유도 이날이 미트라교에서 섬기던 미트라의 탄생일이기 때문이라는 설까지 있습니다.

• 갑사 삼신불 괘불탱

• 황소를 죽여 사체로 천지를 창조하는 미트라

사산조 페르시아 건국

파르티아는 로마의 공격으로 쇠퇴합니다. 그러자 아케메네스 왕조의 발상지였던 파르스의 호족인 사산 가문이 파르티아의 분봉왕을 몰아내고 자리를 탈취합니다. 224년 파르티아 황제가 직접 군사를 이끌고 파르스를 공격하지만 오히려 패배하고 전사합니다. 거칠 것이 없어진 사산 가문의 아르다시르는 자신이 '이란의 황제'(이때 처음으로 이란이라는 말이 사용됩니다)이며 아케메네스 왕조를 계승했다고 선포합니다. 그리고 아케메네스 왕조의 땅을 두고 로마와 치열한 공방전을 벌입니다.

아르다시르 1세를 계승한 샤푸르 1세는 동쪽으로는 박트리아와 쿠샨 지역까지 세력을 확장하고, 서쪽으로는 로마와 계속 대결합니다. 이후 로마는 바다(지중해)의 제국, 사산조 페르시아는 땅의 제국이라 불리게 됩니다.

파르티아가 봉건제 때문에 지방을 통제하지 못해 멸망했다고 생각한 사산조 페르시아는 강력한 중앙집권제를 실시합니다. 사산조의 국교인 조로아스터교는 국가의 중앙집권제를 적극적으로 도왔습니다. 사실 정치와 종교의 결탁이라 할 수 있습니다.

사산조 페르시아의 종교

하지만 조로아스터교는 이란 밖으로 퍼지지 못합니다. 이란인들이 피지배 민족에 포교하는 데 관심이 없었기 때문입니다. 오히려 네스토리우스파 기독교가 유입되어 큰 세력을 형성하기도 했습니다. 네스토리우스파 기독교는 그리스도의 위격은 신격과 인격이라는 두 개의 성격으로 분리된다고 주장합니다. 이 주장은 이단으로 찍혀 유럽에서 쫓겨납니다. 그러나 5세기에는 이집트, 시리아, 팔레스티나 지방 및 인도까지 전파되고 7세기에는 경교景教라는 이름으로 중국에도 전래합니다. 심지어 8~9세기경 발해와 신라에도 경교가 전래하였다는 추측도 있습니다. 실제로 1956년 경주 불국사에서 십자가와 마리아상이 발굴되었고, 발해에서도 십자가와 마리아상이 발굴되었습니다.

그리고 마니가 여러 종교를 참조하여 창시한 마니교도 널리 퍼집니다. 하지만 해외로의 포교가 성공적이지 못해 위구르 제국의 국교로 채택된 것을 제외하면 세계종교의 반열에 오르지 못합니다.

쿠샨왕조와 대승불교

기원전 130년경 준가리아에 머물던 월지족은 오손에 패배하고 남하하여 박트리아 지역을 침공하여 점령하고 토하리스탄 왕국을 세웁니다. 토하리스탄의 다섯 제후 중 하나이던 쿠샨족은 나머지 네 부족을 병합하더니 북인도와 중앙아시아 지역까지 차지하며 30년 쿠샨 제국을 세웁니다. 쿠샨 왕조는 로마와 무역을 하던 해상무역도시들로부터 막대한 이익을 얻어 강대국이 되고 카니슈카 대왕 때 최전성기를 맞이합니다.

대승불교

석가모니의 열반 후 100년이 지나면서 불교는 교리나 계율에 대한 의견 차이로 여러 부로 분열합니다. 이를 부파불교라 합니다. 부파불교 시대를 지나며 두 파의 불교만 남게 됩니다.

대중과 승려를 엄격히 구분하며, 승려들이 아라한(나한)이 되어 해탈하는 것을 목적으로 하는 상좌부 불교는 스리랑카를 통해 아시아 남부로 전파됩니다.

대승불교는 승려뿐 아니라 대중들도 해탈할 수 있다고 가르치며, 대중의 해탈을 위해 노력하는 보살이 되는 것을 목표로 합니다. 북인도에서 형성되어 아시아 북부로 전파됩니다.

2세기 아슈바고샤(마명)는 《붓다차리타(불소행찬)》, 《대승기신론》 등을 지어 대승불교의 탄생에 기여합니다. 후에 원효는 대승기신론의 해설

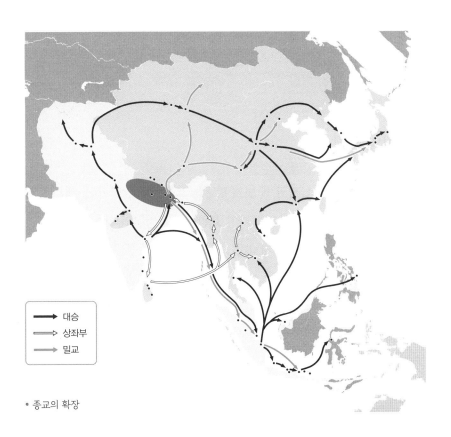

• 종교의 확장

서인《대승기신론소》를 짓기도 했습니다.

3세기 나가르주나(용수)는 공空 사상을 설파하며 대승불교가 완성됩니다. 숫자 0이 공空 사상에서 나온 것입니다. 0은 자리는 있지만 실제로 나타내는 것은 없습니다. 하지만 0의 자리에 모든 숫자가 들어갈 수 있습니다.

4세기 형제인 아상가(무착)와 바수반두(세친)는 불교 심리학인 유식설을 체계화하며 대승불교에 깊이를 더합니다. 말나식(잠재의식)보다 더 깊은 아뢰야식이 무명無明(어리석음)을 가지고 있기 때문에 윤회를 계속한다고 설파합니다.

위의 네 명은 실존 인물임에도 불구하고 보살이라 불립니다.

후한의 성립

전한 제10대 황제 선제의 세 번째 황후는 효선황후 왕씨이고, 제11대 원제의 황후는 효선황후 왕씨의 조카인 효원황후 왕정군입니다. 효원황후의 아들이 제위에 올라 성제가 됩니다.

효원황후 왕씨에게는 일찍 아버지를 여읜 왕망이라는 조카가 있었는데, 외롭고 가난한 조카가 불쌍했던 고모는 왕망과 그의 어머니를 동궁에 데려와 살게 합니다. 왕망은 어머니를 극진히 모셨고 주위 사람에게도 공손하였으며 생활은 검소하였습니다. 황제의 처가인 왕씨 일족은 왕망을 성제에게 천거합니다. 능력도 출중했던 그는 맡은 일을 잘 처리하고 벼슬에 올랐다고 해서 오만하거나 사치하지도 않아 명성이 더욱더 올라갑니다.

성제가 사망한 후 어린 평제가 즉위하자 태황태후 왕정군은 왕망을 대사마(국방부 장관)에 추천합니다. 그 후로도 왕망은 승진을 거듭하여 황족이 아닌 사람이 가질 수 있는 최고 작위인 공公에 오릅니다. 그러나 이 모든 것은 그의 계략이었습니다.

왕망은 평제의 외가인 위씨 일가를 멸족시키고 자신의 장녀를 평제에게 시집보내 권력을 공고히 합니다. 평제가 이 일에 불만을 품자 평제를 독살하고 당시 겨우 2세였던 유영을 황태자로 책봉합니다.

왕망은 8년 선양을 받아 황제위에 오르고 신新나라를 창건합니다. 그런데 정치를 잘했다면 좋았으련만 왕망은 나라를 엉망으로 만들어버립니다. 우선 정치제도를 주나라 시대로 돌리고 사방을 들쑤셔서 모두 적국으로 만듭니다. 흉노선우匈奴單于의 칭호를 항노복우降奴服于로 바꾸는가 하면 고구려高句麗를 하구려下句麗로 부릅니다. 또한 무리한 토목공사를 벌여 수만 명의 군사와 죄수들이 죽어 나갔고 국고가 탕진됩니다. 결국 백성들이 들고일어났고 여기에 호응해 황족이던 유수가 군대를 일으킵니다. 유수가 곤양대전에서 크게 승리하자 백성들은 궁궐로 쳐들어가 왕망을 죽입니다.

25년 유수가 광무제로 즉위하며 한나라는 다시 회복됩니다. 편의상 신나라 이전은 전한, 신나라 이후는 후한이라고 부릅니다.

삼국의 정립

한나라는 정치 이념으로는 유학을 채택했지만 일반 백성들은 민간 신앙과 도가 사상이 결합한 종교를 믿었습니다. 대표적으로는 태평도와 오두미도 등이 있습니다. 이중 태평도는 장각이 만든 종교인데 한나라에 무능한 황제가 계속 나오고 관리들은 부패하여 백성들이 고통을 받자 민중봉기를 일으킵니다. 이들은 머리에 누런 두건을 썼기 때문에 황건적黃巾賊이라고 불립니다.

황건적의 난은 진압되지만 이번에는 황실에서 황제의 후계자 자리를 놓고 내분이 벌어집니다. 사태 수습을 위해 불러들인 동탁은 오히려 황실을 박살 내고 수도인 낙양을 불 지르고 장안으로 천도하는 등 전횡을 일삼다가 부하인 여포의 손에 죽습니다.

황실의 권위가 떨어지자 지방 세력은 독립하여 군벌이 되어 한나라를 나누어 가집니다.

그중 원소와 조조가 가장 큰 세력이었는데 중국 13주 중 각각 4주를 점거하고 있었습니다. 조조는 200년 관도전투에서 9개월의 공방전 끝에 오소를 습격해 원소군의 군량을 불태워 간신히 승리합니다. 이후 지리멸렬해진 원소 세력은 원소가 사망하면서 조조에게 투항합니다. 이로써 사실상 중국은 조조의 차지가 됩니다. 하지만 208년 손권과 유비를 정벌하러 강남에 간 조조군이 풍토병으로 철수하면서 중국통일은 미루어집니다. 이때 준비했던 전선은 강남의 손권 손에 넘어가지 않도록 모두 불태웁니다.

삼국지 지도에 속으면 안 됩니다. 지도만 보면 오나라가 가장 넓고 촉나라도 그리 작은 영토가 아닙니다. 하지만 강남은 미개척지이기 때문에 쓸모없는 땅입니다. 강남은 동진 때 개척되기 시작하여 송나라 때 끝납니다.

조조는 황제위에 오르지 못하고 사망하고 220년 조조의 아들 조비가

후한의 헌제에게 선양을 받아 황제위에 오르고 위魏나라를 창건합니다.
그러자 유비는 촉蜀, 손권은 오吳나라를 세웁니다. 그러나 최종 승자는 사
마의의 손자 사마염입니다. 유능한 인물이었던 사마의는 쿠데타를 일으
켜 위나라를 장악합니다. 아들 사마소는 대장군이 되어 70살인 노인 등
애에게 촉을 정벌할 것을 명령합니다. 등애는 절벽에 잔도를 만들어가며
전진하여 263년 마침내 촉나라를 멸망시킵니다. (후에 사마소가 등애를
죽입니다.)

• 절벽에 만든 잔도

손자 사마염 대에 위나라로부터 선양 받아 진晉나라를 창건합니다. 사마염은 두예에게 오나라 정벌을 명령합니다. 오나라는 장강에 쇠사슬과 쇠말뚝을 박아 진군의 공격을 방어하고 있었지만, 두예는 큰 뗏목을 흘려보내 쇠말뚝에 부딪히게 하여 뽑히게 하고, 배 앞에 거대한 횃불을 달아 부딪히는 쇠사슬을 녹여가면 전진합니다. 280년 오나라는 멸망하고 마침내 삼국이 통일됩니다.

주변국의 상황

정사 삼국지에 따르면 후한 말에 왜국(야마타이국)에 대란이 있었고 이어 히미코가 즉위했다고 합니다. 뒤를 이어 3세기에는 야마토 정권이 들어섭니다. 야마토는 기록상 교차검증이 가능한 일본 최초의 국가입니다.

　중국 역사를 공부할 때 반드시 참고하게 되는《사기(史記)》를 지은 사마천은 보병 5000명으로 분전하다가 흉노족 8만 명에게 포위당해 항복한 이릉 장군을 변호합니다. 이에 한무제의 노여움을 사 사형, 궁형, 50만 전(현 가치로 수백억 원)의 벌금형을 선고받습니다. 역사책 저술을 일생의 사업으로 여긴 사마천은 치욕스러운 궁형을 선택합니다.

　후한의 환관 채륜은 105년에 나무껍질, 베옷, 고기잡이 그물 등을 사용하여 최초로 종이를 발명합니다. 이 종이를 채후지(蔡侯紙)라고 합니다.

제7장 | 민족의 대이동

	서방	동방	우리나라
317년		동진 수립	
320년		굽타 제국 수립	
395년	동서 로마 분열		
427년			고구려 장수왕 평양 천도
439년		북위 화북 통일	
475년			백제 웅진 천도
476년	서로마 멸망		
481년	프랑크 왕국 건국		
527년	유스티아누스 대제 즉위		
538년		일본 아스카 정권 수립	
552년		돌궐제국 수립	
562년			가야 멸망
589년		수 중국 통일	
592년		일본 아스카 시대 개막	
610년	무함마드 이슬람교 성립		
612년			살수대첩
618년		당 건국	

중국을 통일한 진晉나라는 40년도 못 되어 북방 유목민들에 의해 남쪽
으로 쫓겨납니다. 이때가 317년입니다. 한편 370년경 말 중앙아시아에

머무르던 훈족이 흑해 연안으로 이동하면서 선주민이던 게르만족을 밀어
냅니다. 게르만족은 다시 서쪽으로 이동하여 서로마 제국을 멸망시킵니
다. 훈족이 469년 와해하자 이번에는 슬라브족이 대대적으로 흑해 연안
으로 이동합니다.

위진남북조 시대

진나라는 280년 오나라를 정벌하고 중국을 통일합니다. 그러나 291년
진혜제 사마충이 똑똑하지 않은 것을 빌미 삼아 황후인 가남풍이 쿠데타
를 일으킵니다. 이에 반발한 8명의 왕이 300년 반란을 일으켜 황궁을 점
거하고 가남풍을 자결시킵니다. 그런데 8명의 왕은 해산하지 않고 권력을
차지하기 위해 서로 다투다가 내전이 일어납니다. 307년 8왕의 난은 간신
히 수습되지만 진나라의 국력은 크게 쇠퇴합니다. (중국 3대 악녀는 한나
라 여후, 당나라 측천무후, 청나라 서태후를 꼽지만 최근 측천무후가 재
평가되며 가남풍이 대신 들어가게 됩니다.)

부패한 정치에 환멸을 느낀 선비들 사이에 벼슬살이를 포기하고 산 좋
고 물 좋은 곳에서 잡담이나 하는 청담淸淡과 노장사상을 연구하는 현학玄
學이 유행합니다. 특히 산도, 왕융, 유영, 완적, 완함, 혜강, 상수의 일곱
명이 유명했는데 이들을 죽림칠현이라고 합니다.

311년 진나라가 쇠약해진 것을 눈치챈 흉노의 족장 유총이 진나라를
대대적으로 공격하여 진 회제 사마치의 항복을 받아냅니다. 이때 진회제
의 연호가 영가였기에 영가의 난이라고 합니다. (이 사건은 중국 한족사

3대 치욕 중 하나입니다.) 이후 이민족들이 중국으로 물밀듯이 밀려 들어옵니다.

오호십육국 시대

도저히 버틸 수가 없었던 진나라는 장강 남쪽으로 도망칩니다. 도망치기 전은 서진, 도망친 후는 동진으로 구별합니다. 하지만 동진도 멸망하고 중국 남부에는 송(420년), 제(479년), 양(502년), 진(557년)으로 나라가 바뀌게 됩니다. 그리고 강남 지역은 한족들이 이주하고 벼농사가 보급되면서 경제력이 향상됩니다.

한편 북쪽에는 흉노匈奴, 선비鮮卑, 저氐, 갈羯, 강羌의 다섯 이민족이 16국을 건설했다 멸망하기를 반복합니다. 나라가 너무 많다 보니 나라 이름

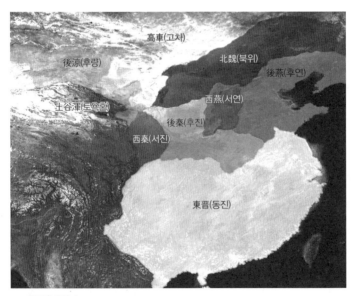

• 394년 중국

에 동서남북東西南北과 전후前後를 붙여서 구별합니다. 이 시기를 오호십육국五胡十六國 시대라고 하지만 호胡는 이민족을 얕잡아 부르는 말이니 필자는 오족십육국이라고 써야 한다고 생각합니다.

한때 전진前秦의 부견이 화북(중국 북부)을 통일하고 남쪽의 동진을 정벌합니다. 전진은 장군과 병사들 대부분을 한족漢族으로 채웠는데 같은 한족인 동진을 공격하기를 꺼렸습니다. 게다가 전쟁이 시작되자 한족 장군인 주서가 거짓으로 "진군秦軍이 패했다"라고 외치며 도망치자 다른 이들도 모조리 도망을 치며 대패하고 맙니다. 전진은 곧 멸망하고 중국의 혼란은 계속됩니다.

남북조시대

선비족의 북위는 제3대 황제인 세조 태무제 시기에 북하(431년 멸망), 북연(436년 멸망)과 북량(439년 멸망)을 멸망시키고 화북을 통일합니다. 북위의 효문제는 한족의 문물을 적극 수용합니다. 스스로 선비족 성인 탁발씨를 원씨로 바꾸고 선비족의 풍습과 말 대신 한족의 풍습과 말을 사용하게 하며 한족과의 결혼을 장려합니다. 그리고 중국 한족 왕조들이 수도로 즐겨 선택한 뤄양(낙양)으로 천도합니다.

하지만 모든 선비족이 이에 동의한 것은 아닙니다. 관중의 선비족 무사들은 혈통의 순수성을 지키기 위해 선비족끼리 결혼하였습니다. 이들을 관롱집단關隴集團이라고 하는데 북위의 관료세력을 형성합니다.

이후 북위는 동위東魏와 서위西魏로 나뉘고, 동위는 북제北齊로 서위는 북주北周로 계승되다가, 북주가 북제를 합치며 다시 화북을 통일합니다. 이후 관롱집단이며 외척인 양견이 북주 정제에게 선양을 받아 수隋나라가 들어섭니다. 589년 수문제 양견이 남조의 진陳을 정벌하여 중국을 통일합니다.

수나라

중국을 통일한 수문제는 추천으로 관리를 선발하는 9품중정제를 폐지하고 과거제를 실시하는 등 수나라 발전을 위해 노력합니다. 그리고 어느 정도 힘이 생기자 동쪽에서 부쩍 국력을 키운 고구려를 도발하고 분노한 고구려가 먼저 공격을 해옵니다. 그러자 수문제는 군대를 모아 598년 고구려를 침공합니다. 하지만 영양왕의 활약으로 고구려는 수나라를 격퇴합니다.

궁정 반란을 일으켜 아버지를 죽이고 황제가 된 양광은 대운하를 건설하고 그곳에 거대한 배인 용주龍舟를 띄워 유람하며 온갖 사치와 향락으로 국민을 괴롭혔으며, 바른말을 하는 신하는 가차 없이 죽이는 등 폭정을 일삼습니다.

그러나 대외정벌은 성공적이어서 북쪽의 돌궐, 서쪽의 서역과 토욕혼, 남쪽의 베트남을 모두 굴복시키고 입조하도록 만듭니다. 입조入朝란 신하가 조정의 회의에 참여하는 것을 말합니다. 그런데 동쪽의 고구려만은 고분고분하지 않았습니다. 수양제는 본때를 보여주기 위해 612년 정월 113만 3800명(제1차 세계대전 이전까지 가장 많은 군사 수를 동원한 기록)의 군사를 이끌고 고구려를 공격합니다. 하지만 살수에서 을지문덕에게 대패하고 맙니다. 그런데도 계속해서 고구려 정벌을 시도하다가 결국 중국 곳곳에서 반란이 일어나게 만듭니다. 관롱집단이며 양견의 이종사촌 형인 이연과 그의 아들 이세민 부자가 이끄는 반란군이 수도인 장안으로 진격하자 평소 양제의 처우에 불만을 품은 근위대장 우문화급, 우문지급 형제는 양견을 교수형에 처해 죽여버립니다. 수나라의 뒤를 이은 당나라는 양견에게 폭정으로 나라를 망친 임금에게 주어지는 최악의 시호인 양제煬帝를 줍니다. 수나라와 당나라는 모두 선비족 관롱집단이 정권을 잡은 선비족 국가입니다.

불교의 전파

중국의 불교는 기원 전후 전래되었지만 한동안은 교세를 떨치지 못합니다.

2세기 쿠샨의 카니슈카 왕 때 대승의 경전들이 완성되자, 서역의 승려들에 의해 불교 경전이 한문으로 번역됩니다. 위진시대 불교의 교리를 노장사상이나 유교 사상으로 이해하려는 격의불교格義佛敎가 유행하기도 했지만 구마라습(344~413) 같은 뛰어난 승려들이《금강경》등의 경전을 정확하게 번역하면서 중국에서 불교는 제 모습을 찾아갑니다.

불교는 위진남북조 시기 중국의 혼란기에 백성들에게 정신적 위안처를 제공하면서 급속도로 전파됩니다. 물론 기존 종교나 사상의 탄압도 만만치 않았습니다. 북위北魏 태무제太武帝(446~452)처럼 도교를 신봉하여 불교를 탄압하고 승려들을 학살하거나, 북주北周 무제武帝(574~577)처럼 유교를 제일로 놓고 불교를 탄압한 임금도 있었습니다. 하지만, 남조의 양무제梁武帝(502~549)처럼 불교에 너무 심취하여 자신을 동태사同太寺의 노예로 바치는 행동을 몇 차례나 한 임금도 있었습니다. 불교는 그렇게 중국의 주류 종교로 자리 잡습니다.

한편 남인도 향지국의 셋째 왕자 달마가 중국으로 건너와 소림사에서 9년간 면벽 수련을 한끝에 520년 깨달음을 얻습니다. 그로부터 중국의 독특한 불교 종파인 선종禪宗이 시작됩니다. 선종은 참선 수행을 통해 깨치는 것을 목표로 합니다.

달마의 명성이 높아지자 양무제가 그를 초청합니다. 달마는 양무제를 방문한 뒤 얼마 되지 않아 입적합니다. 설화에 따르면 양무제가 천 개의 절을 짓고 천 개의 탑을 쌓고 2만여 스님들을 공양했다고 자랑하자 달마가 그것은 진정한 공덕이 아니라고 비판하였고 격노한 양 무제가 그를 비밀리에 독살했다고 합니다.

중국 주변국의 상황

위진남북조 시대는 우리 역사와도 관계가 깊은데 고구려는 고국원왕 때 전연前燕의 공격을 받아 환도성이 털리고 왕모와 왕비가 끌려가는 대패를 당하기도 했고, 소수림왕 때는 전진前秦으로부터 불교를 받아들이기도 했습니다. 전연의 뒤를 이은 후연後燕이 고구려를 공격하다가 광개토대왕에게 대패하고 멸망하기도 합니다. 후연의 뒤를 이은 북연北燕의 고운은 고구려 왕실의 후예입니다.

6세기 일본은 소가씨가 왕실을 능가하는 권력을 가지고 있었습니다. 쇼토쿠는 소가씨를 숙청하고 고모를 최초의 여자 천황인 스이코 덴노로 옹립합니다. 쇼토쿠는 태자가 되어 섭정으로 즉위합니다. 그는 한반도 삼국과 수나라의 문물을 받아들여 왜의 문화와 정치를 급속도로 성장시켰습니다. 이 정권을 당시 수도였던 아스카에서 이름을 따와 아스카 정권이라 합니다.

이 시대에 백제의 성왕이 보내준 불상과 경전으로부터 불교가 공인되었고, 일본 최초의 절인 아스카데라를 비롯한 많은 사찰이 건설됩니다. 그러나 국제 정세에는 어두웠는지 607년 제2회 견수사 때 수양제에게 보낸 국서에 "해 뜨는 곳의 천자日出處天子가 해 지는 곳의 천자日沒處天子에게 글을 보내노라"라고 적기도 했습니다.

굽타 제국과 힌두교의 성립

3세기 중반, 사산 왕조 페르시아는 인더스강 유역까지 세력을 확대합니다. 이에 쿠샨 제국의 영향력이 약해지고 혼란해진 북인도에는 수많은 나라가 들어섭니다. 마가다 지역의 소국이던 굽타는 320년 찬드라굽타 1세가 갠지스강 일대를 모두 차지하고 굽타 제국을 수립합니다. 그의 뒤를 이은 사무드라굽타는 인도 북부 대부분을 정복하고 데칸고원 남부까지 영토를 확장합니다.

• 아잔타 26번 석굴 내부

• 막고굴 254번 석굴 내부

사무드라굽타의 아들 찬드라굽타 2세 대에 굽타 제국은 최전성기를 맞이합니다. 서쪽으로는 박트리아를 정벌하고 동쪽으로는 비옥한 벵갈까지 차지합니다. 그는 중앙과 지방 행정 조직을 정비하여 중앙집권을 확립하고, 농지를 개간하고 교역을 장려하여 경제적으로 번성합니다.

또한 학문과 예술을 장려하여 인도의 정체성을 확립합니다. 아잔타 석굴 사원, 엘로라 석굴 사원 등을 축조합니다. 굽타의 석굴은 한, 중, 일에도 영향을 미쳐 중국 둔황의 막고굴, 우리나라 석굴암이 만들어집니다. 또한 천문학, 수학, 의학 등도 발달합니다.

브라만교 힌두교로 변화

굽타 제국은 브라만교도 후원했는데 이유는 '마누법전'을 기초로 바이

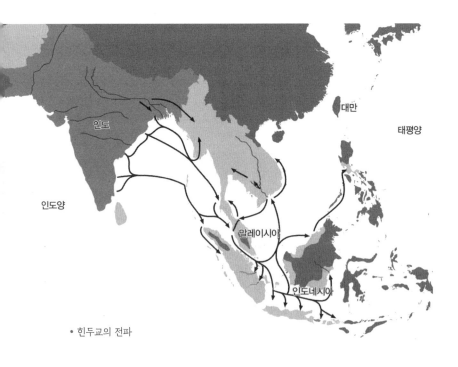

• 힌두교의 전파

샤와 수드라가 브라만과 크샤트리아에게 복종해야 하는 의무를 강조한 것이 왕권 강화에 도움이 되었기 때문입니다. 브라만교의 사제들은 굽타 제국의 지배자를 마우리야 제국의 지배자 칭호인 라자(왕)나 마하라자(대왕)가 아니라 마하라자디라자(왕중의 왕)라고 불렀습니다.

서서히 세력을 회복한 브라만교는 인더스 문명의 요소를 받아들이면서 힌두교로 변화합니다.

힌두교의 최고신 시바와 비슈누의 화신인 크리슈나의 피부는 파란색으로 표현되는데 이는 인더스 문명을 만든 드라비다족의 검은 피부를 표현한 것입니다. (검은색을 꺼려 파란색을 사용합니다.) 힌두교의 경전이라 할 수 있는 인도 2대 서사시인 《마하바라타》와 《라마야나》도 굽타 제국 시절 완성됩니다. 그리고 인더스와 힌두는 같은 단어로 '큰 물'이라는 의미입니다.

힌두교는 바다를 건너 동남아로 전파됩니다. 특히 발리는 현재 90퍼센트 이상이 힌두교 신자이며, 인도 이민자들이 아닌 주민들이 힌두교를 믿는 곳은 여기가 거의 유일합니다.

게르만족의 이동과 로마의 분열

콘스탄티누스 1세 사망 후 로마는 3분할, 2분할을 거듭하는 혼란기였습니다. 테오도시우스 1세가 다시 통합을 하지만 395년 그의 두 아들이 각각 서방황제, 동방황제로 분할 통치합니다. 이후 로마는 다시 통합되지 못했기 때문에 이 두 로마를 각각 동로마, 서로마라고 합니다. 동로마는 수도 이름을 따라 비잔티움 제국이라고도 합니다.

게르만족의 이동

게르만족은 스칸디나비아반도에서 거주하였는데 기원전 600년~300년 사이 스칸디나비아의 온도가 내려가자 따뜻한 남쪽으로 이동합니다. 남하한 게르만족은 원주민인 켈트족을 몰아내고 중부 유럽을 차지하며 로마와 국경을 접하게 됩니다.

게르만족은 상당한 전투력을 가지고 있어 로마는 이들과 승패를 반복하며 고전합니다. 로마 제국의 초대 황제 아우구스투스는 11개 군단을 투입하여 10여 년 동안 게르마니아(게르만족의 땅) 정복 사업을 벌입니다.

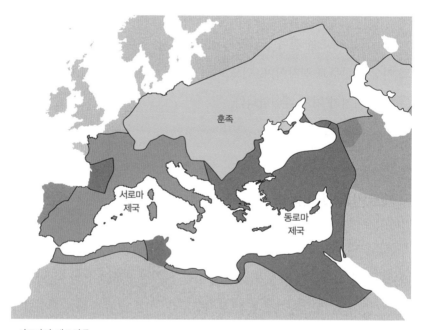

• 서로마와 게르만족

그러나 서기 9년에 토이토부르크 전투에서 로마군은 대패하고 전멸당합니다. 이때 로마와 게르만족의 국경은 라인강과 도나우강으로 확정됩니다. 4세기에 들어 국경 지역의 게르만족들은 로마의 농민이 되거나 용병 활동을 하면서 로마화됩니다.

그런데 4세기 말 동방에서 갑자기 훈족이 나타납니다. 훈족은 한나라에 의해 서쪽으로 쫓겨난 흉노족이 스키타이족과 혼혈이 되면서 만들어진 민족입니다. (훈은 사람이라는 뜻이고 중국이 이를 제멋대로 부른 것이 흉노입니다.)

훈족의 전투력은 게르만족을 뛰어넘었기에 게르만족 중 가장 강했던 동고트족을 간단하게 격파합니다. 동고트족은 서쪽으로 밀리면서 다른 게르만족을 다시 서쪽으로 밀어내고 이런 일이 연속으로 벌어지며 게르만족 전체가 서쪽으로 밀리더니 일부가 로마를 침입하게 됩니다. 이를 게르만족의 대이동이라고 합니다.

사산조 페르시아와의 계속되는 전쟁, 내부의 부패로 쇠약해진 로마는 이들을 막아내지 못합니다. 오히려 플라비우스 스틸리코 등의 게르만계 로마인 장군과 로마에 우호적인 동고트족이 게르만족을 막아냅니다.

게르만족을 서쪽으로 밀어낸 훈족의 아틸라는 440년과 447년 동로마를 침공합니다. 동로마는 막대한 양의 조공을 바치며 구차한 삶을 연명합니다.

더 이상 동로마에서 긁어먹을 것이 없다고 판단한 아틸라는 451년 서로마를 침공합니다. 하지만 플라비우스 아에티우스 휘하의 로마군과 서고트족 등 서로마-게르만족 연합군에게 패배합니다. 452년에 아틸라는 다시 서로마를 침공합니다. 아틸라는 서로마에 엄청난 피해를 준 다음 로마 교황 레오 1세의 중재를 받아들여 철수합니다. 그런데 453년 아틸라는 새 부인과 결혼식 첫날밤에 의문사합니다. 그리고 훈족의 제국은 급속도로 와해됩니다.

동·서로마는 드디어 평화가 왔다고 생각했습니다. 하지만 정신을 차리고 제국을 안정시키기 위해 노력한 동로마와 달리 서로마는 정신을 차리지 못합니다. 훈족을 막아낸 아에티우스는 반달 왕국의 침공도 막아냅니다. 하지만 아에티우스가 사망하자 반달 왕국의 왕 가이세리크가 로마를 공격합니다. 교황 레오 1세는 가이세리크로부터 가까스로 약탈은 마음껏 해도 되지만 백성들을 살해하거나 고문하지 말 것, 건물에 방화하지 말 것이라는 약속을 받아냅니다. 한편 페트로니우스 막시무스 황제는 원로원 의원들을 데리고 로마에서 탈출하다가 시민들에게 발각되어 돌에 맞아 죽습니다. 껍질만 남은 서로마는 질긴 목숨을 조금 더 연명하다가 476년 게르만족 용병대장인 오도아케르에 의해 멸망합니다.

서로마의 멸망 후 서로마 영역에는 많은 게르만족의 나라가 들어섰다 사라집니다. 반달족은 반달 왕국, 고트족은 동고트 왕국·서고트 왕국, 부르군트족은 부르군트 왕국, 프랑크족은 프랑크 왕국, 앵글로색슨족은 칠왕국 등. 특히 481년에 프랑크 왕국의 초대 왕 클로비스 1세는 기독교로 개종하였고 이후의 왕들도 모두 기독교를 믿습니다. 이 왕조를 메로베우스 왕조라고 합니다.

동로마와 슬라브족

동로마(비잔티움)에서는 527년 유스티니아누스가 즉위합니다. 법에 관심이 많았던 그는 《로마법 대전》을 편찬하는데 이 법전은 더 나아가

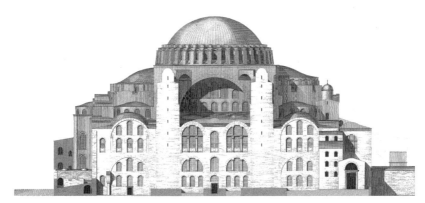

• 하기아 소피아 성당

세계 법의 기초가 됩니다. 그리고 기독교 조직을 개편하여 로마, 콘스탄
티노폴리스, 알렉산드리아, 안티오키아, 예루살렘을 총대교구로 설정하
고 이곳의 주교들을 총대주교로 임명하며 모든 주교의 위에 둡니다. 또
한 니카의 반란으로 전소된 하기아 소피아 성당을 재건합니다. 하기아
소피아 성당은 16세기에 스페인의 세비야 대성당이 세워지기 전까지 세
계 최대의 성당이었습니다. 이로써 종교의 권력을 확실하게 황제의 아래
에 둡니다.

• 동로마 상징 쌍두수리

가장 큰 업적은 로마를 회복
한 일일 것입니다. 이 때문에 유
스티니아누스 대제라 불립니다.
당시 비잔티움 제국에는 벨
리사리우스라는 명장이 있었습
니다. 그런데 유스티니아누스는
그를 시기해 병력과 물자를 전

혀 지원해 주지도 않고 고토를 수복하라고 명령합니다. 벨리사리우스는 그럼에도 뛰어난 활약으로 서로마 대부분을 수복합니다. 하지만 황제는 562년 그에게 횡령 혐의를 씌워 재산을 몰수하고 면직시키는 등 죽을 때까지 괴롭힙니다. 그리고 유스티니아누스 사후 수복한 영토를 다시 잃어버립니다.

한편 4~5세기경 게르만이 살던 땅에는 슬라브족이 이동하여 터를 잡습니다. 슬라브족은 6세기경에 동로마 제국의 국경인 도나우강까지 영역을 확장합니다. 동로마 제국이 게르만족과 싸우느라 정신없는 틈을 타 슬라브족은 도나우강을 넘어 발칸반도를 침략합니다. 그러더니 원주민인 라틴족 로마인들을 몰아내고 발칸반도에 정착합니다.

⊘ 읽을거리

북유럽 신화 중 볼숭 씨족(Vǫlsunga)의 이야기(Saga)는 매우 흥미진진합니다. 볼숭 사가의 후반부인 시구르드(지크프리트)의 이야기는 리하르트 바그너에 의해 《니벨룽의 반지》라는 오페라가 되기도 하고, 《반지의 제왕》의 모티브가 되기도 합니다.

볼숭 사가의 마지막은 원통하게 죽은 시구르드의 복수를 위해 아내인 구드룬(크림힐트)이 재혼한 남편인 훈족의 왕 에첼(아틀리)을 설득해 시구르드의 원수를 몰살하는 것으로 끝납니다. 그런데 훈족의 왕 에첼은 이름에서도 짐작하겠지만 아틸라 왕입니다. 신화가 마지막에 역사와 섞인 것입니다. 또한 이 사건을 끝으로 북유럽 신화의 영웅은 죽어버리고 신들은 자취를 감추어 버리면서 북유럽 신화도 종말을 맞이합니다.

돌궐의 영광

북방의 유목민이 남쪽으로 내려와 각축을 벌이는 동안 만리장성 이북에서는 돌궐(괵튀르크)족이 성장하여 552년 돌궐카간국을 건국합니다. 동쪽으로 진출하여 유연과 싸우는 과정에서 551년 유연에 우호적인 고구려의 신성 및 백암성을 공격하기도 했는데 고흘 장군에게 패배합니다. 그러나 555년 기어이 유연을 멸망시킵니다. 그 후로도 정복 활동을 계속하여 서쪽으로는 사산 왕조와 연합해 에프탈을 멸망시키고, 동쪽으로는 거란을 꺾고, 북쪽의 키르기스를 병합하며 유목 제국 중 최초로 파미르고원의 서쪽까지 진출합니다. 제4대 카간이었던 타스파르 카간(재위 572~581년) 때는 북주와 북제를 아들이라 칭하며 조공까지 받을 정도로 강대한 제국으로 성장합니다. 양견은 돌궐의 도움을 받아 수나라를 건국합니다. 그 때문에 수나라도 돌궐에 조공할 정도였습니다.

583년 돌궐은 동과 서로 분열됩니다. 동돌궐은 서돌궐과의 전쟁에서 밀리게 되자 수나라의 협조를 구하고 이 때문에 수나라와의 관계가 역전됩니다. 그러나 이연이 수나라를 멸망시키기 위해 돌궐의 도움을 받으면서 당나라도 돌궐에 조공하게 됩니다. 서돌궐은 영역을 넓혀 카스피해와 흑해까지 나아갔으며, 사산조 페르시아, 동로마 제국 등과 충돌도 하고 교역도 하며 국가를 유지합니다. 사실 유목 민족은 계속 돌아다니기 때문에 영토가 큰 의미는 없습니다. 그리고 농경민족은 농사가 안되는 땅이라 뺏을 생각도 하지 않습니다.

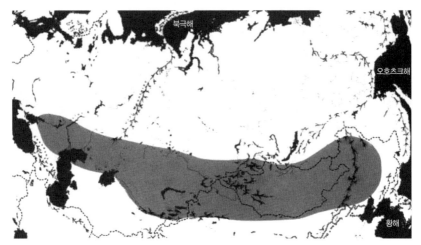

• 576년경 돌궐 제1제국의 최대강역

제8장 | 이슬람의 전파

	서방	동방	우리나라
610년	무함마드 이슬람교 창시		
612년			살수대첩
619년		당나라 건국	
645년			안시성 전투
659년		스리위자야 건국	
660년			백제 멸망
661년	이슬람 우마이야 왕조 성립		
668년			고구려 멸망
676년			나당전쟁
698년			대조영 발해 건국
710년		일본 나라 시대 시작	
716년	우마이야 이베리아반도 정복		
719년			
732년	프랑크 카를 마르텔 우마이야 방어 성공		
737년			
750년	이슬람 아바스 왕조 성립		
751년	프랑크 카롤링거 왕조 성립	고선지 탈라스 전투	
755년		안록산의 난	
765년			
794년		일본 헤이안 시대 시작	
802년		크메르 제국 건설	
838년			장보고의 난
843년	베르됭 조약 프랑크 왕국 분열		
848년		촐라 제국 건국	
907년		당나라 멸망	

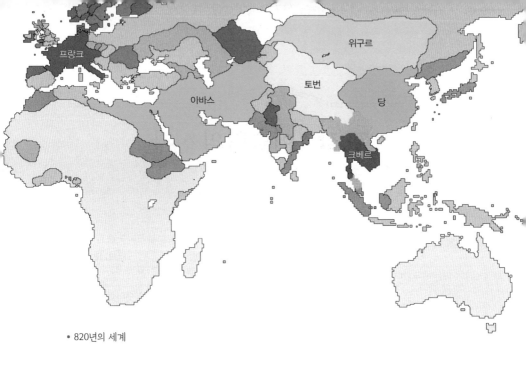

위구르

토번

당

프랑크

아바스

크베르

• 820년의 세계

6세기 말 사산조 페르시아와 비잔티움 제국의 관계가 험악해지면서 양국을 오가는 무역로는 위험한 길이 됩니다. 그렇기에 메카를 비롯한 홍해 연안의 도시들이 무역의 거점으로 성장하고 이곳에서 세계종교인 이슬람교가 탄생합니다. 이슬람은 세계종교 중 가장 늦게 나타났지만 어마어마한 속도로 전파됩니다. 그 때문에 무함마드의 탄생은 석가모니, 예수의 탄생과 더불어 세계사의 중요한 분기점 중 하나입니다.

서양에서는 프랑크왕국이 이슬람의 침공을 저지하여 기독교 세계를 지켰기 때문에 로마의 뒤를 이은 제국으로 성장합니다. 동양에서는 불교 국가인 당나라가 고구려와 백제를 멸망시키고 히말라야산맥을 넘어 이슬람 세계까지 정복하려고 했습니다. 한편 인도에서는 불교가 쇠퇴하고 힌두교가 중흥합니다.

이슬람의 탄생

이슬람ﷺ은 하느님(알라)을 유일신으로 믿고 무함마드를 신의 사도로 여기는 아브라함 계통의 종교입니다. 따라서 유대교, 기독교와 뿌리가 같습니다. 교리도 비슷하여 우상숭배를 거부하고 유일신을 믿습니다. 오히려 다른 아브라함 계통의 종교보다도 교리에 철저하기 때문에 기독교의 성상이나 성화, 삼위일체 교리조차도 우상숭배라며 부정합니다. 그리고 신 앞에서는 인종, 혈연, 신분과 관계없이 모두 평등을 주장합니다. 누구라도 알라를 믿으면 구원을 받아 천국에 갈 수 있다고 주장합니다. 그 때문에 세계종교가 될 수 있었습니다.

이슬람 신학에 따르면 25명의 예언자가 시대별로 출현한다고 합니다. 최초의 예언자는 아담입니다. 이후 셋째 누흐(노아), 여섯째 이브라힘(아브라함)을 거쳐 여덟째가 이스마일(이스마엘)입니다. 이슬람의 경전인 쿠란에 따르면 예언자 무함마드가 이스마엘의 자손입니다. 그래서 이스마엘은 아랍인의 시조로 여겨집니다. 열넷째는 무사(모세), 스물넷째는 이사(예수), 스물다섯 번째이자 마지막 예언자는 무함마드입니다.

무함마드의 일생

무함마드는 571년 메카에서 태어났고 청년기에는 메디나에서 자랐습니다. 무함마드는 당시 기준으로는 대단한 노총각인 25살 때 카디자라는 40살 과부의 눈에 들어 그녀의 세 번째 남편이 됩니다. 그런데 카디자는 메카에서 상단을 이끄는 거상巨商이었습니다. 아내와 함께 상단을 운영하며 무함마드는 메카에서 손꼽는 거상이 됩니다.

• 가브리엘은 성모 마리아에게 예수를 수태했다는 것을 알린 천사입니다. 이슬람에서는 무함마드의 얼굴을 그리지 않으나 이때는 아직 예언자가 아니기 때문에 그렸습니다.

610년 무함마드는 바위가 자기에게 인사를 했다는 둥 이상한 증세를 보입니다. 카디자는 무함마드에게 휴식을 권합니다. 무함마드는 산속 동굴에서 명상을 하던 중 천사 지브릴(가브리엘)로부터 자신이 예언자라는 계시를 받습니다.

이슬람교를 창시한 무함마드는 열심히 포교에 나섭니다. 하지만 시작은 미미하여 친구인 아부바르크 등 극소수만 전도에 성공합니다. 결국 가난한 사람들에게 돈까지 쥐가며 믿으라고 할 정도였습니다. 게다가 우상을 숭배하는 토착 종교와 우상숭배를 위해 순례하는 신도에게 막대한 이득을 얻던 상인들로부터 미움을 받아 파산하고 아내는 죽습니다.

622년 무함마드는 새 아내인 아부바르크의 10살짜리 딸 아이샤(결혼은 6살 때 했습니다) 및 추종자들과 함께 메디나로 이주합니다. 이를 '헤지라'라고 합니다. 훗날 헤지라는 이슬람력 기원 원년이 됩니다. 메디나는 가난한 지역이라 먹고 살 것이 없습니다. 무함마드는 메카의 상인들을 약탈합니다. 메카의 상인들이 군대를 조직하여 무함마드를 공격하며 전쟁이 시작됩니다. 이슬람에서는 이를 성聖스러운 전쟁戰爭이라는 의미로 지하드جهاد라고 합니다. 그런데 정말로 알라의 도움이 있었는지 627년 모래바람이 메카 군 쪽으로 불면서 무함마드 군이 승리합니다.

그 뒤 무함마드는 승승장구하여 628년 메카로 귀환합니다. 무력으로 메카를 강제 개종시킨 무함마드는 모든 우상을 파괴하고 카바 성전을 이슬람의 성소로 선포합니다. 이로써 그는 종교의 지도자이며 지역의 통치자가 됩니다. 십자가에 못 박혀 죽은 예수, 말년에 자신의 종족인 샤카족이 멸망한 석가모니와 비교하면 종교의 개조 중에서 가장 성공한 사람입니다.

정통 칼리파 시대

무함마드 사후 이슬람 움마(공동체)를 통치한 지도자를 칼리파(할리파)라고 합니다. 아랍어 할리파خليفة는 '대리자' 또는 '계승자'라는 뜻을 가진 말입니다. 각 부족장과 움마의 지도자인 이맘들이 협의를 거쳐서 뽑았습니다. 칼리파는 신권神權과 정권政權을 동시에 장악하게 됩니다. 이 시대를 정통 칼리파 시대라고 하며 수도로 전기에는 메디나, 후기에는 쿠파입니다.

칼리파들은 무슬림(이슬람 신도)으로만 구성된 중장보병과 경기병을 구성합니다. 무슬림의 충성심, 상업 도시들의 경제력을 바탕으로 중장보병이 적군의 기병 돌격을 방어하는 사이 경기병이 공격하는 새로운 전술로 카타프락토이 위주의 사산 왕조 페르시아를 공격합니다. 사산조 페르시아는 서돌궐과 전투 중이었습니다. 서돌궐은 627년에는 비잔티움의 이라클리오스 황제와 연합하여 사산조를 공격해 막대한 피해를 줍니다. 이때를 틈타 공격하여 651년 멸망시킵니다. 632년 1대 칼리파 아부 바크르가 즉위하고 661년 5대 칼리프 하산 이븐 알리가 퇴위할 때까지 불과 30년 동안 아케메네스 왕조 때와 같은 수준으로 영토를 확장합니다.

이슬람교의 분열

제3대 정통 칼리파는 우마이야 가문 출신 우스만 이븐 아판입니다. 그는 무슬림들에게도 토지세를 거두고, 친족들을 각지의 총독으로 봉하며 중앙집권화를 꾀합니다. 성난 군중들은 우스만의 집을 포위하고 하야할 것을 요구합니다. 우스만은 하야를 거부하고 무함마드의 사촌 동생인 알리 이븐 아비 탈리브에게 중재를 부탁했으나 알리는 소극적으로 대처합니다. 40일을 대치한 끝에 한 이집트 병사가 우스만의 저택에 난입해 그를 베어 죽입니다. 이후 알리 이븐 아비 탈리브가 제4대 정통 칼리파로 즉위합니다. ('이븐'은 '~의 아들'이라는 의미입니다.)

우마이야 가문은 알리의 즉위를 인정하지 않았습니다. 무함마드의 3번째 아내 아이샤와 함께 반알리 전선을 결성합니다. 알리파와 반알리파의 갈등은 극에 달했고 마침내 내전이 벌어집니다. 내전은 661년 알리가 암살당하면서 끝이 납니다. 알리가 사망하고 이틀 후인 661년 1월 30일, 장남 하산 이븐 알리가 제5대 정통 칼리파에 오르지만 반알리파의 우두머리인 우마이야 가문의 무아위야 1세는 하산의 선출을 인정하지 않습니다. 결국 7월 하산이 사임을 하고 무아위야 1세가 칼리프의 자리에 오릅니다.

무아위야 1세는 수도를 다마스쿠스로 정합니다.

하지만 이란 지역은 칼리파는 반드시 무함마드의 정통 후손이어야 한다며 무아위야 1세를 인정하지 않습니다. 670년 하산 이븐 알리가 죽고 나서 그 동생 후세인 이븐 알리가 알리 파의 지도자가 됩니다. 알리파는 무아위야 1세가 사망하면 협의를 통해 후세인이 칼리파가 될 것이라고 믿었습니다. 하지만 무아위야 1세는 일방적으로 아들에게 세습해 버립니다. 이로써 세습 칼리프 왕조인 우마이야 왕조가 시작됩니다.

후세인은 반란을 준비하지만 야지드 1세에 의해 카르발라에서 살해당합니다. 알리파는 나중에 시아파로 불리며 우마이야 왕조에 대해 지속적으로 저항 활동을 벌입니다. 한편 우마이야 왕조를 지지하는 무슬림들은 수니파로 불리게 됩니다.

우마이야 왕조

이슬람 군은 본격적으로 유럽 정벌에 나섰지만 유럽의 동쪽에서는 그리스의 불을 앞세운 비잔티움 함대에 번번이 격퇴당합니다.

그러나 이슬람군은 아프리카 북부 연안을 차례로 정복한 후 지브롤터 해협을 지나 이베리아반도에 상륙 716년 에스파냐 지방을 정복합니다. 하지만 이슬람 군의 유럽 침공은 프랑크 왕국의 궁재宮宰 카롤루스 마르텔이 732년 투르-푸아티에 전투에서 승리하면서 저지당합니다.

우마이야 왕조는 아랍 우월주의에 빠져 정복지의 이민족들을 차별했습니다. 정복지의 주민들은 보호받는 사람이라는 의미의 마왈리라는 계급이 되어 이슬람교로 개종하더라도 정치에 참여할 수 없었고, 비신자가 반드시 납부해야 하는 지즈야를 그대로 납부해야 했습니다. 또한 아랍인과 함

• 그리스의 불

께 살거나 결혼도 할 수가 없었습니다. 이에 많은 마왈리가 우마이야 왕조
에 반감을 품었고, 시아파인 아부 알 아바스가 반란을 일으켜 750년 우마
이야 가문 사람들을 몰살시킵니다. 간신히 살아남은 왕자 아브드 알 라흐
만 1세는 이베리아반도로 도망쳐서 756년에 이베리아반도 남부 안달루시
아 지방에 코르도바를 수도로 한 왕조를 새로 세우는데 이 왕조를 후後우
마이야 왕조(코르도바 칼리파조)라고 합니다.

아바스 왕조

아바스 왕조는 우마이야 왕조의 실패를 거울삼아 평등과 형제애를 강
조하며 아랍인의 특권을 폐지합니다. 그리고 아랍, 페르시아, 비잔티움의
문화를 모두 받아들여 이슬람 문화로 발전시켰습니다. 아라비안나이트 같
은 문학작품도 이때 만들어집니다. 다만 회화에서는 퇴보합니다. 왜냐하
면 이슬람에서는 우상이 금지이기 때문입니다. 그래서 동식물이나 자연
물을 그리거나 조각하는 것을 금지합니다. 그러다 보니 아라베스크라는

• 페르시아 시인 하페즈의 무덤 지붕에서 볼 수 있는 아라베스트 무늬

장식 무늬가 발달합니다.

아바스의 수도인 바그다드에는 마드라사라고 불리는 이슬람 신학교가 곳곳에 세워져 신학뿐 아니라 철학, 의학, 수학 같은 학문도 가르쳤습니다. 816년 완공된 '지혜의 집'이라고 불리는 연구소에서는 종교와 민족에 상관없이 수많은 학자가 모여 고대 그리스, 헬레니즘 시대와 로마, 페르시아 시대의 서적들이 아랍어로 번역되고 연구되었습니다.

병원이 세워지고 의사가 되려면 면허를 받아야 했습니다. 수학에서는 그리스와 인도 수학의 지식을 바탕으로 많은 성취를 이루었습니다. 지혜의 집 출신인 알 콰리즈미에 의해 아라비아 숫자와 십진법, 기수법, 사인 법칙, 음수 등이 서양에 알려집니다.

바그다드는 아랍문화의 중심지일 뿐 아니라 세계 문화의 중심지였습니다. 풍차 기술을 도입해 관개 기술과 농업을 크게 발전시켰으며, 아랍이 독점해 온 유리 공예, 탈라스 전투를 통해 들어온 제지술도 널리 퍼집니다. 많은 농산물과 공예품은 해로와 육로를 통해 전 세계에서 거래가 됩니다. 서쪽으로는 브리튼섬(현재 영국), 동쪽으로는 신라와 일본까지 아라비아 상인이 무역했습니다. 이 시대를 이슬람 황금기라 합니다.

조로아스터교의 쇠퇴

사산조 페르시아의 몰락으로 조로아스터교도 쇠퇴합니다.

정통 칼리파 시대에는 페르시아 지역을 안정적으로 통치하기 위해 종교의 자유를 보장해 주었지만, 우마이야 왕조 때는 아랍인 우선주의 정책 때문에 무슬림 개종자가 늘어납니다. 이슬람 사회가 발전을 거듭하면서 조로아스터교는 점점 이교도 취급을 받으며 현재 이란에는 극소수만 남아있습니다. 일부 조로아스터교 신도들은 신앙을 유지하기 위해 국외로 피난합니다. 인도로 피난한 사람들은 파르시라 불리며 현재까지 명맥을 유지하고 있으며, 중국으로 피난한 사람들은 배화교로 알려지는데 현재는 사라졌습니다.

조로아스터교의 경전인 《아베스타》는 내용의 많은 부분이 소실되고 20분의 1 정도만 남았고, 제례의식도 부분적으로만 남은 상태입니다.

유럽의 중심이 중부로 옮겨지다

프랑크 왕국의 최고 궁정직인 궁재宮宰 카롤루스 마르텔은 732년 투르-푸아티에 전투에서 프랑키스카로 무장한 중장보병으로 이슬람 군을 격파하고, 이슬람의 유럽 진출을 막아냅니다.

이미 카롤루스의 권위는 왕을 넘어서는 지경이지만 왕위를 넘보지는 않았습니다. 카롤루스의 아들 피핀 3세는 751년 교황의 지원을 등에 업고 메로베우스 왕조의 킬데리크 3세를 폐위하고 스스로 왕위에 오릅니다. 이

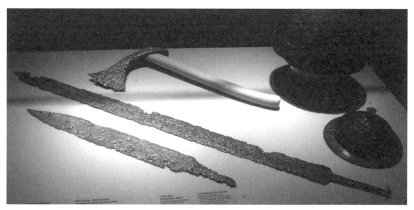

• 프랑키스카는 투척용 도끼입니다. 프랑크라는 이름도 여기에서 나왔습니다.

• 교황령

왕조를 카롤루스 왕조라고 합니다. 피핀 3세는 이에 대한 보답으로 754
년 교황 스테파노 2세에게 라벤나 일대의 토지를 기증하는데 이것이 교
황령의 시초가 됩니다.

카롤루스 대제

프랑크 왕국은 분할상속의 전통이 있습니다. 그 때문에 피핀 3세 사후
768년 카롤루스와 카를로만이 프랑크 왕국을 분할 상속받습니다. 하지만
카를로만이 771년 사망하자 카롤루스는 카를로만의 영토를 접수하고 프
랑크 왕국의 단독 왕이 됩니다.

경제적 기반이 빈약했던 카롤루스는 원정을 통하여 얻은 전리품으로
재정을 유지합니다. 그리고 재정을 통해 강화된 군대는 다시 원정을 나
가게 됩니다. 카롤루스는 47년에 걸친 치세 동안 매년 전쟁에 나갔으며
프랑크 왕국의 영토는 유럽 중부 전체로 확대됩니다. 카롤루스를 섬기는
12명의 기사는 팔라딘이라고 불리며《롤랑의 노래》라는 서사시의 주인공
이 됩니다.

카롤루스는 이렇게 얻은 영토를 관리하기 위해 봉건제를 실시합니다.
동양은 봉건제에서 중앙집권제로 정치체제가 변하지만, 서양은 로마제국
의 중앙집권제에서 프랑크 왕국의 봉건제로 정치체제가 변했습니다. 서
양 역사에 왕REX, 공작DUX, 백작COMES, 남작BARO이라는 작위는 이때
생겼습니다. 단 서양의 봉건제는 동양과 다릅니다. 서양의 봉건제는 정복
당한 땅의 지배자에게 지배권을 인정해 주되 왕에게 충성을 맹세하는 것
입니다.

카롤루스 대제는 문화적 부흥에도 큰 관심을 가졌는데 780년부터 전

유럽에서 뛰어난 학자들을 영입하여 팔라틴 아카데미를 만듭니다. 789년에는 칙령으로 학교를 설립하는 데 1학년은 구약성서 시편을 교재로 읽기 수업을 하였고 2학년은 문학 3과trivium인 문법론, 수사학, 논법과 과학 4과quadrivium인 산수, 기하학, 천문학, 음악을 가르쳤습니다. 그리고 수많은 책을 필사하도록 하여 수도원에 소장하고 서로 빌려주는 시스템도 만들었습니다. 그래서 이 시대를 카롤링거 르네상스라 부르기도 합니다.

동서 교회의 갈등

교황(로마 총대주교)의 임명권은 로마의 황제가 가지고 있었습니다. 하지만 로마는 콘스탄티노플에 있는 황제가 실질적으로 지배도 하지 못하는 로마의 교황을 임명하는 것에 불만을 가졌습니다.

그런데 랑고바르드 왕국이 동로마 제국의 이탈리아 통치 거점인 라벤나를 점령하면서 로마와 동로마 제국과의 관계가 단절되는 일이 발생합니다. 교황은 피핀 3세에게 도움을 요청했고 피핀 3세는 랑고바르드 세력을 몰아내고 라벤나를 교황에게 기증합니다.

로마 교황은 동로마 황제와 헤어질 결심을 하고, 보란 듯이 800년에 카롤루스에게 서로마 황제의 관을 씌워줍니다.

⊘ 읽을거리

카롤루스(Karolus)는 라틴어 발음입니다. 대제(大帝)라는 의미의 마그누스(Magnus)를 붙여 카롤루스 마그누스라고 합니다. 프랑스에서는 샤를마뉴(Charlemagne), 독일에서는 카를 데어 그로세(Karl der Große), 영어로는 찰스 더 그레이트(Charles the Great)입니다.

당의 흥망성쇠

당나라의 초기 왕위 계승 과정은 조선과 무척이나 흡사합니다. 당의 초대 황제 고조는 장자인 이건성을 태자로 삼아 황위를 물려주려고 합니다. 하지만 당나라 건국에 공이 많았던 차남 이세민이 자신을 몰아낼까 두려웠던 태자는 동생 이원길과 함께 이세민을 암살하려고 합니다. 626년 이세민은 군사를 동원해 이건성과 이원길을 죽이고 아버지를 협박해 황위를 물려받습니다. 이를 현무문의 변이라 합니다.

이 소식을 알게 된 동돌궐의 힐리가한은 10만 명의 기병을 이끌고 장안 부근까지 진격해 옵니다. 태종 이세민은 장안성에 있는 모든 재물을 끌어모아 힐리가한에게 바치고 화의를 요청합니다. (582년 돌궐은 동서로 분열되었습니다.)

정관지치

문무겸전의 명군이었던 태종은 여러 가지 제도를 만들어 신속하게 내정을 안정시킵니다. 세금 제도로는 토지에 대해서 조租, 사람에 대해서 용庸, 가구戶에 대해서 조調를 내는 조용조 제도, 군사 제도로는 백성들이 돌아가면 군 복무를 하는 부병제府兵制, 토지 제도로는 토지를 균등하게 분배하는 균전제 등의 제도를 마련하고 과거제도 정비하여 시행합니다. 그리고 중앙 통치조직으로는 수나라 때부터 이어져 온 3성 6부제를 사용하였습니다.

당나라의 수도인 장안성은 콘스탄티노플, 바그다드와 함께 당시 세계 3대 도시였습니다. 발해의 상경성은 장안성을 벤치마킹하였고, 일본은 631

년 견당사를 파견해 당나라의 문물을 배운 후 장안성을 모방해 새로이 옮긴 수도 헤이조쿄를 건설합니다.

태종은 내정이 안정되자 외부로 정복 사업을 시작합니다. 이정을 보내 자신에게 굴욕을 안겼던 동돌궐의 힐리가한을 제압하고 아예 동돌궐의 카간 자리를 차지합니다. 거란, 철륵, 해 등 중국 북부의 유목 민족들은 앞다투어 투항하며 태종을 세계의 정복자라는 의미의 텡그리 카간으로 추대합니다.

640년 후군집과 소정방은 서돌궐이 지배하던 고창국(투르판)을 정벌합니다. (657년 당나라 소정방은 서돌궐을 멸망시킵니다.) 당태종은 이 지역을 안서도호부로 만듭니다. 이로써 당나라는 서쪽의 실크로드를 완전히 장악합니다. 태종 시기 연호가 정관이라서 태종의 태평성대太平聖代를 정관지치貞觀之治라고 합니다.

당나라의 종교

당나라는 종교에 개방적이었습니다. 불교와 도교뿐 아니라 배화교拜火敎(조로아스터교), 마니교摩尼敎, 경교景敎(네스토리우스파 기독교), 회교回敎(이슬람교) 등 다양한 종교가 번성했습니다. 그리고 종교 간의 경쟁도 대단했습니다. 도교에서는 노자가 서쪽으로 떠나 인도에서 펼친 가르침이 불교라는 노자화호설老子化胡說을 주장하자 불교에서는 공자는 유동 보살(광정 보살)의 환생이고 노자는 가섭 보살의 환생이라는《청정법행경》이라는 위경을 지어 대항하는 유치한 짓을 벌이기도 했습니다.

당나라 때는 도교의 창시자인 노자의 성이 당나라 황제들과 같은 이씨라는 이유로 노자를 당나라 황족의 시조로 받들며 도교가 크게 성장합니다. (당나라 황제들은 이씨李氏도 아니고 심지어 한족漢族도 아닌 선비족입니다.) 당나라 때 도교는 불교의 이론과 사상들을 대거 흡수하여 단전호흡이나 기공 등으로 불로장생不老長生을 추구하는 내단內丹이 크게 유행합니다. (외단外丹은 불로불사의 약을 만드는 방법을 말합니다.)

그러나 역시 가장 융성한 종교는 불교입니다.

현장 법사는 불경을 가져오기 위해 627년 국외여행 금지법을 어기고 몰래 인도로 떠납니다. 630년에 고창국의 국왕 국문태를 만나는데, 고창국을 떠날 때 국문태가 오공, 오능, 오정, 오혜라는 시종을 주어 같이 떠나게 합니다. 이들이 훗날 《서유기》에 나오는 등장인물들의 모델이 됩니다. 현장은 인도 전역을 돌며 불법을 배우고 경전을 수집해서 641년 귀국길에 오릅니다. 고창국을 들리려 했으나 그사이 고창국은 당에게 멸망했습니다.

현장은 힌두쿠시산맥과 파미르고원을 넘어 645년 장안으로 귀환합니다. 이후 태종의 후원을 받아 경전 74부 1335권을 한문으로 옮깁니다. (구마라습의 한역경은 '구역경', 현장의 한역경은 '신역경'이라 합니다.) 이외에도 인도 여행기인 《대당서역기大唐西域記》도 저술하였습니다.

당태종의 흑역사

634년 토번의 송첸캄포왕은 당나라 수도 장안을 쳐들어갑니다. 636년에는 태종의 딸을 공녀로 바칠 것을 요구합니다. 당은 토욕혼 때문에 길이 막혀서 어쩔 수 없다고 하자 송첸캄포왕은 토욕혼을 정벌합니다. 641년 당 태종은 결국 딸인 문성공주를 공녀로 바칩니다.

621년 고조 때 이미 교주(현재 중국 남부 및 베트남 북부)에 안남도호

부를 설치하여 남, 북, 서 세 방면을 모두 정복한 당나라에 굴복하지 않은 나라는 고구려뿐이었습니다. 645년 태종은 직접 고구려 원정을 실시합니다. 연개소문의 쿠데타에 반감을 가진 고구려의 성들은 제대로 싸우지도 않고 항복합니다. 하지만 안시성에서 고구려 군의 분전으로 몇 달째 발이 묶입니다. 게다가 연개소문이 당나라 후방의 설연타 족을 회유해 관중을 공격하려 하자 서둘러 철수합니다. 사실 철수가 아니라 대패배입니다. 651년 태종은 요동을 공격하지 말라는 유언을 남기고 사망합니다.

여제의 시대

당나라의 제3대 황제 고종은 아버지의 유언을 지킬 생각이 없었습니다. 그는 당나라 역사상 가장 많은 나라와 전쟁을 벌인 인물입니다. 한반도의 통일 전쟁에 끼어들었다가 백제, 고구려, 신라 순으로 전쟁을 벌입니다. 그사이 사라진 줄 알았던 돌궐이 부활하여 돌궐 제2제국을 건설합니다. 돌궐의 묵철가한은 측천무후 시절인 696년 거란 이진충의 반란을 돕는 등 당나라를 괴롭힙니다. 나중에는 당나라에 돌궐인들의 반환, 물자의 공급, 당나라 공주를 공녀로 보내라는 요구까지 하게 됩니다. 측천무후는 결국 이 요구를 다 들어줄 수밖에 없었습니다. 서쪽에서는 토번이 안서 4진을 공격해 함락하자 이를 되찾기 위해 설인귀를 보내 전투를 벌입니다. 하지만 나라 안을 다스리는 데는 그럭저럭 성공합니다. 고종이 잘해서가 아니라 황후인 측천무후가 잘 관리한 덕분입니다.

측천무후는 대단히 야심만만 한 여자입니다. 고종의 황후 왕씨는 후궁인 숙비 소씨를 견제하기 위해 당태종의 후궁이며 고종이 짝사랑했던 무조를 불러들입니다. 그런데 무조는 자신의 딸을 목 졸라 죽이고 황후 왕씨가 죽인 것처럼 누명을 씌워 왕씨와 덤으로 소씨까지 제거하고 고종의 황후인 측천무후가 됩니다. 측천무후는 고종 사후 여러 명의 황태자를 죽이고, 두 명의 황제를 폐위시킨 뒤 690년 당나라의 국호를 주나라周로 바꾸고 스스로 제위에 올라 중국사에서 유일무이한 여제가 됩니다. 그러나 15년 후 중신들이 신룡정변을 일으켜 폐위되었던 4대 황제 중종을 복위시키면서 다시 당나라가 됩니다. 하지만 이번에는 중종의 황후인 위황후가 여제가 되려고 딸과 합심하여 독이 든 떡을 먹여 중종을 독살하는 일이 벌어집니다.

개원성세

이융기는 당륭정변을 일으켜 측천무후 일가와 위황후 일가를 모조리 숙청하여 당나라 황실의 혼란을 끝내고 712년 즉위하여 현종이 됩니다.

현종은 즉위하자마자 법체계인 율령(율律은 형법, 령令은 행정법)을 만듭니다. 당의 율령은 여러 차례 개정을 거쳐 738년 《당육전》이 편찬되고, 이후 《당육전》은 동아시아 율령제의 기본 법전의 모범이 됩니다. 또한 유능한 인재들을 발탁하고 그들의 말에 귀를 기울여 무너져가던 당 제국을 살려냅니다. 내정이 안정되자 대외 정복전쟁을 일으킵니다.

우선 부병제를 모병제로 바꾸어 막강한 군사력을 축적합니다. 군대를 관리하기 위해 지역별로 엮어서 번진을 만들고 이를 통솔하는 절도사직을 신설합니다. 현종은 토번과 전쟁을 벌여 안사의 난이 벌어지기 전까지 토번을 압도합니다. 716년 묵철가한이 바이르쿠의 반란을 진압하고 돌아오다가 기습으로 사망하고 내전이 발발하자 위구르와 손을 잡고 공격해 745

년 돌궐을 멸망시킵니다. 거란이 당나라의 지배를 벗어나려고 하자 간단하게 제압해 버립니다. 서역으로는 고구려 유민 출신 고선지를 보내 72개 국가를 정복합니다.

물론 군사작전에 실패한 경우도 있습니다. 732년 발해의 등주 공격을 막지 못하고 반격에 나섰으나 733년 마도산 전투에서 또 패배했고, 738년 당나라 남쪽에서 건국한 남조南詔 정벌에 실패했고, 751년에는 파미르 산맥을 넘어 탈라스강까지 진출한 고선지 군이 아바스 왕조 정복에 실패합니다. 어쨌거나 현종 대에 당나라는 최전성기를 맞이합니다. 이를 연호인 개원에서 따온 개원성세라고 부릅니다.

안사의 난

그러나 이러한 성공이 오히려 독이 되어버립니다. 오만해진 현종은 간신 이임보를 승상에 임명합니다. 이임보는 현종의 눈과 귀를 막아버리고 국정을 전횡합니다. 아내가 죽어 적적하게 지내던 현종은 며느리인 양옥환에게 반해 나이 61세 때인 745년, 27세인 그녀를 귀비로 맞이합니다. 양귀비에게 푹 빠진 현종은 그녀의 사촌인 양국충을 승상에 임명합니다.

한편 절도사들의 군사력이 중앙군을 넘어서게 되면서 당나라는 언제라도 군사 반란이 일어날 수 있는 위태위태한 상황이었습니다. 이런 상황에서 현종은 이란계 소그드족 출신의 안록산을 총애하여 742년 그를 평로절도사로 임명합니다. 안록산은 출세를 위해 16살이나 어린 양귀비의 양자가 되어 양귀비의 마음을 사로잡습니다. 현종은 안록산에게 744년에 범양절도사, 751년에 추가로 하동절도사로 임명합니다. 안록산은 당나라 전체 군세의 3분의 1가량을 차지하는 최대 군벌이 됩니다. 이런 안록산을 시기한 양국충은 그가 반란을 모의했다고 모함합니다. 그런데 755년 안록산은 간신 양국충 타도를 명분으로 난을 일으켜 장안을 점령합니다.

당나라 최고의 명장 고선지가 총사령관으로 임명되어 진압에 나서지만, 변영성의 모함을 믿고 참수해 버리는 멍청한 짓을 벌입니다. 도저히 버틸 수 없었던 현종은 사천으로 도망을 칩니다. 퇴각하던 중에 병사들이 이번 사건의 원흉인 양귀비와 양국충을 죽이라고 요구합니다. 결국 양국충은 병사들에게 살해되고 양귀비는 자살합니다. 사천에 머무르는 동안 황태자가 병사들의 추대로 즉위하여 숙종이 됩니다. 현종은 순순히 태상황으로 물러납니다.

한편 장안에서는 안록산이 후계자 문제에 불만을 품은 아들 안경서에게 757년 피살당하는 일이 벌어집니다. 숙종은 있는 병력을 모두 긁어모아 장안을 탈환합니다. 이미 운이 다했다고 깨달은 안록산의 부하 사사명이 상당수의 군사를 이끌고 숙종에게 귀부합니다. 하지만 안경서는 하북 지역에서 업鄴을 기반으로 완강히 저항합니다.

사사명의 귀부를 믿지 못하는 조정 중신들은 사사명을 제거하려고 하였고 눈치를 챈 사사명은 758년 다시 난을 일으킵니다. 759년 안경서를 구원해 줄 것처럼 속여 업에 입성한 사사명은 그를 죽이고 그의 군사를 흡수해 버립니다. 그런데 761년 안녹산처럼 사사명도 아들 사조의에게 살해당한 후 세력이 약해져 결국 763년 진압되고 안사의 난은 끝이 납니다.

당의 쇠망(衰亡)

안사의 난 이후 당은 내리막길로 치닫습니다.

균전제가 붕괴하여 대토지 소유가 증가하고, 조용조 제도도 붕괴하여 여름과 가을에 소유한 토지에 따라 세금을 차등하게 내는 양세법兩稅法이 시행됩니다.

밖으로는 토번과 위구르가 강성하여 수시로 쳐들어왔으며, 요동과 만주 지방은 거란과 발해에 뺏깁니다. 외적을 막기 위해 절도사는 권한이 더욱 강화되어 군사뿐 아니라 재정 행정까지 담당하는 군벌이 됩니다. 고구려 유민 출신 절도사인 이정기의 치청 번진은 사실상 반독립 왕국이 되어 손자 이사도까지 4대를 이어갑니다. 당나라는 신라에 지원군을 보내 달라고 요청해서 간신히 이사도를 토벌합니다. 이 작전에는 장보고도 참여했습니다.

그나마 돌아가던 당나라는 환관들이 득세하면서 멸망을 향하여 가속합니다. 당나라 말 환관들은 황제를 독살할 정도로 막강한 권력을 가지게 됩니다. 환관들은 과중한 세금을 부과해 부정축재를 하였고 이에 반발해 각지에서 반란이 일어납니다. 특히 소금 밀매업자인 황소는 중앙군을 격파하고 장안까지 입성합니다. 심복이던 주온이 배신하여 관군에 합류하지 않았다면 당나라는 멸망했을 것입니다.

주온은 당나라로부터 충성忠誠을 다하라全는 의미로 전충全忠이라는 이름을 하사받습니다. 하지만 자신의 이름을 파자해 '인왕중심人王中心'이라고 해석하는 등 야심을 가지고 있다가 결국 당나라를 멸망시키고 907년 후량을 건국합니다.

당 주위의 나라

741년 돌궐 제2제국의 지배를 받던 위구르족은 돌궐 제2제국을 멸망시키고 제국을 건설합니다. 820년대 크게 팽창하지만 그 후 쇠퇴하여 840년 키르기스족에게 멸망합니다.

장안을 점령했을 때 마니교와 접촉하여 781년 마니교를 국교로 삼습니다. 마니교의 교리에 따라 위구르 귀족들은 육식을 금하였고, 초원에 밭을 만들고 채소를 길러 먹기도 했습니다.

일본의 야마토 정권은 710년 헤이조쿄(나라)로 수도를 옮깁니다. 이 시대를 나라 시대라고 합니다. 이 시대에 《고사기》, 《일본서기》, 《만엽집》 등이 편찬됩니다.

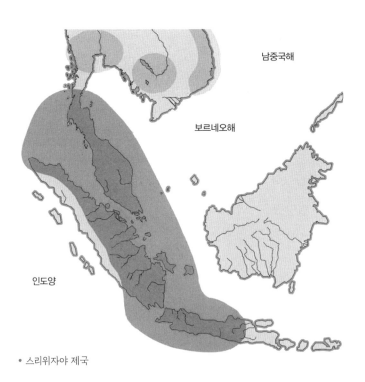

• 스리위자야 제국

794년 일본은 헤이안(교토)으로 천도합니다. 이 시대를 헤이안 시대라고 합니다. 이 시대에 고유문자인 '가나'가 제정되고, 고유 시가인 와카, 가나로 쓰인 《모노가타리》 등이 만들어지면서 일본 고유의 특징이 나타납니다.

659년 건국한 스리위자야는 아랍-인도-동남아시아-중국-신라를 잇는 무역로에 자리 잡고 있어 중계무역으로 번창하던 나라입니다. 7세기 후반 당나라 승려 의정이 여기에서 산스크리트어 연구와 불경번역을 할 정도로 상좌부 불교가 융성한 국가입니다. 8세기 중엽에는 말레이반도에서 수마트라섬과 자바섬에 이르는 대제국을 건설합니다.

힌두교, 다시 인도를 장악하다

브라만교가 힌두교로 전환된 것은 8세기 샹카라의 베단타 철학이 나왔을 때입니다. 샹카라는 대승불교의 공사상을 받아들여, 베다의 해설집인 우파니샤드에서 논란이던 브라만神(신)과 내我(아)의 관계를, 따로가 아니라 하나라는 범아일여梵我一如로 마무리 짓습니다.

브라만교와 힌두교의 차이는 다음과 같습니다.

브라만교의 경전은 베다, 힌두교의 경전은 푸라나입니다.

베다에서 중요한 신은 인드라, 미트라, 바루나 등이지만 푸라나에서는 창조의 브라흐마, 유지의 비슈누, 파괴의 시바가 3대 주신이 됩니다. 사실 브라흐마는 인기가 없고 비슈누와 시바가 힌두교를 양분합니다. 브라흐마는 2세기~6세기경에는 제대로 대접을 받았지만 7세기경부터 비슈누와 시바에게 밀려납니다. 그래서 우주의 일겁—劫(창조부터 멸망까지의 기간)은 비슈누의 꿈인데, 비슈누가 꿈을 꾸기 시작할 때 비슈누의 배꼽에서 브라흐마가 태어나 우주를 창조한다는 식의 이야기가 만들어집니다.

비슈누는 자신의 꿈속에서 여러 모습의 아바타를 만들어 활동하는 데 10번째 아바타인 백마 칼키가 나타나면 일겁이 끝난다고 합니다. 참고로 비슈누의 9번째 아바타는 석가모니라고 합니다. 시바파에서는 시바가 창조주입니다. 시바는 인더스 문명 때부터 요가(명상)가 취미라 크게 활동하지 않는데 명상이 방해받으면 온 우주가 멸망할 정도로 소동을 일으킵니다. 그리고 푸라나 시대에는 인도의 토착 여신들인 두르가, 락슈미, 칼리, 라다 등이 편입되었습니다.

베다 시절에는 절차에 따라 의례를 하면 신이 무조건 들어주어야만 하는 다소 법칙 같은 추상적 존재였지만, 푸라나 시절이 되면 신은 인간

• 비슈누와 부인 락슈미, 가운데 연꽃 위에는 브라흐마

• 춤추는 시바 (촐라 왕조)

의 형상을 가진 존재이기 때문에 신상 등을 만들어 숭배해야 하는 존재
가 됩니다.

인도판 삼국지

9세기 북인도에는 동쪽 벵갈의 팔라왕조, 서쪽 편잡의 프라티하라, 남
쪽 데칸의 라슈트라쿠타, 이렇게 세 나라가 존재했습니다.

팔라는 인도 최후의 불교 국가로 팔라의 멸망과 함께 인도에서 불교는
사라집니다. 다행히 팔라 왕조 시대의 불교 유산은 티베트 불교로 계승됩
니다. 코끼리 부대가 강했다고 합니다.

프라티하라는 북인도 최후의 힌두계 통일 왕조로 이슬람 제국의 침공
을 수백 년에 걸쳐 막아내는데 기병이 강했다고 합니다.

• 제2대 황제 다르마팔라에 의해 건설된 소마푸라 마하비하라 (비하라는 대학이 포함된 초대형 사찰)

• 괄리오르 요새 근처에 있는 텔리 카 디르의 조각품. (프라티하라)

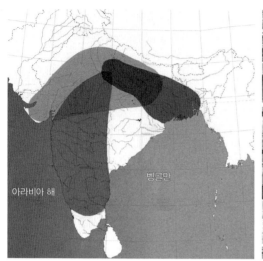

• 인도 카나우지 삼각형 지도   • 라슈트라쿠타의 카일라사 사원

라슈트라쿠타는 아랍 연대기 작가 술래이만이 세계 4대 강국으로 꼽을
정도로 강한 나라였습니다. (나머지 셋은 아바스 제국, 당 제국, 비잔티움
제국) 종교는 힌두교와 자이나교입니다. 보병이 강했다고 합니다.

촐라제국

남인도에는 기원전 3세기 촐라 왕조라는 타밀족이 세운 국가가 있었
습니다. 종교는 토착종교인 드라비다교를 믿었습니다. 서방으로 면화 등
을 무역했으며, 무역로를 지키기 위해 강력한 해군력도 가지고 있던 나라
였습니다. 한때 실론(스리랑카)을 정복할 정도로 위세를 떨쳤으나 3세기
에 멸망합니다.

848년 촐라 왕국 자리에 타밀족이 다시 나라를 세웁니다. 이때 종교는
힌두교입니다. 걸출한 정복왕들이 계속 나타나며 서쪽으로는 아랍을 격

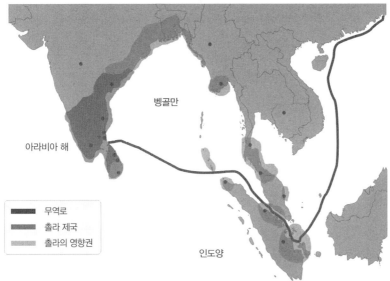

● 촐라의 최대 강역(1030년경)

● 탄자부르 브리하디스와라 사원의 고푸람(탑)

파하고, 남쪽으로는 실론, 동쪽으로는 스리비자야 왕국의 해군을 대파하였습니다. 다만 북쪽으로 라슈트라쿠타를 위협했지만 워낙 강국이었던지라 실패합니다.

촐라 제국은 타밀 문화를 적극적으로 후원하여 타밀 문화가 황금기를 맞이하게 됩니다.

제9장 | 남침의 시대

	서양	동양	우리 역사
909년	파티마 칼리파국(~1171년)		
916년		요나라 건국	
918년			고려 건국
926년			발해 멸망
934년	부와이 왕조(~1062년)		
936년			후삼국 통일
937년		대리국 건국	
960년		송나라 건국	
962년	오토 1세 신성로마제국 황제 즉위	가즈나 왕조 성립(~1186년)	
963년	가즈나 제국(~1186년)		
993년			거란 1차 침입
1009년		대월 리왕조 개창	
1038년		서하 건국	
1040년	셀주크 제국 건설		
1069년		왕안석 신법 시행	
1077년	카노사의 굴욕	룸술탄국(~1308년)	
1095년	제1차 십자군 전쟁		
1107년			윤관 여진 정벌
1115년		금나라 건국	
1125년		요나라 멸망	
1127년		남송 시작	
1135년			묘청의 난
1170년			무신정변
1182년	라틴 대학살		

1187년		구르 왕조 성립(~1215년)	
1192년		일본 가마쿠라 막부 탄생	
1194년	셀주크 제국 멸망		
1204년	라틴 제국 탄생		
1206년	델리술탄 왕조 건립	칭기즈 칸 몽골 초원 통일	
1226년		대월 쩐왕조 개창	
1227년		서하 멸망	
1231년			몽골 1차 침략
1234년		금나라 멸망	
1238년		태국 수코타이 왕국 건국	
1270년			삼별초의 난
1271년		쿠빌라이 원나라 선포	
1274년		원나라 1차 일본 원정	
1279년		남송 멸망	

10세기에서 13세기까지는 동서양을 막론하고 북방에서 남방으로 침입이 일어난 시기입니다.

10세기, 11세기 서양에서는 북방의 바이킹들이 남침하여 프랑크왕국이 멸망할 뻔합니다.

12세기에는 유럽이 십자군 전쟁을 일으켜 남방의 아랍을 공격합니다. 동양에서도 북방 유목 민족이 남침합니다.

11세기는 거란족, 12세기는 여진족, 13세기는 몽골족이 남침합니다. 몽골족은 동양을 넘어 서양까지 정복하여 세계 최초로 동서양을 모두 정복한 초거대 제국을 만듭니다.

황제와 교황의 대결

　카롤루스 대제가 840년 사망하면서 왕자들 사이에 상속 분쟁이 일어납니다. 3년간의 내전 끝에 베르됭에서 삼등분하기로 합의합니다. 중프랑크 왕국의 로타르 1세는 855년 사망하면서 중프랑크를 세 아들에게 나누어줍니다. 그중 로타링기아(로렌)를 다스리던 둘째 아들이 죽자 삼촌들인 루트비히 2세와 카를 2세는 그 영토를 나누어 갖기 위해 메르센 조약을 체결합니다. 동, 중, 서프랑크 왕국은 프랑스, 독일, 이탈리아의 모태가 됩니다.

바이킹의 남침

　8세기 이후 유럽은 "Medieval Warm Period"라고 부르는 따뜻한 기후

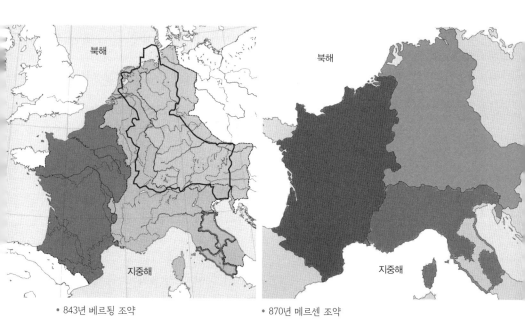

• 843년 베르됭 조약

• 870년 메르센 조약

로 농사짓기가 좋아 인구가 늘어나게 됩니다. 스칸디나비아반도에 살던 게르만족의 일파인 노르드인들도 인구가 폭증합니다. 그런데 기하급수적으로 늘어나는 인구 증가율이 산술급수적으로 늘어나는 작물 생산량을 따라잡게 되자 노르드인들은 8세기~11세기 사이 새로운 땅을 찾아 이동을 시작합니다. 교역을 하기도 했지만 여차하면 해적으로 변해 약탈을 하기도 했습니다. 이 사람들을 바이킹이라고 부릅니다.

바이킹은 크게 덴마크계와 스웨덴계로 나눌 수 있습니다.

덴마크계는 영국과 프랑스 남부 그리고 대서양에 진출합니다. 덴마크계는 잉글랜드, 프랑스의 해안은 물론이고 동로마 제국의 콘스탄티노플 근교, 러시아 부근, 이베리아반도, 페르시아까지 침략합니다. 당시 영국, 프랑스, 동로마 등이 내분으로 분열되어 있었기 때문에 바이킹들의 침략에 효과적으로 대응하지 못했습니다. 크누트 대왕은 1016년에 잉글랜드 왕위에 올랐고 1018년에는 덴마크 왕을 겸하였으며, 1028년에는 노르웨이 왕으로 추대되어 '북해 제국(앵글로-스칸디나비아 제국)'을 구축합니다. 이때 점령당한 잉글랜드 지역을 데인로Dane law라고 합니다. 햄릿이 괜히 덴마크 왕자인 것이 아닙니다.

바이킹들은 아이슬란드를 찍고 그린란드까지 가기도 합니다. 당시에는 지구 온난화로 정말로 푸른Green 땅Land이었습니다. 레이프 에릭손은 여기서 더욱 서쪽으로 항해해 풀Vin이 많은 땅Land을 발견하고 빈란드라고 이름을 짓습니다. 이곳은 현재 캐나다 뉴펀들랜드섬 북쪽 해안 '란세오메도스 역사 지구'입니다.

프랑스의 왕은 바이킹의 약탈에 견디지 못하고 아예 땅을 떼어주기도 합니다.

바이킹들은 10세기경 이곳에 노르망디 공국을 건립하였고 윌리엄은 잉글랜드까지 넘어가 1066년 10월 14일에 헤이스팅스에서 앵글로 색슨의 왕 해럴드 2세를 물리치고 노르만 왕조를 열게 됩니다. 이들은 노르만족이라고 불리게 됩니다. 노르만족 중 일부는 이탈리아 남부까지 내려가 동로마를 몰아내고 시칠리아 왕국을 세우기도 합니다. 물론 이때쯤에는 프랑스에 완전히 동화되어 프랑스어를 쓰고 프랑스식 중기병을 운영하고 있었으니 바이킹이라고 하기는 애매합니다. (영어에 들어있는 프랑스어도 노르만 왕조에 의해 전해진 것입니다.) 다만 이베리아반도에서는 후後우마이야 왕조의 반격으로 퇴각합니다.

스웨덴계는 고틀란드를 중심으로 발트해에서 볼가강과 드네프르강으

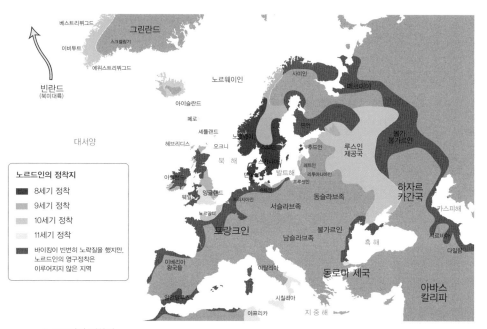

• 노르드인의 정착지

로 들어가는 동쪽 길을 이용해 진출합니다. 스웨덴계는 하자르 칸국을 격파한 후 북유럽과 흑해 그리고 중동을 잇는 무역로를 장악합니다.

862년경 류리크는 노브고로드 지역에서 루스 카간국을 만듭니다. (루스인은 바이킹의 일파입니다.) 882년경 올렉은 아시아계 유목민들로부터 키예프를 정복하고 루스 카간국을 발트해에서 흑해에 이르는 대제국으로 발전시킵니다. 종교는 정교를 받아들입니다. 이 루스 카간국이 현재 러시아의 기원이 됩니다. (러시아인은 스스로를 루스인이라고 부릅니다.)

이들 중 일부는 더욱 남하해서 동로마군에 복무하기도 합니다. 이들을 바랑인 친위대Varangian Guards라고 하는데 매우 용감하며 충성심이 뛰어나서 동로마 최정예 근위대라는 명성을 얻었습니다. (동로마를 덴마크계 바이킹이 공격하면 스웨덴계 바이킹이 방어합니다.)

바이킹족은 12세기에 들어 한랭한 기후로 변하면서 유빙으로 항해가 힘들어지자 쇠퇴하기 시작합니다. 또 유럽 각지에서 군대가 기병 중심이 되면서 보병 중심의 바이킹들을 효과적으로 물리칠 수 있게 됩니다. 그리고 노르만족의 예에서도 볼 수 있듯이 침략한 지역의 문화에 동화되어 사라져 버립니다. 물론 민족이 사라진 것은 아닙니다. 더 이상 해적질을 못하게 되면서 '바이킹'이라는 명칭이 사라진 것이지요.

신성로마제국의 탄생

동프랑크 왕국의 루트비히 4세가 911년 사망하고 그의 외조카인 프랑켄 공작 콘라트 1세가 왕에 선출되면서 독일의 역사가 시작됩니다.

그런데 카롤루스 왕조의 직계였던 서프랑크의 샤를 3세는 미약한 계승권을 가진 콘라트 1세를 인정하지 않았고 동프랑크를 공격합니다. 전쟁에 소질이 없던 콘라트 1세는 번번이 패했으며 로타링기아를 빼앗깁니다. 게다가 동쪽 마자르족의 침공도 제대로 막지 못합니다. 콘라트 1세가 후계자도 없이 죽자 왕국 내에서 가장 강력한 영주였던 작센 공국의 하인리히 1세가 왕위에 오릅니다. 하인리히 1세 사후 아들인 오토 1세가 자리를 물려받습니다.

오토 1세 즉위 초기 그를 만만하게 본 제후들이 간을 봅니다. 바이에른 공작 에버하르트는 오토 1세에게 충성을 거부합니다. 하지만 오토 1세는 결코 만만한 사람이 아니었습니다. 오토 1세는 938년 봄과 가을에 두 번의 공격으로 에버하르트를 패배시키고 제거합니다. 로타링기아 공작 길버트는 계속 반란을 일으키며 서프랑크의 국왕 루이 4세에게 충성을 맹세합니다. 그는 힘있는 제후들과 반 루이 동맹을 맺어 950년 반란군을 격파합니다. 그리고 반란을 일으킨 제후들의 영지는 일가친척에게 나누어 주어 왕권을 강화합니다.

955년 오토 1세가 이끄는 독일 제후 연합군은 레히펠트 평원(현재 오스트리아 지역)에서 독일, 프랑스, 이탈리아, 스페인까지 계속 침략하던 유목 기마 민족 마자르를 격파하고, 그들을 판노니아 평원으로 쫓아냅니다. 마자르족은 그곳에서 헝가리 대공국을 세운 후, 서기 1000년에 가톨릭으로 개종하고 헝가리 왕국으로 거듭납니다.

960년 이탈리아 국왕 베렝가리오 2세가 교황령의 북쪽을 점령하자 교황 요한 12세는 오토 1세에게 구원을 요청합니다. 오토 1세는 베렝가리오 2세를 격파하고 이탈리아 국왕 자리를 차지합니다. 교황 요한 12세는 오토 1세에게 신성로마제국 황제의 관을 바칩니다.

그런데 교황 요한 12세는 역대 최악의 교황이었습니다. 그래서 오토 1

• 신성 로마 제국 상징 쌍두수리　• 1000년경 신성로마제국의 4대 왕국

세는 그를 폐위시키고 레오 8세를 교황으로 추대합니다. 이후 요한 12세
와 레오 8세는 교황 자리를 놓고 다투게 됩니다. 그러다가 요한 12세가 유
부녀를 성폭행하는데, 그녀의 남편에게 흠씬 두들겨 맞은 후 후유증으로
사망하면서 레오 8세가 정통 교황이 됩니다.

프랑스의 탄생

서프랑크 왕국의 루이 5세가 후사 없이 사망하면서 카롤루스 왕조의 혈
통이 단절됩니다. 위그 카페가 987년 서프랑크 왕에 선출되면서 카페 왕
조가 시작됩니다. 카페 왕조는 '프랑크'라는 국호를 계속 사용하다가 1190
년 '프랑스'로 개칭했지만, 실질적으로는 카페 왕조부터가 프랑스의 역사
입니다.

카노사의 굴욕

오토 1세는 성직자들에게 봉토를 하사하고 충성을 맹세 받는 성직 제후들을 만들었습니다. 이로써 기독교의 수호자라는 명분을 얻을 수 있었고, 실질적으로는 종교 세력에도 영향력을 행사할 수 있었습니다. 그리고 성직 제후는 세습이 아니었으므로 그들이 죽으면 다시 나라로 봉지가 반환됩니다. 그 때문에 성직 제후들이 많으면 많을수록 봉건 제후들의 힘은 줄고 왕권은 신장되는 이점이 있습니다.

그런데 1073년 교황 그레고리오 7세는 성직자 임명권은 교황과 교황청에게 있다고 일방적인 선언을 합니다. 아마도 1054년 동서 대분열로 가톨릭과 정교회가 갈라서자 교황권을 강화해야 할 필요가 있었기 때문인 듯합니다. 당대 신성 로마 제국의 황제였던 하인리히 4세는 콧방귀를 끼며 무시해 버리고 1076년 밀라노의 주교를 일방적으로 선출합니다. 교황 그레고리오 7세는 하인리히 4세를 파문시킵니다.

황제의 성직자 임명권에 불만이 많았던 봉건 제후들이 교황 측과 담합하여 불신자 교황에 대하여 반란을 일으킵니다. 심지어 일부 제후들은 슈바벤의 루돌프를 황제로 옹립하고 내전을 일으킵니다. 깜짝 놀란 황제는 사신을 통해 교황에게 독일 남부의 아우크스부르크에서 만나자고 요청합니다. 하지만 교황은 황제가 자기를 잡으려 한다고 생각하고 카노사성으로 도망칩니다. 하인리히 4세는 1077년 1월 말, 황비와 황자와 함께 카노사성에 도착해 누추한 옷과 맨발로 벌벌 떨며 교황에게 만나달라고 애걸합니다. 교황은 하인리히 4세에게 꿍꿍이가 있다고 생각하고 만남을 거부하다가 3일이 지나서야 그를 받아들이고 파문을 취소합니다.

교황은 파문에 재미 들였는지 3년 후 내전 중이던 루돌프를 지지한다고 선언하며 하인리히 4세를 또 파문합니다. 그러나 이번에는 너무나 쉽게 말을 바꾸는 교황에게 실망한 제후들이 황제의 편을 들어 루돌프는 패사하고 내전은 종식됩니다.

노르만족이 비잔티움 제국을 침략하자, 비잔티움 황제 알렉시우스 1세가 하인리히 4세에게 막대한 뇌물을 바치면서 구원을 요청합니다. 노르만족은 교황 세력의 중요한 군사 기반이었습니다. 하인리히 4세는 기꺼이 요청을 받아들이고 노르만족을 발칸반도까지 격퇴한 후 곧장 브릭센 교회 회의를 소집하여 교황 그레고리오 7세를 폐위시키고 클레멘스 3세를 교황으로 선포합니다. 그리고 이탈리아로 쳐들어가 4년여에 걸친 전쟁 끝에 로마를 함락시키고 그레고리오 7세를 산탄젤로성에 유폐시킵니다. 클레멘스 3세는 하인리히 4세에게 대관식을 집전했으며 그는 정식으로 신성 로마 제국 황제가 됩니다.

그레고리오 7세는 로베르 기스카르에 의해 구출되지만, 이번에는 로베르에 의해 살레르노에 감금되었다가 사망합니다. 하인리히 4세는 아들 하인리히 5세의 반란으로 감금되어 강제 퇴위당하고 생을 마감합니다. 1122년 하인리히 5세와 교황 갈리스도 2세는 보름스 협약을 맺습니다. 이 협약에 따라 성직자는 교회법의 규정에 따라서 선거로 선출됩니다.

하인리히 4세는 상당히 평판이 좋은 왕이라서 훗날 종교 개혁이 일어났을 때 프로테스탄트 측으로부터 "독일의 수호자이자 난폭하고 억압적인 가톨릭에 맞서 싸운 위대한 황제"로 칭송받습니다. 그리고 독일이 위기에 빠지면 부활하여 독일을 구원할 것이라는 전설의 주인공이 됩니다.

참고로 신성 로마 제국 황제는 투표에 의해 선출되었는데, 선거권을 가진 영주들을 선제후라 합니다. 교황은 로마 내부의 성직자들과 평신도들에 의해 선출되었습니다.

기독교와 이슬람의 대결

867년 농민 출신 바실리오스 1세가 아모리아 왕조의 미하일 3세를 죽이고 비잔티움의 황제위에 올라 마케도니아 왕조가 열립니다. 마케도니아 왕조는 적극적인 정복 사업으로 불가리아 제1제국과 키예프 루스를 무찌르고 바다 건너 시리아, 팔레스티나를 제압하여 7세기 이후 400여 년 만의 최대 판도를 실현하며 마케도니아 르네상스라 불리는 로마 제국의 세 번째 중흥기를 이룹니다.

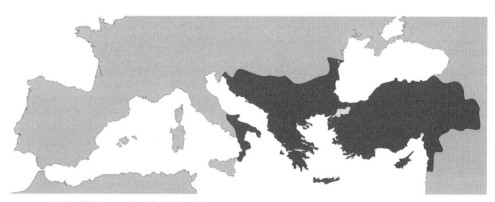

• 1025년 바실리오스 2세 시절 제국의 영역

동서대분열

로마 제국에는 5개의 총대주교좌가 있었습니다. 예수 그리스도로부터

천국 열쇠를 위임받은 베드로의 사도좌를 능가하거나 혹은 대등한 입장에 설 수 없었다고 생각했던 로마는 교황의 수위권首位權을 주장합니다. 그리고 다른 총대주교좌도 동의했습니다.

그러나 7세기 이슬람이 발흥하면서 비잔티움은 알렉산드리아, 예루살렘, 안디옥의 3개의 총대주교좌를 상실합니다. 그리고 이름만 남은 3개의 총대주교좌는 콘스탄티노폴리스의 관할 하에 들어갑니다. 덧붙여 동로마제국 황제의 후원까지 있으니 콘스탄티노폴리스는 자신들이 로마와 대등하다고 생각합니다. 이제 콘스탄티노폴리스는 로마를 평등한 권리를 가진 총대주교좌 중 첫 번째로 인정할 뿐 수위권을 인정하지 않습니다.

헤어질 결심을 한 로마는 서로마의 영토를 거의 다 장악한 카롤루스를 교회의 새로운 수호자로 지목하였고 서로마 제위를 하나 만들어 무단 수여합니다. 결국 로마와 콘스탄티노폴리스는 1054년 서로에게 파문을 날리면서 갈라섭니다.

동방교회는 동방 정교회Ανατολική Ορθόδοξη Εκκλησία, 正敎(정교)라 하고, 서방교회는 로마 가톨릭교회Ecclesia Catholica Romana, 天主敎(천주교)라고 합니다.

가즈나제국

977년 아프가니스탄에서 마흐무드가 가즈나 왕조를 건국합니다. 이슬람 수니파인 마흐무드는 17차례나 북인도를 원정하여 1019년 프라티하라를 멸망시킵니다. 이후 이슬람은 인도로 진출을 시작합니다. 1020년경 마흐무드는 바실리오스 2세와 함께 중동의 최강국이었습니다.

당시 북아프리카는 시아파인 파티마 왕조, 이란은 역시 시아파인 부와

• 1000년의 중동   • 1020년 가즈나 제국

이 왕조가 자리 잡고 있었습니다. 이런 상황에서 호라산 일대를 장악한 가즈나가 너무나 고마웠던 아바스 왕조의 칼리파는 마흐무드에게 최초로 '술탄'이라는 칭호를 부여합니다.

셀주크 제국

튀르크계 부족인 오구즈족에 셀주크라는 장군이 있었습니다. 그는 오우즈족의 야브구(왕)와 불화가 생기자 무리들을 이끌고 960년대에 고향을 떠납니다. 셀주크 가문이 이때 즈음해서 이슬람을 받아들입니다. 셀주크의 아들들은 서쪽으로 이동하며 용병 활동을 합니다. 그러다가 1037년 셀주크의 손자 토그릴이 셀주크 제국을 건국하고 1대 술탄이 됩니다.

토그릴 1세는 1040년경 가즈나 제국을 상대로 단다나칸 전투에서 궁기병의 스웜 전술(치고 빠지기를 반복)을 사용해 대승을 거두고 호라산 지역을 차지합니다. 일단 근거지를 마련한 토그릴 1세는 1056년 내란으로 혼란스러운 이라크를 안정시킨다는 명목으로 바그다드에 입성합니다. 아바스 칼리파는 종교적인 권위만 겨우 유지하고, 세속 권력은 셀주크 왕조의 술탄에게 모조리 내주게 됩니다. 게다가 술탄에 의해 칼리파가 옹립되는 처지가 됩니다.

2대 술탄 알프 아르슬란은 비잔티움의 영토를 침입합니다. 비잔티움의 황제 로마노스 4세 디오게네스는 1071년 만지케르트에서 셀주크와 전투를 벌이지만 셀주크 궁기병의 스윔 전술에 말려들어 대패하고 포로가됩니다.

셀주크 제국의 최전성기는 3대 술탄 말리크샤(샤는 왕이라는 뜻) 대입니다. 하지만 이때 셀주크 혈족이며 말리크샤와 적대하던 쉴레이만이 아나톨리아로 달아나 1077년 니케아에서 룸 술탄국을 세우는 일이 벌어집니다.

셀주크 제국이 말리크샤 사후 심각한 내전으로 사실상 붕괴되자, 1154년 알 묵타피 칼리파가 군사를 일으켜 셀주크를 밀어냅니다. 1194년 셀주크 제국은 멸망하고 아바스는 제국의 면모를 되찾습니다. 룸술탄국은 1308년까지 존재합니다.

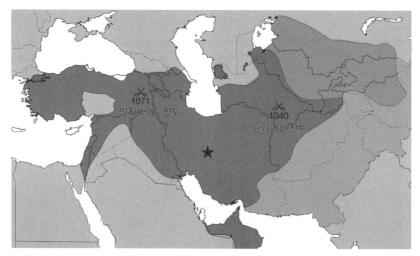

• 셀주크 제국의 영토

한편 만지케르트 전투 이후 엄청난 국력을 소모한 비잔티움은 1081년 베네치아의 자금과 군사를 지원받기 위해 콘스탄티노플에 조계지를 임대하고, 라케다이몬, 코린토스 등의 주요 항구를 개항하며 무역 규제 품목을 없애고 관세를 철회한다는 칙서를 발부합니다. 이러한 특혜는 나중에 피사, 제노바, 아말피 공화국 등 다른 라틴 국가에도 확대됩니다.

십자군 전쟁

만지케르트 전투에서 비잔티움 제국이 패배하면서 예루살렘은 셀주크 제국의 손에 떨어집니다. 1081년 비잔티움 황제가 된 알렉시오스 1세는 1095년 3월 피아첸차에서 열린 공의회에 사절단을 파견해 교황 우르바노 2세에게 성지인 예루살렘을 회복할 수 있도록 원군을 보내달라고 요청합니다. 1095년 11월의 클레르몽 공의회를 기점으로 서유럽은 200년간 아홉 차례 십자군을 파견합니다.

하지만 십자군의 속내는 전혀 성聖스럽지 않았습니다. 종교적 광기에 사로잡혀있거나 혹은 단순히 전쟁통에 한몫 잡아보려는 사람들만 북적거렸습니다. 은자 피에르가 이끄는 민중 십자군은 종교적 광기를 잘 보여줍니다. 1095년 여자, 장애인, 노인, 거지 등 온갖 어중이떠중이로 이루어진 민중 십자군은 성전聖戰이라는 이름으로 유럽과 비잔티움에 온갖 민폐를 끼치고, 내부 정화라는 명목으로 죄 없는 유대인들을 학살합니다. 민중 십자군은 얼마 뒤 소멸하지만 유대인 학살은 십자군 전쟁 내내 계속됩니다.

제1차 십자군 원정(1096년~1099년)에서는 비잔티움 제국을 지나 아나톨리아에서 셀주크 제국을 격파하고 레반트로 진군해서 예루살렘을 점령합니다. 그 결과 예루살렘 왕국, 안티오키아 공국, 에데사 백국, 트리폴

리 백국 등의 십자군 국가가 세워집니다.

제2차 십자군 원정(1145년~1149년)에서는 유럽의 왕들이 참가합니다. 하지만 사공이 많으면 배가 산으로 가는 법입니다. 서로 잘났다고 싸우다가 아무런 소득도 얻지 못하고 병력과 물자만 낭비하고 맙니다. 게다가 동맹인 다마스쿠스를 공격하는 바람에 이슬람권은 반십자군 동맹을 결성합니다. 그런데 십자군을 막느라 이슬람 세력이 이베리아반도를 소홀한 틈을 타 레콘키스타(국토회복운동) 중이던 포르투갈이 리스본을 점령합니다.

1182년 유럽과 비잔티움의 신뢰를 깨트리는 사건이 일어납니다. 1081년 칙서에 의해 라틴인들은 무역을 독점하였고, 이 때문에 토착 상인들이 몰락합니다. 더구나 동방, 서방 교회의 차이도 라틴인과 비잔티움인의 관계를 악화시켜, 비잔티움인은 라틴인을 증오하게 됩니다. 이런 상황에서 알렉시오스 2세의 섭정을 맡은 라틴인 황태후 안티오키아의 마리아가 계속되는 실정을 하자 비잔티움인은 폭발하고 맙니다. 1182년 반라틴 폭동이 일어나 콘스탄티노플에서 남녀노소 가리지 않고 라틴인들이 닥치는 대로 살육당하고, 간신히 살아남은 자들은 룸술탄국에 노예로 팔려 가는 라틴대학살이 벌어집니다.

아이유브 왕조의 술탄 살라흐 앗 딘 유수프(살라딘)는 1187년 7월 예루살렘 왕국 군대를 물이 없는 사막으로 유인합니다. 예루살렘 왕국은 대책도 없이 출병했다가 적과 싸우기도 전에 탈수와 열사병으로 전멸합니다. 이 하틴의 뿔 전투로 예루살렘 왕국은 사실상 멸망하고 살라딘에게 점령당합니다. 그에 따라 성지를 탈환하고자 제3차 십자군 원정(1189년~1192년)이 일어납니다. 영국의 사자심왕 리처드 1세와 살라딘이 혈전을 벌였습니다. 1192년 9월 2일 살라딘과 리처드 사이의 평화 조약이 체결되어 향후 26년간 기독교도들의 성지 순례가 보장됩니다. (살라딘은 1193년 3월 사망합니다.)

제4차 십자군 원정(1202년~1204년) 때는 십자군들이 비잔티움의 콘스탄티노플을 공격하는 어처구니없는 일이 일어납니다. 황제가 되고 싶었던 알렉시오스 4세가 삼촌인 알렉시오스 3세 황제를 공격해서 몰아내면 막대한 자금을 지원하고 로마 가톨릭의 신하가 되겠다며 부추깁니다.

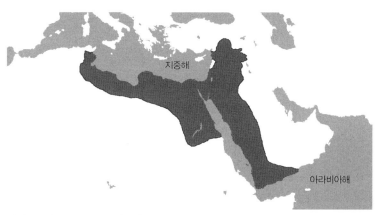

지중해

아라비아해

• 아이유브 왕조는 쿠르드족 왕조입니다.

십자군은 1204년 4월 13일 콘스탄티노플을 정복하고 라틴대학살의 보복으로 무자비하게 약탈하고 살해합니다. 알렉시오스 4세는 황제가 되지만 몇 달도 되지 않아 반란이 일어나 살해당합니다. 이후 비잔티움에는 라틴 제국이 세워집니다.

가톨릭교회를 세운 사도는 베드로, 정교회를 세운 사도는 안드레아로 형제입니다. 서로 파문을 하기도 했지만 동서교회의 갈등은 형제간의 다툼 정도였으며 재결합의 가능성도 있었습니다. 하지만 1204년 이후 서로 불구대천不俱戴天(같은 하늘 아래 있을 수 없다)의 원수가 됩니다. 1964년 교황 바오로 6세와 세계 총대주교 아티나고라스가 예루살렘에서 만났으며, 이듬해인 1965년 12월 7일 무려 900여 년 만에 가톨릭과 정교회는 서로에 대한 파문을 철회하였습니다. 그런다고 다시 합칠 것 같지는 않습니다.

제4차 십자군 원정 이후 프랑스와 독일에서 수만 명의 소년들이 십자군을 조직하고 출발하였다가 해산하는 일도 있었습니다. 이후로도 5차례나 더 원정이 있었지만 이렇다 할 성과는 없이 끝납니다. 그 사이 비잔티움 세력이 콘스탄티노플을 다시 수복하며 1261년 비잔티움 제국을 재건합니다. 하지만 이미 제국 영광의 시대는 다시 돌아오지 못합니다.

십자군 전쟁은 유럽에 큰 영향을 미칩니다. 예루살렘 탈환에 실패함으로써 교회의 권위가 상실되었습니다. 제후와 기사 계층이 몰락하면서 봉건제가 동요합니다. 전쟁에 필요한 인원과 물자를 대느라 상업이 발달하고 화폐 사용이 늘어납니다. 이에 따라 베네치아, 피사 제노바 등의 항구 도시가 번창합니다. 한편 북부 독일 도시 상인들은 길드를 형성하였으며 한자동맹을 결성하여 북해와 발트해 연안 무역을 독점합니다. 프랑스 샹파뉴에서 1년에 한 번 열리는 시장은 지중해 도시와 한자동맹 도시들의 상인들로 북적거렸습니다.

이슬람, 인도에 진출하다

아프가니스탄 동부의 고르 지방은 가즈나 왕조의 속국이었다가 셀주크의 속국이 됩니다. 가즈나가 셀주크에 밀려 세력이 약해지자 고르 지역의 패권을 장악한 알라 앗 딘 후세인은 1152년 가즈나를 공격합니다. 가즈나는 수도 가즈니를 점령당한 후 펀자브의 라호르로 천도합니다. 그 후 셀주크도 급속히 약해지자 독립하여 수도인 피루즈쿠를 거점으로 이란 동부와 호라산 지역으로 세력을 확장합니다. 1186년에는 가즈나를 멸망시키고 1187년 고르 왕조를 새로 세웁니다. 고르 왕조는 순니파 교리를 받아

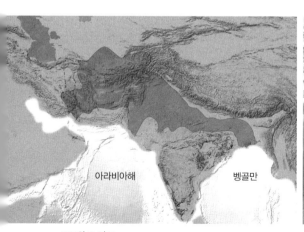

아라비아해　　　벵골만

• 고르왕조 영토

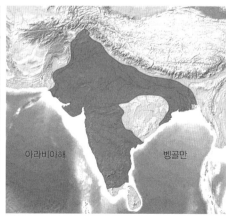

아라비아해　　　벵골만

• 델리 술탄국 영토

들여 북인도에 적극적으로 전파합니다.

하지만 고르 제2대 술탄 무이즈 앗 딘 무함마드가 1206년 후계를 남기지 못하고 암살당하자, 고르 왕조의 땅은 무함마드 휘하의 장군들에게 나뉘어 분배됩니다. 다른 땅은 새로운 강자 호라즘에게 먹혀버리지만, 델리 지방에서는 쿠트브 웃 딘 아이바크가 델리 술탄국을 새로 세웁니다. 아이바크가 노예 출신이었기에 이 왕조를 노예 왕조(1206~1290)라고 부릅니다. 할지 왕조(1290~1320), 투글루크 왕조(1320~1414), 사이드 왕조(1414~1451), 로디 왕조(1451~1526)가 차례로 들어서며 인도에 이슬람이 전파됩니다.

크메르 제국

인도차이나반도에는 8세기까지 대국이 없었습니다. 남南첸라는 자바의 마타람 왕국에 복속되어 있었습니다. 자바에 볼모로 잡혀 있었던 남첸라의 왕자 자야바르만 2세가 자바의 공주와 결혼하고, 자바 왕실의 신임을 얻어 자바의 대리인 자격으로 790년 고국으로 돌아옵니다.

자야바르만 2세는 고향에서 북서쪽으로 영역을 넓혀 북北첸라를 통합하고 790년에는 앙코르에 작은 왕국을 건설합니다. 이후에도 세력 확장을 거듭하던 자야바르만 2세는 802년 자바로부터 독립을 선언하고 스스로를 데바라자神王(신왕)로 선포하며 크메르 제국을 세웁니다.

1113년 수리야바르만 2세는 참파(현재 베트남 남부)와 전쟁을 하는 한편, 인도의 촐라와 중국 송나라로부터 여러 선진 문화를 빠르게 받아들

• 크메르 제국의 최전성기

여 제국을 동남아 최강대국으로 성장시킵니다. 유명한 사원인 앙코르 와트도 이때 지어졌습니다.

그 후 숙적 참파에 수도 앙코르가 공격당하며 멸망할 뻔했지만 1181년 캄보디아 최고의 성군 자야바르만 7세가 즉위하면서 상황이 역전됩니다. 1190년부터 참파를 연거푸 공격하여 1203년에는 참파를 완전히 복속시킵니다. 이후에도 사방으로 정복전쟁을 펼쳐 지금의 태국, 라오스, 캄보디아의 영토를 모두 합친 대제국을 완성합니다. 단순히 영토만 확장한 것이 아니라 저수지를 지어 농업 생산력을 높이고, 전국에 도로를 놓고 각 지역에 병원을 설치합니다. 그리고 앙코르톰이라는 계획도시도 만들었습니다.

하지만 자야바르만 7세가 1218년 사망하자 크메르 제국은 급격히 쇠락합니다. 1220년경 참파가 떨어져 나가고, 태국인들이 봉기를 일으켜 1238년 수코타이 왕국을 건국합니다. 새로운 숙적이 된 태국에 수도 앙코르가 몇 차례 함락되자 1431년 프놈펜으로 천도하면서 앙코르는 폐허가 됩니다.

• 앙코르와트

• 바이욘 사원의 사면 불상은 자야바르만
7세의 얼굴을 한 관세음보살입니다.

크메르 제국의 종교

크메르의 종교는 힌두교였습니다. 자야바르만 2세가 건설한 앙코르 와트는 힌두교의 세계관을 그대로 반영한 건축물입니다.

13세기 대승불교가 유입되고 자야바르만 7세가 불교로 개종하면서 불교국가가 됩니다.

이후 상좌부 불교가 들어오면서 현재 캄보디아는 상좌부 불교국가입니다.

유목민족의 남침

당唐 왕조가 멸망한 907년부터 송宋 왕조가 개창된 960년까지 반세기를 오대십국시대五代十國時代라고 합니다. 묘하게도 한국사의 후삼국시대와 겹칩니다.

오대五代는 중앙의 정통 왕조인 후량後梁(907년~923년), 후당後唐(923

년~936년), 후진後晉(936년~946년), 후한後漢(947년~951년), 후주後周 (951년~960년)를 말합니다. 특징은 이전의 오호십육국五胡十六國시대처럼 죽고 죽이는 살육극으로 왕조가 바뀐 것이 아니고 황제와 국명만 바뀔 뿐 나라는 그대로라는 것입니다. 어찌 보면 서양의 왕위 교체와 비슷합니다.

십국十國은 초楚(897년~951년), 오吳(904년~937년), 오월吳越(904년 ~978년), 전촉前蜀(907년~925년), 민閩(909년~945년), 남평南平(909년 ~945년), 남한南漢(917년~971년), 후촉後蜀(934년~965년), 남당南唐(937 년~975년), 북한北漢(951년~979년)으로 중국 남부에서 동시다발적으로 나타났다가 사라집니다. 이 나라들뿐 아니라 사실상 독립 세력을 유지했 던 여러 절도사 세력도 존재했습니다.

960년 후주의 무신 조광윤이 후주 공제로부터 선양을 받아 송나라를 건국하였고, 979년 2대 황제 송태종이 천하를 통일합니다.

공재 윤두서의 <진단타려도(陳摶墮驢圖)> 일부분입니다. 유명한 학자인 진단(摶)이 어느 날 나귀를 타고 가다가 조 광윤이 송나라를 세웠다는 이야기를 듣고는 나라가 태평 해지겠다고 좋아서 펄쩍펄쩍 뛰다가 나귀(驢)에서 떨어지 는(墮) 장면을 그린 것입니다.

당나라가 절도사 때문에 망했 다는 것을 거울삼은 송나라는 지 방 절도사의 권한을 약화하고 황 제의 직속부대인 금군禁軍을 강화 합니다. 그리고 문인을 우대하는 문치주의를 실시합니다. 통치 이 념으로는 새로운 유학인 성리학 을 완성했고, 이를 보급하기 위 해 서원을 만들고, 활판 인쇄술 을 이용해 많은 서적을 출간합니 다. 과거시험에서는 황제가 직접

• 용골차(龍骨車)　　　• 원나라 잡극(잡극은 원나라 때 최고의 전성기를 맞이합니다.)

주관하는 전시가 시행됩니다. 과거를 통해 관직에 진출한 선비들은 사대
부 계층을 형성합니다. 경제적으로는 우수한 품종의 벼인 참파 벼를 보급
했으며, 이앙법을 확산시키고 농기구를 개량하여 농업 생산력을 높였습
니다. 이에 따라 잉여생산물이 시장으로 유입되어 도시가 성장하고, 서양
의 길드와 비슷한 行이라는 상인의 동업조합同業組合이 활성화됩니다. 경
제가 안정되자 서민 문화도 발달하여 도시에서는 잡극이 유행하였고, 농
촌에서는 장터에서 연극이 공연되었습니다. 하지만 국방력은 약해져서 북
방 유목 민족의 남침을 자주 받게 됩니다.

요나라의 남침

거란족은 동쪽의 발해, 남쪽의 당, 서쪽의 위구르에 치여 눈치만 보고
살았던 약소부족입니다. 하지만 이 세 나라가 거의 비슷한 시기에 쇠퇴하
자 반대로 크게 성장합니다.

• 연운16주의 위치

　야율아보기는 907년 거란의 부족을 통일합니다. 916년에는 요遼나라를 세우고 황제(요 태조)를 칭합니다. 요 태조는 924년 발해가 요주를 급습해 자사를 죽이자 곧바로 반격 수도인 상경 용천부上京龍泉府를 함락시키고 발해를 멸망시킵니다. 936년 석경당은 임금이 되고자, 요 태종에게 연운16주燕雲十六州와 30만 필의 세폐를 대가로 내어줄 테니 원군을 보내달라고 요청합니다. 요 태종의 도움으로 석경당은 후진後晉의 황제가 됩니다. 연운16주의 획득으로 요나라의 국력은 날로 성장합니다.

　993년에 제1차 여요전쟁으로 후방의 위험을 없앤 요나라는 송나라를 공격합니다. 그러나 송나라의 황제 진종이 친정까지 하며 오히려 연운16주 중 막주와 영주를 탈환합니다. 당황한 요나라는 1004년(양력으로는 1005년 1월) 전연澶淵에서 국경선을 현 상태로 유지하고, 비단 20만 필과 은 10만 냥을 매년 세금으로 보내며, 요와 송이 형제 관계를 맺기로 평화조약을 체결합니다.

　전연의 맹을 체결한 요 성종은 고려를 공격합니다. 제2차 여요전쟁 때

성종이 40만 대군을 이끌고 정벌하여 통주 전투에서 강조가 이끄는 고려 군을 대파하고, 수도 개경을 함락시키는 등 승승장구했으나, 돌아가는 길에 흥화진의 양규와 귀주의 김숙흥에게 습격을 받아 실익을 거두지 못합니다. 제3차 여요전쟁 때는 소배압이 귀주에서 강감찬에게 전멸에 가까운 참패를 당하면서 고려와도 강화를 맺게 됩니다. 이로써 고려, 요, 송 세 나라는 균형을 이룬 채 100여 년 동안 평화롭게 지내게 됩니다.

요나라는 거란족의 문화를 지키기 위해 노력합니다. 거란국사를 편찬하였고 거란 문자도 만들었습니다. 그리고 거란족과 한족에게 서로 다른 통치 체제를 적용했습니다. 거란족은 유목민의 방식으로 다스리고(북면관제), 연운 16주와 발해의 고토는 주현제(남면관제)를 적용합니다.

종교는 불교를 깊게 숭상하였습니다. 특히 화엄종華嚴宗이 인기가 많았습니다. 화엄 사상인 일즉다 다즉일─卽多 多卽─이 다민족, 다문화 국가인 요나라를 하나로 묶어주는 역할을 했기 때문이 아닐까 합니다. 불교계는

- (좌) 거란문자 大中央胡里只契丹國(대중앙호리지거란국)
  (우) 요나라 때 건축되어 금나라 때 만들어진 중국 산시성 포궁사의 응현목탑(현존하는 가장 오래된 목탑)

황실의 보호와 후원을 받아 사찰 건립, 불탑 건설, 불상 조영, 경전 판각 같은 사업을 진행하였습니다. 요에서 제작한 대장경은 요장遼藏, 또는 거란장契丹藏이라 불렸는데 수준이 높아서 고려에서도 이 대장경을 수입했습니다. 그런데 숭상의 정도가 너무 심해 후대에 원 세조 쿠빌라이 칸은 '요는 불교 때문에 멸망했다'라고 평가합니다.

서하의 동침

881년에 탕구트계 장수 탁발사공이 황소의 난 진압에 세운 공을 인정받아 이李씨를 하사받고 정난절도사定難節度使 및 하국공夏國公에 봉해집니다. 그 후 정난절도사 자리는 이사공의 후손들이 세습합니다. 송나라는 이곳을 정벌하려 하지만 도리어 참패를 당합니다. 이원호는 송나라에 칭신을 조건으로 막대한 공물을 받아냅니다. 싸움을 피하고 싶었던 송나라는 이원호에게 황성인 조趙를 하사합니다.

조원호는 1038년 성을 이李씨로 바꾸고 서하국西夏國을 세웁니다. 1041년 송나라는 칭제건원稱帝建元(황제라 자칭하고 연호를 만듦)을 빌미로 서

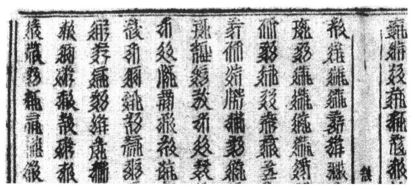

• 서하문자로 쓰인 불경의 일부

하국을 공격하지만, 동아시아 최약체였던 송나라는 호수천 전투에서 대패합니다. 1044년 서하는 북송의 신하가 되는 조건으로 매년 공물을 받기로 하고 화의합니다. 이에 따라 서하의 황제는 하국왕夏國王에 봉해졌고, 북송은 매년 비단 13만 필, 은 5만 냥, 차 2만 근을 보냅니다.

송나라에 승리하며 자만심에 가득 찬 서하는 요나라에 시비를 겁니다. 발끈한 요나라가 서하를 공격합니다. 서하는 오만의 대가를 톡톡히 치르게 됩니다. 그런데 갑자기 모래폭풍이 불어오며 기적적으로 승리하고 요나라와 화친하게 됩니다. 서하는 요나라 멸망 후 금나라와 좋은 관계를 유지하며 1227년까지 존재합니다.

금나라의 남침

발해의 멸망으로 거란족의 눈치를 보며 지내던 여진족들은 1113년 부족을 통일하고, 1115년 완안아골타(금 태조)가 금나라를 세웁니다. 1125년 금나라는 송나라와 협공하여 요나라를 멸망시킵니다. (일부 잔당들이 서요를 건국하고 일부는 고려로 넘어와 천민이 됩니다.) 그런데 자신이 동아시아의 최약체 국가라는 것을 망각한 송 휘종이 요의 잔당들과 힘을 합쳐 금나라를 배신합니다. 격노한 금이 송나라를 공격해 1년 만에 북송의 수도 개봉을 함락시키고 황제 일가는 금나라의 포로가 되고 황궁의 보물들은 모조리 금나라에 빼앗기며 송나라는 사실상 멸망합니다. (정강의 변이라고 하는 이 사건은 중국 한족사 3대 치욕 중 하나입니다.) 그나마 남쪽으로 도망친 잔당들이 임안(현재의 항저우)을 수도로 하여 국가를 유지하는데 이 왕조를 남송, 이전 왕조는 북송이라고 구별합니다.

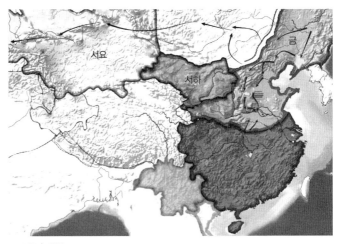

夷岺

* 여진 문자로 쓴 여진   * 1142년 중국

　금나라가 송나라를 정벌할 수 있었던 이유는 맹안모극이라는 유목 민족 특유의 통치방식 때문입니다. 행정의 경우는 300호戶를 1모극부, 10모극부를 1맹안부로 합니다. 군사의 경우는 모극부에서 100명의 병사를 징집하여 1모극군, 10모극군을 1맹안군으로 편성합니다. 또한 요나라와 같이 농경민 통치에는 주현제를 사용했습니다.

　금나라는 병사뿐 아니라 말에게도 두꺼운 갑옷을 걸치고, 군마 3마리를 한 조로 돌격하는 전술을 사용하여 그야말로 무적의 군대였습니다. 그리고 신무기 개발에도 열심이어서 북송을 공격하면서 얻은 화약을 응용하여 로켓인 비화창飛火槍과 폭탄인 진천뢰震天雷를 개발합니다.

　그런데도 남송을 멸망시키지 못한 이유는 여진족의 숫자가 너무나 적고 정치, 경제, 문화적 수준이 낮아 나라를 제대로 운영하지 못했기 때문입니다. 그리고 더 이상 도망칠 곳이 없는 남송의 저항도 만만찮아 한세충과 악비가 강남까지 내려온 금군을 대파합니다. 금의 4대 임금 해릉양

왕이 남송을 공략하려다가 실패하고 반란군에게 죽는 일도 있었습니다.

1142년 진회가 금과의 화평교섭을 하며 한동안은 평화가 지속됩니다. 그런데 남송의 초대 황제인 고종과 진회는 평화의 시대가 되자 막강한 힘을 가진 악비를 미워하여 누명을 씌워 죽여버립니다.

진회는 중국인들이 가장 미워하는 사람 중 하나이며, 진회 사후 악비를 사랑하고 진회를 증오하던 효종에 의해 진씨 일족이 멸족당합니다. 악비는 1204년에는 왕으로 추존되어 악왕묘岳王廟에 배향되었고, 충무忠武라는 시호를 받습니다.

성리학의 완성

인도로부터 들어온 불교는 중국의 정신세계를 지배하는 근간이 됩니다. 위기를 느낀 유학자들은 불교의 세계관과 수행법을 적극적으로 받아들입니다.

북송 때 주돈이는 불교의 세계관에 자극을 받아 유학儒學의 세계관을 만들어냅니다. 무극無極(혼돈)의 상태에서 태극太極(우주의 씨앗)이 나오고 세상이 음양오행陰陽五行의 이치에 맞추어 운행運行되다가 마침내 황극皇極(지상낙원)에 이른다고 합니다. 이를 연구하는 학문이 도학道學입니다. (스토아 철학과 상당

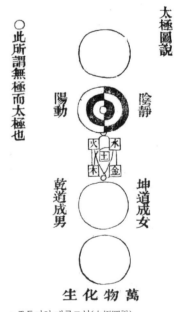

• 주돈이의 태극도설(太極圖說)

히 비슷합니다.)

도학은 장재, 소옹, 정호程顥와 정이程頤 형제로 이어져 오다 남송의 주희朱熹가 성리학性理學이라는 이름으로 집대성합니다. 그래서 성리학을 주자학朱子學, 정주학程朱學, 송학宋學이라고도 합니다.

성리학性理學이란 이치理致의 성질性質을 탐구하는 학문입니다. 여기서 리理는 불교의 절대 진리인 달마와 큰 차이가 없습니다. 그뿐만 아니라 성리학은 수행의 방법도 불교를 본뜹니다. 성리학에는 이발已發상태일 때도 공부하고 미발未發 상태일 때도 공부하라고 합니다.

이발이란 깨어있는 상태이고 '미발'이란 깨어있지 않은 상태입니다.

이발 상태에서는 '격물치지格物致知' 하라고 합니다. 관찰을 통해 숨어있는 뜻을 알아낼 수 있다는 것입니다. 불교는 관찰(위파사나)을 통해 진리를 알아내는 방법을 씁니다.

미발 상태에서는 주경함양主敬涵養하라고 합니다. 주경함양이란 다름 아닌 참선參禪입니다. 어쨌든 성리학은 불교의 우주론과 수행법을 흡수하여 종교가 되면서 불교를 몰아내는 데 성공합니다.

송 주변의 국가

이족과 백족이 현 운남성 지역에 738년 세운 남조南詔는 강력한 군사력과 찬란한 불교문화를 가진 왕국으로 당나라가 혼란할 때는 성도까지 위협하였고 9세기에는 현재 미얀마, 라오스, 베트남까지 세력을 넓혔습니다. 902년 남조가 멸망하고 혼란의 시기를 거쳐 937년 대리大理가 남조를 계승합니다. 북송과는 우호적이었습니다. 독실한 불교국가라 그런지 황제들이 말년에 제위를 넘기고 출가하는 전통이 있습니다. 대리석大理石은 대리국의 특산품입니다.

중국이 교지交阯(지금의 북베트남)라 부르는 지역에는 대월국大越國이 존재했습니다. 리꽁우언李公蘊(이공온)이 1009년 리 왕조를 새로 세웠는데 1076년 리트엉끼엣李常傑(이상걸)이 북송을 공격합니다. 서로 싸워봐야 득 될 것이 없다고 판단한 두 나라는 화평조약을 맺습니다. 이때 북송의 황제는 교지군왕이라는 칭호 대신에 안남安南국왕이라는 칭호를 사용합니다. 이때부터 이 지역은 안남이라고 불리게 됩니다. 남쪽 참파도 리 왕조에게 수시로 공격당합니다. 1226년 소황제昭皇帝 리펏킴李佛金(이불금)이 남편 쩐까인陳煚(진경)에게 왕위를 물려주면서 리왕조는 사라지고 쩐 왕조가 일어납니다.

일본에서는 헤이안 시대 말 귀족과 호족들은 장원莊園을 늘려나갔고 이를 지키기 위해 사무라이(무사)들을 고용합니다. 그런데 사무라이들의 세력이 커지면서 그들의 정치 체제인 막부가 교토의 조정을 능가하게 됩니다. 막부를 장악하기 위해 유력 무사 가문인 타이라노 가문과 미나모토 가문은 전쟁을 합니다. 이를 겐페이 전쟁(1180년~1185년)이라고 합니다.

타이라 가문과 그들을 지지한 안토쿠 덴노는 단노우라(현재 시모노세키) 해전에서 패배하면서 몰살당합니다. 미나모토 가문이 승리하고 미나모토노 요리토모가 막부의 최고 지도자인 쇼군이 되면서 가마쿠라 막부가 수립됩니다.

　　화약은 수나라 때의 도사 손사막이 불로불사의 선단(仙丹)을 만들려다가 우연히 만들었습니다. 화약이 본격적으로 사용된 것은 북송 대입니다.

　　화약의 발명은 전쟁의 형태를 완전히 바꾸었습니다. 냉병기(冷兵器) 시대에는 근거리에서 직접 몸을 부딪히며 싸웠지만, 화기(火器)가 발명되면서 먼 거리에서 투사무기로 싸우게 된 것입니다. 그런데 북송은 화약과 화기를 최초로 발명하고도 늘 얻어터졌습니다. 왜냐하면 국가고시(과거)에 합격한 고위 공무원(관리)만 우대하고, 기초과학과 공학을 홀대했기 때문입니다. 오히려 화기는 문치의 전통이 없는 몽골 제국이 적극적으로 활용하였고 몽골을 통해 전세계로 퍼집니다.

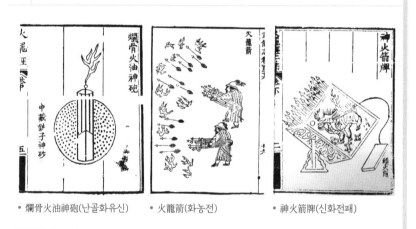

- 爛骨火油神砲(난골화유신)　　• 火籠箭(화농전)　　• 神火箭牌(신화전패)

몽골, 세계를 정복하다

　　역사상 가장 넓은 땅을 차지한 나라는 영국입니다. 영국의 경우 아메리카와 호주라는 새로운 땅을 차지한 것이 큰 몫을 차지합니다. 아메리카를 제외하고 따지면 단연 몽골제국입니다.

몽골족은 어디에서 유래한 종족일까요? 사실 유목민들은 기원이 되는 종족을 따지는 것이 무의미합니다. 중앙아시아에서 유목하는 민족은 같은 생활 양식을 가지고 있으며 서로 교류가 활발하다 보니 혈통이 다 섞여 있습니다. 그중 한 종족이 강해지면 강한 종족의 이름으로 모두 모이게 됩니다.

몽골족의 경우는 자신들의 역사서인《원조비사》에 스스로를 실위의 일파인 몽올실위에서 나왔다고 밝힙니다. 실위는 고구려의 북쪽에 살던 수렵민입니다.

9세기 후반 위구르 제국이 붕괴되고 제국이 있던 자리가 비게 되자 실위족의 일파인 몽올실위는 그 자리로 이동하고 업종을 수렵에서 유목으로 바꿉니다. 그리고 12세기쯤에는 스스로를 카마그 몽골이라고 부릅니다. 후에 몽골은 나이만, 타타르, 케레이트, 메르키트 같은 종족들이 적대와 동맹을 반복하다가 결국 최종 승자인 몽골족의 이름으로 뭉친 것입니다.

칭기즈칸, 몽골 초원을 통일하다

12세기 말 몽골 초원의 최강자는 케레이트 부족의 족장 토오릴 칸이었습니다. 토오릴 칸은 테무진의 아버지인 카마그 몽골의 족장 예수게이와 의형제였습니다. 그래서 예수게이가 타타르족에게 독살당하자 테무진과 부자의 맹약을 맺고 돌봐줍니다.

그다음 강자는 테무진의 친구인 자다란 씨족의 수장 자무카였습니다. 옹 칸, 자무카, 테무진은 처음에 사이가 좋았습니다. 세 사람은 연합하여 1182년 메르키트를 물리치고 납치된 테무진의 아내 보르테를 되찾아오기도 했습니다.

하지만 1190년 테무진의 말을 훔친 자무카의 조카가 사살당하는 일이 발생하면서 자무카와 테무진의 관계는 급속히 악화됩니다. 두 사람은 격돌하고 테무진은 대패하여 금나라로 도망칩니다. 1194년 금나라의 명령을 받은 테무진은 토오릴 칸과 함께 타타르족을 토벌하여 아버지의 원수를 갚습니다. 토오릴 칸은 금나라로부터 옹王의 작위를 하사받고 옹 칸이라 불리게 됩니다.

세력을 회복한 테무진은 옹 칸과 함께 자무카에게 도전하여 승리합니다. (쿠이텐 전투, 1202년) 하지만 옹 칸이 배신하고 자무카에게 붙으면서 카라칼지트 사막 전투(1203년)에서 대패하고는 몽골 초원의 가장 끝인 발주나 호수로 도망칩니다.

이후 옹 칸과 자무카 사이에 내분이 일어나 자무카가 옹 칸을 암살하려다 실패하는 사건이 일어납니다. 1203년 가을 테무진은 옹 칸에게 항복한다는 서신을 보내 안심시킨 후 운두르산에서 잔치를 벌이던 옹 칸을 야습夜襲 합니다. 옹 칸은 동나이만의 타얀 칸에게 도망치지만 국경에서 나이만 수비대에게 살해당합니다. 이후 테무진은 케레이트족을 합병합니다.

테무진은 몽골 서부고원의 최강 세력이었던 동나이만의 타얀 칸을 공격합니다. 차키르마우트 전투(1204년 가을)에서 동나이만은 패배하고 카마그 몽골에 합병됩니다.

한편 차키르마우트 전투에 참전했던 자무카는 전세가 불리해지자 도중에 도망을 치는데 나중에 자기 부하들에게 잡혀 테무진에게 끌려옵니다. 자무카의 재능이 아까웠던 테무진은 그를 회유하려고 했지만 자무카는 이를 깨끗이 거절하고 죽음을 택합니다.

몽골 초원의 부족들을 대부분 물리친 테무진은 1206년 봄 오논강 하류에서 소집한 쿠릴타이(몽골 지역의 대족장 회의)에서 에케 몽골 울루스(몽골 제국)를 세우고, 칭기즈 칸의 자리에 오릅니다. 칭기즈 칸이 가장 먼저 한 일은 무당을 처형한 것입니다. 무당의 권위가 칸의 권위를 능가하는 텡그리 신앙으로는 제국을 다스릴 수 없다고 생각한 것 같습니다.

그런데 옹 칸이나 자무카가 몽골 초원 통일에 실패한 원인은 무엇일까요? 바로 인품의 차이입니다. 테무진은 계급을 폐지하고, 종교의 자유를 보장했으며, 인종차별을 금지하고, 약탈혼을 금지했습니다. 또한 함께 고생한 부하들을 신뢰하고 중용했습니다. 부하들도 칭기즈 칸에게 말駿처럼 개狗처럼 충성합니다. 사준四駿(네 명의 참모)인 잘라이르 무칼리, 후신 보로클, 아를라트 보오르추, 술두스 티라운과 사구四狗(네 명의 장군)인 우량카이 젤메, 우량카이 수부타이, 베수드 제베, 바를라스 쿠빌라이가 없었다면 칭기즈 칸은 세계를 정복하지 못했을 것입니다. 그는 보르테와의 사이에서 4남 5녀를 얻었는데 아들은 주치, 차가타이, 오고타이, 톨루이가 있습니다. 그리고 1227년에 사망합니다.

금나라 정벌

몽골이 성장하자 남송은 함께 금나라를 공격하자고 제의합니다. 칭기즈 칸의 조상인 암바가이 칸이 해릉양왕에게 살해를 당했고, 자신은 어려서 금나라의 노예살이를 했습니다. 칭기즈 칸은 원수를 갚기 위해 1211년 금나라를 침공합니다.

이 시기 금나라는 정착 생활로 유목민이 아닌 농경민이 되었고, 여진족의 중장기병도 한족의 보병으로 대체되고 있었습니다. 그나마 있던 기병도 전쟁 초기에 몽골군 특유의 스웝전술로 대부분 상실합니다. 몽골을 애먹인 것은 오히려 방어용 성이었습니다. 공성 기술이 부족하던 몽골군은 성채를 효율적으로 공략하지 못했습니다. 하지만 금나라에 원한이 깊은 거란족들의 협력을 얻어 1215년 마침내 금나라의 수도였던 연경(현 베이징)을 함락합니다. 1219년 몽골이 호라즘 왕조와의 전쟁을 시작하면서 잠시 멸망이 늦어졌지만 1234년 결국 멸망합니다.

거란 황족 출신으로 금나라에서 과거에 장원급제 하여 관리를 하던 야율초재는 칭기즈 칸의 눈에 들어 몽골에서 맹활약합니다. 야율초재가 몽골에 선진 문화와 기술, 국가 경영 체제를 알려주었습니다. 그리고 항복하지 않은 모든 자를 죽여 없애는 제도를 고쳐야 한다고 간언하여 칭기즈 칸이 받아들여주는 바람에 그나마 다른 나라들은 학살을 면할 수 있었습니다.

한편, 몽골에 첫 패배를 안긴 호라즘 왕조는 서쪽으로 이동하지만 이를 침략으로 여긴 룸 셀주크와 아이유브 연합군의 공격을 받고 동쪽으로는 몽골의 공격을 받아 1231년 멸망합니다.

바투의 유럽 정벌

유럽 정벌은 칭기즈 칸의 장남인 주치의 둘째 아들 바투에 의해서 벌어집니다. 장자가 아버지로부터 가장 멀리에 있는 울루스(땅)를 물려받는 몽골의 전통에 따라 주치는 러시아 초원 지대에 자리를 잡습니다. 1220년에 수부타이는 킵차크족을 공격했고, 1221년 수부타이와 제베는 카스피해 남부에서 조지아 왕국의 게오르그 4세를 상대로 승리합니다. 1238년 조지아는 몽골의 속국이 됩니다.

주치가 죽자 몸이 약한 오르다를 대신해서 둘째인 바투가 통치권을 물

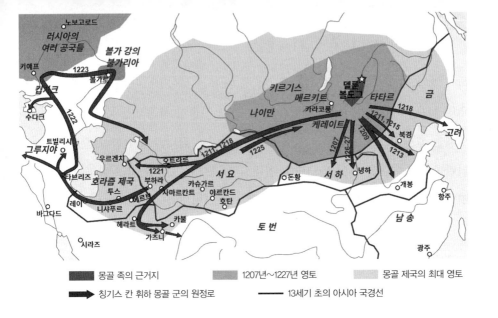

몽골 족의 근거지	1207년~1227년 영토	몽골 제국의 최대 영토
칭기스 칸 휘하 몽골 군의 원정로	13세기 초의 아시아 국경선	

려받습니다. 1235년 바투는 귀위크, 몽케, 수부타이 등을 장군으로 하는
원정군을 조직해 러시아를 침공합니다. 러시아에 난립하던 공국들을 모
조리 정복하고 1239년에는 키예프 루스도 정복합니다.

바투의 다음 목표는 헝가리였습니다. 헝가리로 가는 길목에 있던 폴란
드 공국들은 내분으로 분열되어 있었지만 몽골군을 막기 위해 힘을 합쳐
연합군을 구성합니다. 1241년 4월 9일 폴란드 대공 헨리크 2세는 연합군
을 이끌고 레그니차로 진격합니다. 연합군 중장기병의 전투력은 몽골군
보다 약하지 않습니다. 하지만 수많은 전투로 단련된 몽골군의 스윔 전술
에 전멸합니다. 헨리크 2세도 몽골군에게 참수당합니다.

바투의 본대는 헝가리로 진군하여
1241년 벨라 4세의 군대와 교전합니
다. 의외로 몽골군 전위대를 격파한 헝
가리군은 사요강까지 진격합니다. 하
지만 이는 헝가리군을 끌어들이기 위

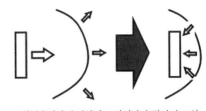

• 스윔전술이란 추격하면 도망치다가 갑자기 포위
하여 활을 쏘는 것을 말합니다.

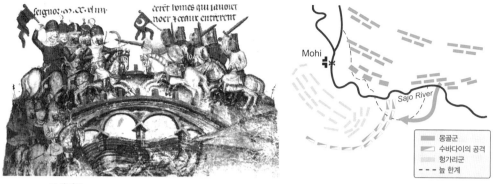

• 모히전투

한 바투와 수부타이의 기만술이었습니다. 몽골군의 본진은 사요강 다리를 넘어오려고 합니다. 헝가리군은 용맹하게 싸웠고, 의외의 저항에 큰 피해를 본 몽골군은 퇴각합니다. 그러나 수부타이의 별동대가 몰래 강을 건너 후방을 급습하자 헝가리군은 패배하고, 벨라 4세는 오스트리아로 달아납니다.

아랍 정벌

1242년 몽골군은 바이주 노얀(장군)의 지휘하에 룸술탄에 진입합니다.

1243년 시바스 동부의 쾨세다으 평원에서 술탄 케이후스라브 2세는 막강한 전력을 믿고 무모한 돌격을 시도하다 몽골군의 역습을 당해 참패합니다. 이후 몽골의 속국이 됩니다.

남침에 나선 훌라구는 1258년 바그다드를 함락시키고 칼리프를 살해합니다. 아바스 왕조는 맘루크 왕조로 도망쳐 명맥만 잇습니다. 1260년에는 아이유브 왕조도 멸망시킵니다.

쿠빌라이칸, 남송을 멸망시키다

1234년 몽골과 남송은 국경을 맞대게 됩니다. 1235년부터 몽골은 남송 정벌을 시작합니다. 남송의 수군은 강남의 물길을 이용해 몽골을 방어하였고, 수전 경험이 없는 몽골군은 고전합니다. 게다가 몽골군은 고온다습한 강남의 기후에 큰 피해를 입습니다. 이 때문에 남송은 다른 나라와 달리 무려 40년이나 버팁니다. 이 사이 몽골은 4명의 칸이 바뀌었고 남송은 5명의 황제가 바뀌었습니다.

1231년부터 1259년까지 몽골에 항전하던 고려는 쿠빌라이에게 평화를 요청합니다. 아리크부카와 칸위 계승 전쟁을 벌이던 쿠빌라이는 "당 태종도 정복하지 못한 고구려의 후손이 제 발로 항복했다"라며 매우 좋아합니다. 이 때문인지 쿠빌라이는 1260년 칸의 지위에 오르고 고려는 멸망의 위기에서 살아납니다.

쿠빌라이 칸은 1268년 회회포까지 동원해 남송 진입의 요충지인 번성과 양양성을 공격합니다. 그리고 7000척이 넘는 전선을 건조하고 수군을 육성하였습니다. 1273년 번성이 함락되고 몽골 수군이 남송 수군을 격파하자 양양성도 항복합니다. 몽골군은 다음 해부터 장강을 따라 내려가면서 중요 거점 지역을 계속 점령하고 1276년 수도인 임안마저 함락합니다. 잔당들이 발악하기는 했지만 1279년 애산 전투의 패배로 남송은 멸망합니다.

트레뷰셋은 중세 유럽에서 발명된 공성병기로, 투석기의 일종입니다. 중동지역을 지칭하는 회회回回를 거쳐 동양에 알려지면서 회회포回回砲라고 불렸습니다. 양양襄陽 공성전 이후는 양양포襄陽砲라고도 불리게 됩니다.

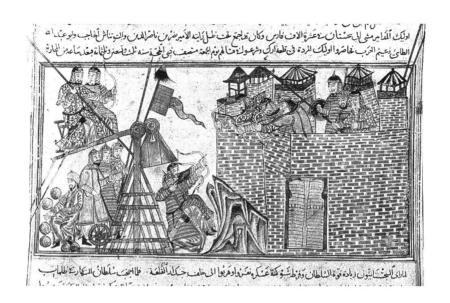

몽골이 정벌하지 못한 국가

아이유브 왕조가 멸망하고 그 자리에는 맘루크 왕조가 들어섭니다. 맘루크는 이슬람교로 개종한 노예 군인으로만 구성된 이슬람 부대를 말합니다. 그래서인지 1260년 아인잘루트 전투에서 몽골군을 상대로 승리하며 침입을 막아내고 노예 왕조인 델리 술탄국도 몽골군을 막아냅니다.

신성로마제국 황제 프리드리히 2세도 오스트리아에서 몽골군을 막아냅니다. 실제로는 1242년 몽골 제2대 칸 오고타이가 죽자 후계 칸 자리를 정하는 쿠릴타이에 참여하기 위해 몽골군이 회군한 것입니다.

자바섬의 싱하사리 왕국도 몽골군을 막아냅니다. 몽골군을 무찌른 위자야는 훗날 인도네시아를 최초로 통합한 마자파힛 제국의 시조가 됩니다.

여기에서 마자파힛은 동남아시아 역사상 가장 큰 해상 대제국이었지만 무슬림인 명나라가 견제할 목적으로 이슬람을 유입시키고 마자파힛 지배하에 있던 이슬람 국가들의 독립을 지원하면서 1527년 멸망합니다.

베트남에서는 쩐 황제 태종의 조카인 쩐흥다오의 활약으로 몽골을 물리칩니다. 1287년 바익당강(현재의 송코이강)을 통해 몽골 수군이 침입합니다. 쩐흥다오는 바익당강이 조수간만의 차가 매우 크다는 점을 이용합니다. 먼저 강바닥에 말뚝을 박은 후 만조 때 몽골 수군을 상류로 유인합니다. 간조가 되자 배가 말뚝에 걸려 꼼짝달싹을 못 하는 몽골군을 공격하여 패퇴시킵니다. 쩐흥다오는 베트남에서는 구국의 영웅이며 가장 존경받는 위인이기도 합니다.

일본도 막아냈습니다. 필자의 전작인《교과서가 쉬워지는 이야기 한국사: 고대-고려》에 잘 나와 있으니 이 책에서는 자세한 내용은 생략합니다. 일본에서는 침공의 영향으로 가마쿠라 막부가 무너지고 무로마치 막부가 수립됩니다.

원나라와 4칸국

제2대 칸 오고타이가 죽자 아들인 귀위크가 3대 칸이 됩니다. 귀위크가 죽자 그와 사이가 험악했던 바투가 툴루이의 아들인 몽케를 적극적으로 추천해 4대 칸이 됩니다. 1259년 몽케가 죽자 그의 동생들인 쿠빌라이와 아리크부카가 다음 칸의 자리를 두고 툴루이 내전을 벌입니다. 1260년 쿠빌라이가 스스로 대칸을 칭했고, 1264년 아리크부카의 항복을 받아내면서 정식으로 몽골 제국의 제5대 대칸으로 즉위합니다. 하지만 내전의 여파로 몽골 제국은 일 칸국, 우구데이 칸국, 차가타이 칸국, 킵차크 칸국과 쿠빌라이의 나라로 분열됩니다. 쿠빌라이 칸은 1271년 국호를 대원大元으로 교체하고 원나라 초대 황제의 자리에 오릅니다.

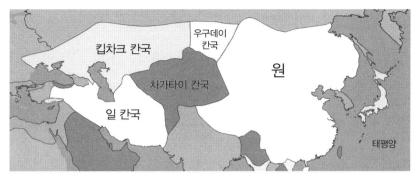

• 1335년의 아시아

원의 통치

원은 몽골 제일주의, 민족 차별주의 통치 방식을 사용했습니다. 민족을 4계급으로 나누었는데 제1계급은 몽골인, 제2계급은 서역의 각양각색의 민족을 뜻하는 색목인色目人, 제3계급은 중국 북부지방의 거란, 여진, 고려인을 뜻하는 한인漢人, 제4계급은 남송 지역에 살던 사람인 남인南人입니다. 몽골인과 색목인은 지배계급으로 공무원, 장교, 상인 등 무엇이든 가능했습니다. 특히 색목인은 재정 분야와 상업 분야를 장악합니다. 또한 색목인들을 통해 이슬람의 역법, 수학, 의학, 천문 등 과학기술이 중국으로 들어오고, 중국의 화약, 나침반, 인쇄술 등이 서양으로 전해집니다. 한인과 남인은 피지배계급으로 주요 관직에 오르지도 못했으며 여러 분야에서 많은 차별을 받았습니다.

> ⊘ **읽을거리**
>
> 마르코 폴로는 이탈리아 베네치아 공화국 출신의 상인으로, 아버지와 삼촌을 따라 원 제국으로 여행을 가서, 쿠빌라이 칸의 색목인을 우대 정책 덕분에 17년간 관리로 일하다가 고향으로 돌아와서 《동방견문록》을 씁니다.

제3부

월드 리부팅

대서양 혁명의 시대

나폴레옹 이후의 세계

근대화와 민족운동

근대 세계

제10장 | 월드 리부팅

	서양	동양	우리 역사
1273년	루돌프 1세 독일 왕 즉위		
1283년	모스크바 공국 수립		
1299년	오스만 제국 건국		
1309년	아비뇽 유수(~1377년)		
1315년	스위스 독립		
1336년		일본 무로마치막부 수립	
1337년	영국과 프랑스 100년 전쟁(~1453년)		
1346년	흑사병 창궐(~1353년)		
1368년		명나라 건국	
1370년	티무르 제국 건국		
1378년	서방교회 대분열(~1417년)		
1393년			조선 건국
1446년			훈민정음 반포
1449년		중국 토목보의 변	
1453년	비잔티움 멸망		계유정난
1462년	모스크바 공국 독립 선언		
1467년		일본 전국시대 시작	이시애의 난
1488년	바르톨로메우 희망봉 발견		
1492년	콜럼버스 신대륙 도착		
1494년	이탈리아 전쟁(~1559년)	토르데시야스 조약	
1500년	티무르제국 멸망		
1501년	사파비 제국 건국		
1506년			중종반정
1517년	종교개혁		

1543년	코페르니쿠스《천구의 회전에 관하여》출판		
1558년	엘리자베스 1세 즉위		
1559년	카토–캉브레지 조약		
1562년	위그노 전쟁(~1598년)		
1571년	레판토 해전		
1573년		일본 전국시대 종료	
1598년	낭트 칙령		

14세기 세계는 몽골의 침략으로 황폐화되었습니다. 몽골의 침공을 피한 서유럽도 흑사병(페스트)의 창궐로 대혼란에 빠집니다. 14세기 말 몽골이 빠르게 쇠퇴하고 흑사병도 잦아들면서 세계는 부흥復興 합니다.

중부 유럽, 중세의 터널을 통과하다

합스부르크 가문, 일어나다

교황이 신성 로마 제국 황제를 견제하기 위해 잇달아 파문을 날려 버리는 바람에 1254년부터 1273년까지 약 20년간 황제가 선출되지 못하는 대공위大空位 시대가 됩니다. 선제후들은 교황의 견제를 받는 황제가 되기는 싫지만 그렇다고 다른 제후가 황제가 되는 것도 싫었습니다. 이런 눈치 싸움의 결과 알프스산맥 언저리 시골 귀족 가문인 합스부르크의 루돌프 1세가 황제로 즉위합니다.

그런데 루돌프 1세는 아주 야심만만 한 사람이었습니다. 마침 오스트리아 공국도 대공위였던 틈을 타 오스트리아를 차지합니다. 한편 본거지에

서 1291년 스위스 4개 주가 스위스 동맹을 결성하여 반란을 일으켜 1315
년 독립하자 합스부르크 가문의 본거지를 오스트리아로 옮깁니다. 이후
신성 로마 제국 황제는 대대로 합스부르크 가문에서 배출됩니다.

스페인 여왕 이자벨 1세 사후, 둘째 딸 후아나 1세가 왕위를 물려받습
니다. 그녀는 합스부르크 황실의 펠리페 1세와 결혼하여 아들 카를(카롤
루스)을 낳는데 그는 합스부르크 가문의 수장이자 신성 로마 제국의 황제
카를 5세(1519년)이며, 스페인의 카롤루스 1세(1516년) 겸 오스트리아 대
공(1519년) 및 브루고뉴 공작(1506년)이 됩니다.

교황권의 소퇴

프랑스 국왕 필리프 4세는 재정이 부족해지자 1295년 성직자들에게
10분의 1의 과세를 부과하기로 의결합니다. 당연히 교황 보니파시오 8세
는 못 내겠다고 버팁니다. 필리프 4세는 수도 파리에서 삼부회(귀족, 가
톨릭 고위 성직자, 평민의 대표자 모임)를 소집해 성직자 과세를 합법화
합니다.

보니파시오 8세는 필리프 4세를 파문하고 프랑스 교회에 보이콧을 명
령하려고 합니다. 그러나 필리프 4세가 한 발 더 빨리 살인 및 교회재물
착봉 등의 죄목으로 기소하고는 교황을 체포하기 위해 프랑스군을 이탈리
아 아나니로 급파합니다.

교황 때문에 멸문지화를 당했던 시욘나 콜론나는 보니파시오 8세에게
당장 사임하라고 협박합니다. 보니파시오 8세가 "차라리 죽여라"라며 강
력히 거부하자, 시욘나는 끼고 있던 장갑을 벗어 교황의 귀싸대기를 날리
고 감금합니다. 아나니의 뺨 때리기schiaffo di Anagni라는 이 사건은 십자

군 전쟁의 실패로 교황의 권위가 형편없이 떨어졌음을 보여주는 방증입니다. 이탈리아의 귀족들이 급히 달려와 3일 만에 구출했지만, 보니파시오 8세는 화병으로 1개월 만에 사망합니다.

교황청은 1303년 10월 22일 프랑스군의 압박에 시달리며 신임 교황 베네딕토 11세를 새 교황으로 선출합니다. 베네딕토 11세는 필리프 4세가 원하는 대로 들어줄 수밖에 없었습니다. 그러나 베네딕토 11세는 재임 9개월 만인 1304년 7월 7일에 갑작스럽게 사망합니다. 후임 교황인 클레멘스 5세는 교황청을 로마에서 자신을 지켜줄 프로방스 백작의 소유지였던 아비뇽으로 이전합니다. 1309년부터 1377년까지 7명의 교황이 아비뇽에 머무르게 됩니다. 이 사건을 아비뇽 유수幽囚(잡아 가둠)라고 합니다. 이 사건을 계기로 프랑스 국왕은 자국 내 가톨릭교회를 지배하게 됩니다. 이를 갈리아 교회주의라고 합니다. 하지만 이것이 끝이 아닙니다.

로마로 돌아온 교황 그레고리오 11세가 선종하자 1378년 새 교황으로 우르바노 6세가 선출되는데, 프랑스 추기경들은 이를 무효라고 선언하고 프랑스 출신인 대립교황 클레멘스 7세를 옹립합니다. 결국 유럽 전체가 두 파로 나뉘어 곳곳에서 싸움이 벌어집니다. 이를 서방교회 대분열이라고 합니다.

싸움이 치열해지자 유럽 각지에서는 너도나도 교황이라며 지지를 호소합니다. 옥스퍼드 대학교 교수였던 존 위클리프와 프라하 카렐 대학교의 총장이며 신부였던 얀 후스는 이런 사태를 신랄하게 비판하며 교황 무용론을 제기합니다.

1417년 콘스탄츠 공의회에서 모든 교황을 폐위시키고 마르티노 5세를 유일한 교황으로 선출하였고, 이단으로 규정된 얀 후스를 처형하면서 혼란은 일단락됩니다. 이때부터 교황은 추기경들의 모임인 콘클라베로 선출됩니다. 그리고 이 사건은 종교 개혁의 실마리가 됩니다.

흑사병 창궐

페스트에 걸리면 온몸이 검게 변하며 죽습니다. 그래서 흑사병黑死病이라고 합니다. 사망률이 10~20퍼센트나 되는 이 무서운 병이 하필이면 전염성도 강합니다.

기록에 남아있는 첫 번째 페스트 유행은 540년부터 시작하여 지중해와 유럽, 근동 전체를 덮친 사건입니다. 이때가 유스티니아누스 1세 시대라 유스티니아누스 역병이라 불립니다. 당대 기록에 따르면, 네 달간 역병이 돌았고 콘스탄티노폴리스 전체 인구의 40퍼센트에 달하는 30만 명이 사망했다고 합니다. 이 때문에 한창 고토를 수복하며 잘나가던 비잔티움은 급격히 쇠퇴합니다.

두 번째 페스트 유행이 우리에게 잘 알려진 중세 흑사병입니다. 페스트의 전파 경로에는 여러 추측이 있지만 가장 유력한 것은 몽골의 지배하에 있던 중앙아시아 평원 지대에서 시작되어 동유럽의 해상 교역로를 따라 유럽 전역에 퍼졌다는 설입니다. 1346년 유럽 곳곳에서 흑사병 감염이 보고되었고 곧 전 유럽에 퍼져 유럽의 행정력이 마비되는 지경에 이릅니다.

흑사병이 잦아든 1353년까지 유럽 인구의 3분의 1에서 절반 정도가 흑사병으로 사망했다고 추측합니다. 인구가 급감하면서 노동력이 부족해지고 임금은 상승합니다. 임금이 높아지자 귀족들은 토지를 직접 경영하지 않고 돈을 받고 빌려주거나 아니면 아예 농민에게 팔아버리는 일이 일어납니다. 힘이 강해진 농민들은 자유를 위한 투쟁을 벌이는 데 대표적으로 1358년 프랑스에서 일어난 자크리의 난, 1381년 영국에서 일어난 와트 타일러의 난 등이 있습니다.

100년 전쟁

프랑스 노르망디 공작 윌리엄이 1066년 브리튼섬을 침공해 정복하고 잉글랜드의 국왕을 겸하게 됩니다.

프랑스 샤를 4세가 1328년 직계 없이 사망합니다. 샤를의 뒤를 이을 후보로 여동생의 아들이자 잉글랜드의 왕인 에드워드 3세, 그리고 사촌인 발루아 백작 필리프가 있었습니다. 당연히 프랑스에서는 브리튼섬에 있는 에드워드 3세보다는 프랑스 땅에 있는 필리프를 만장일치로 후계자로 결정하였고, 그는 필리프 6세로 즉위하여 발루아 왕조를 새로 세웁니다. 하지만 단단히 삐진 에드워드 3세는 노르망디 공작으로서 필리프 6세에 대한 충성을 거부했고, 필리프 6세는 영지를 몰수하겠다고 으름장을 놓습니다. 결국 에드워드 3세는 충성을 맹세하지만 이미 두 나라의 관계는 금이 가기 시작합니다. 그 후 잉글랜드가 프랑스령이던 플랑드르와 경제적 동맹을 맺고, 프랑스가 잉글랜드의 적국인 스코틀랜드와 군사적 동맹을 맺으면서 갈등이 격화되고 마침내 1337년 5월 24일 영국이 프랑스를 침공하면서 100년 전쟁이 시작됩니다.

프랑스는 흑사병 이전 인구 1600만 이상의 강대국이었고, 잉글랜드는 인구 500만 정도의 소국이었습니다. 하지만 잉글랜드는 이웃 왕국인 스코틀랜드와 전투하면서 얻은 경험을 바탕으로 초반에는 프랑스를 짓밟습니다.

1346년 8월 26일 크레시 전투에서 에드워드 3세와 흑태자 에드워드가 이끄는 영국군과 필리프 6세의 프랑스군이 격돌합니다. 필리프 6세 용병인 제노바 쇠뇌병에게 발사를 명령합니다. 그런데 하필 비가 와서 땅이 미끄러웠기 때문에 한 발로 균형을 잡아서 당기는 쇠뇌를 장전할 수가 없었습니다. 이를 배신이라고 생각한 프랑스군은 2000명~3000명으로 추정되는 제노바 쇠뇌수들을 모조리 학살합니다. 그리고 진흙탕쪽으로 기병돌격을 개시합니다.

땅의 상태 때문에 기병의 속도는 늦어졌고 그 사이 영국 궁수병들이 비오듯이 화살을 쏘아댑니다. 화살에 맞은 말들이 쓰러지고 기사들은 낙마하여 진창에서 버둥거립니다. 영국 보병들은 기사를 덮쳐 투구의 면갑을 열고 얼굴을 찔러 죽입니다. 영국의 대승으로 전투는 끝납니다.

1356년 9월 19일 흑태자 에드워드와 필리프 6세의 뒤를 이은 장 2세는 푸아티에에서 격돌합니다. 흑태자는 거짓 패주를 해 프랑스군을 화살

• 쇠뇌병

• 크레시 전투

사정거리로 유인 후 화살 세례를 퍼붓고, 화살이 떨어지자 보병을 이용해 프랑스군의 진군을 저지시킵니다. 그 후 숲에 숨겨둔 기병대로 후방을 치고 들어가 프랑스군을 전멸시키고 장 2세를 포로로 잡습니다. 이 전투로 1360년 잉글랜드와 프랑스 종전협정이 체결되어 프랑스는 잉글랜드의 프랑스 내 영토와 주권을 인정하는 대신 영국은 프랑스 왕위 계승권 주장을 철회합니다. 한편 장 2세는 프랑스의 2년 치 GDP에 해당하는 300만 크라운의 몸값을 지불하지 못해 런던에 머물다가 병사합니다.

1415년 잉글랜드 왕 헨리 5세는 장 2세의 몸값과 프랑스 내 잉글랜드령을 영구적으로 인정하든지 자신의 프랑스 왕위 계승권 인정하라고 프랑스 발루아 왕실에 요구합니다. 하지만 받아들여지지 않자 프랑스를 침공합니다. 잉글랜드에서는 국왕이 친정했지만 프랑스에서는 샤를 6세를 대신해 샤를 1세 달브레가 대신 지휘했습니다. 양 군은 아쟁쿠르에서 조우합니다.

프랑스군은 기병이 선제공격으로 잉글랜드 궁수들을 제압하면 쇠뇌수의 지원 아래에 중보병대가 전진하는 것으로 작전을 짰습니다. 그런데 전투가 시작되자마자 잉글랜드 궁수들이 장궁의 사거리 안으로 달려와서 활을 쏘아댑니다. 예상 못한 선공에 기선을 제압당한 프랑스군은 또다시 대패하고 샤를 1세 달브레도 전사합니다. 이 전투의 패배로 트루아 조약(1420년)이 체결됩니다. 내용은 "헨리 5세는 샤를 6세의 딸과 결혼하고, 샤를 6세가 사망한 뒤 프랑스 국왕이 되며, 헨리 5세와 카트린의 아들이 뒤이어 프랑스 국왕이 된다"입니다.

1422년 8월 31일 헨리 5세가 죽고, 같은 해 10월 21일 샤를 6세가 죽으면서 11개월 된 헨리 6세는 잉글랜드와 프랑스의 국왕이 됩니다. 샤를 7세는 지금이야말로 잉글랜드에 반격할 기회라고 생각하고 프랑스 내의 영국 영토를 공격합니다. 하지만 샤를 7세는 연전연패하며 오를레앙까지 쫓겨나게 됩니다.

오를레앙에서 반년째 공방을 벌이던 1429년 2월 25일, 오를레앙을 구하고 샤를 7세를 프랑스 왕으로 삼으라는 하나님의 명령을 들었다는 16세 소녀 잔 다르크가 나타납니다. 정말로 하나님의 명령이었는지 잔 다르크가 이끄는 군대는 오를레앙을 구원합니다.

잔 다르크가 연전연승하면서 잉글랜드를 몰아내자 1429년 7월 17일 일요일, 샤를 7세는 랭스에서 대관식을 거행하고 프랑스 왕이 됩니다. 하지만 샤를 7세는 프랑스 최고의 영웅이 된 잔 다르크를 시기합니다. 잉글랜드와 연합한 부르고뉴 공작 선량공 필리프가 잔 다르크를 생포한 후 샤를 7세에게 몸값을 내고 데려가라고 제의했지만, 샤를 7세는 거부합니다. 잉글랜드로 넘어간 잔 다르크는 이단 혐의로 화형을 선고받고, 1431년 5월 30일 루앙에서 화형에 처합니다.

샤를 7세는 1435년 부르고뉴 공작 선량공 필리프를 회유하는 데 성공합니다. 부르고뉴와 손을 잡은 샤를 7세는 잉글랜드를 몰아내고 1453년 10월 19일 100년 전쟁을 끝냅니다. 프랑스는 국토를 통일하였고 왕권을 강화하게 됩니다.

한편 잉글랜드에서는 랭커스터 가문과 요크 가문이 왕위를 놓고 1455년에서 1487년까지 내전을 벌입니다. 결국 랭커스터 가문의 방계 분파인 튜더 가문이 승리하여 헨리 7세가 즉위합니다. 랭커스터 가문의 상징이 붉은 장미, 요크 가문의 상징이 백장미였기 때문에 이 내전을 장미전쟁이라 합니다.

르네상스

독실한 기독교 국가였던 중세 프랑크 왕국의 건축 양식은 신의 영광을 표현하기 위해 하늘 높이 치솟았으며, 스테인드글라스를 이용해 빛이 쏟아져 들어오게 합니다.

14세기 흑사병이 유행하면서 인구가 급감했기 때문에 노동력의 가치가 크게 뛰어 노동자들의 임금이 올라갔고, 생존자들은 죽은 자들의 재산을 물려받아 훨씬 부유해지고 잉여재산이 늘어납니다. 그런데 교회의 권위가 무너지면서 잉여재산을 교회에 기부하지 않고 고대 그리스, 고대 로마의 예술과 문화의 부활에 투자하게 됩니다. 이를 조르조 바사리가 자신

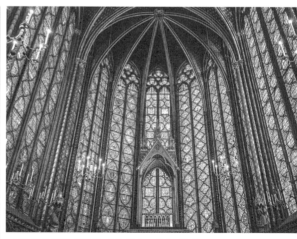

• (좌) 쾰른 성당, (위) 성 샤펠 성당 스테인드글라스

의 책《예술가 열전》에서 리나시타rinascita(부활)라고 명명하였고, 프랑스의 역사가 쥘 미슐레는 르네상스(Renaissance, re: 재再, naissance: 탄생誕生)으로 이름 붙였습니다. 한편 조르조 바사리는 중세 프랑크 왕국의 건축 양식은 고트족처럼 야만적이라는 의미로 '고딕'이라고 명명합니다.

이탈리아의 르네상스는 당대 유럽 최고의 재벌이었던 피렌체 메디치 가문의 후원에 힘입어 피렌체에서 먼저 시작되었고 곧 전 이탈리아로 퍼집니다.

1300년대인 트레첸토trecento(300)에는 그리스, 로마 고전들에 대한 탐구가 시작되던 시기입니다. 여러 편의 소네트를 집필하여 이 형식을 확립시킨 프란체스코 페트라르카는 최후의 중세인 이자 최초의 르네상스인이라 불립니다. 조반니 보카치오는《데카메론》이라는 작품을 썼습니다. 가장 유명한 작가는 단테 알리기에리입니다. 그는 라틴어가 아닌 이탈리아어로《신곡神曲》이라는 작품을 썼습니다. 단테는 이탈리아 역사상 가장 위대한 작가이며 이탈리아어의 아버지로 추앙받고 있습니다.

1400년대인 콰트로첸토quattrocento(400)가 르네상스 최대 전성기입니다. 많은 예술 작품이 만들어졌으며, 하이 르네상스High Renaissance라고 부르는 1490년대부터 1520년대까지 산드로 보티첼리, 레오나르도 다빈치, 미켈란젤로, 라파엘로 등의 작가가 활동했습니다. '목적이 수단을 정당화한다'라는 정치사상을 담은《군주론》도 이 시기에 마키아벨리에 의해 쓰였습니다.

1500년대에 해당하는 친퀘첸토cinquecento(500)에는 르네상스가 시들해지면서 매너리즘이 나타납니다.

알프스 이북 르네상스의 특징은 사회와 교회 비판, 개혁적인 성향입니다. 영국의 토마스 모어는 그의 작품 《유토피아》에서 영국 사회의 모순을 비판합니다. 모어의 친구인 네덜란드의 에라스뮈스는 런던 모어의 집에 놀러 가서 일주일 만에 교회의 타락을 비판하는 《우신예찬》이라는 작품을 씁니다. 1500년대 말 스페인의 세르반테스는 당시 몰락하던 기사 계급을 풍자하는 《돈키호테》를 씁니다. 영국의 셰익스피어도 이 당시 활동했습니다.

• 늘어진 비례, 꾸며진 포즈, 명확하지 않은 원근법 등 매너리즘의 특징을 잘보여주는 파르미자니노의 <목이 긴 성모>

레볼루션 오브 워 (Revolution of War): 이탈리아 전쟁

르네상스를 든든히 후원해 줄 정도로 풍요로웠던 이탈리아반도를 유럽 열강들은 가만히 놓아두지 않습니다. 이탈리아반도를 두고 독일·스페인의 합스부르크 왕조와 프랑스의 발루아 왕조가 1494년부터 66년 동안 여덟 차례나 전쟁을 벌입니다.

이 전쟁에서 화기인 총과 대포가 중요한 전술 무기로 등장합니다. 그래서 전쟁戰爭, War의 혁명革命, Revolution이라 할 수 있습니다. 초기의 총은 위력은 강하지만 명중률도 형편없고 연사 속도도 느려 오히려 활보다도 불편한 무기였습니다. 하지만 익숙해지는 데 몇 년이 걸리는 활과 반대로 총은 하루만 훈련해도 사용할 수 있습니다. 그 때문에 빠른 시간에 많은 병사를 만들 수 있다는 장점이 있습니다. 그리고 명중률과 연사 속도 극복을 위해 일제사격을 하는 전술이 사용되었습니다. 1525년에 벌어진 파비아 전투에서 판금 갑옷으로 무장한 8000여 명의 기사들은 3000명의 스페인 화승총 부대의 일제사격에 패배하여 달아납니다. 이후 총은 전쟁터에서 널리 사용되게 됩니다.

1559년 카토-캉브레지 조약으로 전쟁은 끝납니다. 프랑스는 이탈리아반도에서 물러나고 점령했던 사보이아 공국을 에마누엘레 필리베르에게 돌려줍니다. 스페인은 이탈리아반도를 직·간접적으로 지배합니다. 한편 사보이아 공국은 공용어를 라틴어에서 이탈리아어로 바꾸고, 1562년에 수도를 샹베리에서 토리노로 천도하면서 프랑스로부터 문화적으로 독립합니다. 사보이아 공국은 훗날 이탈리아 역사에 큰 발자취를 남기게 됩니다.

• (좌) 1494년 이탈리아반도, (위) 총사(musketeers)

종교 개혁

존 위클리프와 얀 후스가 일찌감치 교회의 부패를 꼬집었으며, 에라스뮈스는 성경에 근거가 없는 면죄부 판매, 의례와 축일의 준수, 단식 등을 비판합니다. 특히 돈만 내면 죄를 사하여준다는 면죄부는 엄청난 비판의 대상이 되는데, 선제후직을 차지하기 위해 자금이 필요했던 교황 레오 10세가 순전히 돈을 벌기 위해 만든 것이기 때문입니다.

1517년 마르틴 루터는 95개조 반박문을 발표하며 교황을 비판합니다. 교통과 통신이 불편했던 중세 초기라면 이 사건은 널리 전파되지 못하고 묻혔을 것입니다. 하지만 몇십 년 전 개발된 구텐베르크의 인쇄기 덕분에 마르틴 루터의 연설문, 논문, 논박문 등은 인쇄되어 삽시간에 전 유럽으로 퍼지고 루터의 사상에 따른 교회가 세워집니다.

루터 사상의 핵심은 이신칭의以信稱義, Justification by Faith입니다.

종교개혁 이전 천주교에서는 구원은 '믿음'과 '선행'을 통하여 얻을 수 있다고 생각했습니다. 그런데 여기서 말하는 '선행'은 사회봉사나 자선 등이 아닙니다. 천주교에서는 '선행'을 가톨릭의 의식인 '7성사'에 참석하는 것으로 해석합니다. 그리고 주교만이 모든 성사를 주관할 자격을 가지고 있습니다. 이런 이유로 주교들의 면죄부 판매가 가능했습니다.

루터는 여기에 반론을 제기합니다. 그는 로마서 3:23 말씀을 인용하여 "의인이 아니었던 자가 예수의 죄사함을 믿으면 하느님의 은혜를 얻어 의인이 된다"라고 주장합니다. 즉 '선행'이 아니라 '믿음'이 구원의 핵심이라는 것입니다. 믿으면 그 결과로 선행을 하는 것이지, 선행을 통해 구원을 얻는 것이 아니라는 말입니다. 루터의 교회는 교황에게 감정이 많았던 독일 제후들에게 널리 전파됩니다.

루터보다 한 세대 아래지만 서로를 존경하던 칼뱅의 교회도 급속도로 퍼집니다. 칼뱅 사상의 핵심은 예정론입니다. 예정론이란 인간의 구원은 인간의 노력이나 행위와 상관없이 신에 의해 예정되어 있다는 사상입니다. 칼뱅은 '신도들은 하나님의 영광을 위해 직업에 소명을 두고 정직, 근면, 절약을 통해 일해야 한다'라고 주장합니다. 이러한 사상은 상업으로 엄청난 부를 축적하고, 그 부를 이용해 영주로부터 자유를 산 자유도시들에게 광범위하게 전파됩니다. 이런 새로운 교회들을 개신교(프로테스탄트)라고 합니다.

바다 건너 잉글랜드에서는 종교 개혁이 사뭇 다르게 전개됩니다. 아라곤의 캐서린과 이혼하려고 하지만 교황으로부터 허락받지 못한 헨리 8세는 1534년 교황청과의 관계를 단절하고 영국 교회를 관리하는 모든 권한이 국왕에게 있다는 수장령을 선포합니다. 잉글랜드의 국교회는 성공회聖公會라고 하며 사실 구교인 가톨릭의 분파라고 봐야 합니다.

프랑스 종교 내전 위그노 전쟁

독실한 가톨릭 신도이자 프랑스 왕 프랑수아 2세의 인척으로 국정을 장악한 프랑수아 드 기즈 공작은 프랑스에 개신교가 퍼지는 것이 마음에 들지 않았습니다. 당연히 개신교 신자인 위그노도 그를 싫어했고 1560년에는 앙부아즈성에 머무는 왕실을 습격해서 기즈 공을 죽이고 국왕을 납치하여 위그노를 인정받으려는 음모를 꾸미다가 사전에 발각됩니다. 그러나 일이 커지는 것을 원치 않던 기즈 공은 주모자들을 석방해 줍니다. 하지만 위그노들은 기어이 앙부아즈성을 공격하고 이를 기즈 공이 격퇴하는 과정에서 신·구교 양측 합계 2000명이 사망합니다.

1562년 3월 1일 기즈 공은 자신의 영지인 샹파뉴의 바시를 지나다가 위그노들이 예배드리고 있는 것을 봅니다. 위그노에 넌덜머리가 난 그는 위그노를 추방하라고 병사들에게 명령했는데 격렬히 저항하던 위그노가 던진 돌멩이에 기즈 공이 맞는 일이 일어납니다. 화가 난 기즈공은 교회로 쓰던 창고에 불을 지르고 발포를 명령해 74명이 죽고 100여 명이 다칩니다. 이 때문에 위그노 전쟁이 일어납니다. 제1차 위그노 전쟁은 협상 반대파인 프랑수아 드 기즈 공작이 죽은 후 대충 구교와 신교가 서로를 인정하는 선에서 마무리됩니다. (1563년, 앙부아즈 칙령)

그런데 프랑스 왕 샤를 9세가 위그노의 지도자 중 한 명인 가스파르 2세 드 콜리니 제독에 감화되어 위그노에 빠지자 가톨릭 측은 위기를 느낍니다. 앙리 드 기즈는 1572년 성 바르톨로뮤의 축일 밤에 파리의 집에서 콜리니 제독을 끌어내어 살해합니다. 이것이 기폭제가 되어 가톨릭 신도들이 위그노 신도를 학살합니다. 이 과정에서 파리에서만 하룻밤에 1000명 이상이 살해당합니다. 이 참극을 본 샤를 9세는 충격을 받아 미쳐버렸고 곧 결핵으로 사망해 그 동생인 가톨릭 신도 앙리 3세가 즉위합니다. 위그노 교도들은 정부를 적대자로 선언하며 무장봉기에 돌입합니다. 그러나 양측은 곧 화친을 맺고 갈등은 봉합되는 듯했습니다.

그런데 1585년 앙리 3세의 후계자 자리를 놓고 문제가 터집니다. 가장 가까운 후계자는 앙리 드 나바르였는데 하필이면 위그노 신자였습니다. 앙리 드 기즈를 위시한 가톨릭 세력은 이에 반발하여 계승권을 박탈해야 한다고 주장합니다. 세 명의 앙리가 왕위 계승권을 놓고 다투면서 다시 위그노 전쟁이 시작됩니다. 그런데 앙리 드 기즈가 자신이 샤를의 후예이니 프랑스 왕이 될 자격이 있다고 공언하자, 앙리 3세가 1588년 그를 암살해 버렸고, 앙리 3세는 1589년 앙리 드 기즈 파에게 암살당하는 사태가 벌어집니다.

이렇게 발루아 왕가와 기즈 가문은 사라집니다. 앙리 드 나바르는 1593년에 파리 근방을 제외한 전 프랑스를 석권합니다. 그리고 파리로 진격하려는 찰나 앙리 드 나바르는 "파리는 미사를 드릴 가치가 있다"라는 말을 하며 그 자리에서 가톨릭으로 개종합니다. 앙리 드 나바르의 대승적 차원의 결단으로 신·구교도의 갈등이 봉합됩니다. 앙리 드 나바르가 파리에 입성하여 앙리 4세로 즉위하면서 프랑스 부르봉 왕가가 시작됩니다. 앙리 4세는 1598년의 낭트 칙령을 내려 종교의 자유를 보장합니다.

서부 유럽, 대항해 시대를 열다

이베리아반도에는 서고트 왕국이 있었습니다. 그런데 711년 우마이야 왕조가 침입하며 멸망합니다. 무어인(이베리아의 무슬림)들은 계속 북진하여 이베리아반도 전체를 장악합니다. 그러나 11세기 초에 후 우마이야 왕조가 멸망한 이후 이슬람 세력이 약해지자 유럽인들은 국토회복운동인 레콘키스타를 벌여 이슬람 세력을 몰아내고, 1492년에 그라나다의 나스르 왕조에게 항복을 받아 이슬람 세력을 완전히 쫓아냅니다.

이베리아반도를 차지하여 대서양으로의 바닷길이 뚫리자 유럽인들은 신항로 개척에 나섭니다. 당시 동서양의 무역은 지중해와 인도양을 통해

• 이슬람의 예배당인 모스크를 가톨릭의 예배당인 성당으로 개조합니다.

이루어졌습니다. 베네치아는 지중해 무역으로 막대한 이익을 보았습니다. 후추 등 향신료와 비단, 귀금속 등을 알렉산드리아-베네치아를 거치지 않고 직접 인도와 교역하겠다는 것이 신항로 개척의 동기입니다. 또 한가지 동기는 전설 속의 사제왕 요한을 찾아 기독교 복음을 전파하겠다는 것입니다. 또한 천문학, 지리학, 조선술이 발달하고 항해에 나침반을 사용하면서 원양항해가 가능해졌다는 이유도 있습니다.

스페인의 탐험

1469년 카스티야 왕국의 이자벨 1세와 아라곤 왕국 페르난도 2세의 혼인 이후 스페인의 역사가 시작됩니다. 제노바의 항해사인 콜럼버스는 지구는 둥그니까 서쪽으로 가면 더 빠르게 인도로 갈 수 있다며 포르투갈에 자금을 대어 달라고 부탁합니다. 하지만 바스쿠 다 가마 덕분에 희망봉을 돌아 인도로 가는 항로를 개척한 포르투갈은 관심이 없었습니다. 콜럼버스는 이사벨 여왕을 찾아갑니다. 이사벨 여왕의 후원을 받은 콜럼

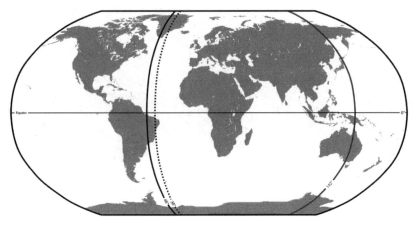

• 15세기와 16세기 카스티야, 스페인과 포르투갈 사이의 식민지 경계선:
가운데 점선이 1494년에 지정한 경계선이고 점선 옆의 실선이 1494년에 수정된 경계선입니다. 오른쪽의 실선이 1529년에 태평양의 경계를 정한 선입니다.

버스는 1492년 10월 아메리카 대륙을 발견합니다. 스페인은 선진 항해 기술로 중남 아메리카를 모조리 선점합니다. 그리고 이 지역에서 쏟아져 들어오는 엄청난 양의 금과 은 덕분에 유럽 최대의 부국이 됩니다. 하지만 신대륙에는 재앙이었습니다.

스페인의 성공에 배가 아팠던 포르투갈은 스페인을 도발합니다. 이 때문에 두 국가가 전쟁까지 갈 정도가 되자 교황 알렉산데르 6세가 중재에 나서 1494년 6월 6일 스페인 토르데시야스에서 '대양에서 새로 발견되었거나 발견된 땅을 누가 가질 것인지'를 조약으로 결정합니다. 현재 브라질이 포르투갈어를 쓰는 이유가 이 조약 때문입니다.

콩키스타도르

이베리아반도에서 레콩키스타 전쟁이 완료되자 엄청난 숫자의 레콩키

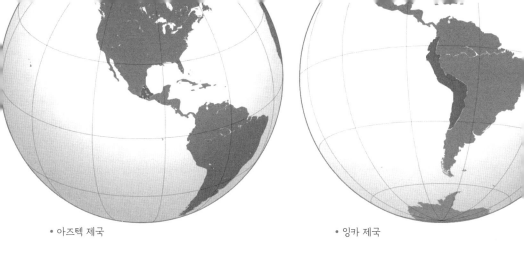

• 아즈텍 제국   • 잉카 제국

스타군은 졸지에 실업자가 됩니다. 그들은 압스부르고(합스부르크의 스
페인 발음) 왕조 때 배를 사서 신대륙을 정복하러 떠납니다. 이들을 콩키
스타도르Conquistador(정복자)라고 합니다.

　아직 신석기 시대를 살던 중남미의 국가들은 콩키스타도레스의 총과
철제 무기, 기병에게 속절없이 당합니다. 페르난도 코르테스는 메시카 족
이 세운 제국 아즈텍을 무너트렸고, 코르테스의 7촌인 프란시스코 피사로
는 잉카 제국을 무너트립니다. 하지만 그것보다 더 무서운 것은 그들이 가
지고 온 병원균이었습니다. 병원균에 면역이 없던 중남미 원주민들은 속
수무책으로 죽어 나가면서 중남미는 스페인 땅이 됩니다.

　한편 페르디난드 마젤란의 함대는 1519년 스페인에서 출발해 1522년
지구를 한 바퀴 돌아 스페인으로 귀환합니다. 자세히 설명하자면 선장 마
젤란은 필리핀 막탄섬에서 원주민들의 공격을 받아 사망하였고, 항해사
후안 세바스티안 데 엘카노가 남은 선박을 지휘해서 나머지 17인과 함께
스페인으로 귀환했습니다.

튀르크, 아랍을 차지하다

모스크바 대공국 수립

1263년 블라디미르-수즈달 공국의 야로슬라프 3세는 전 블라디미르 대공이자 형이었던 알렉산드르 네프스키의 두 살짜리 아들 다닐 알렉산드로비치에게 아무런 가치도 없이 숲만 우거진 오카강과 볼가강 사이의 지역(현재 모스크바)의 땅을 주고는 내쫓아버립니다. 그런데 몽골 제국에 의해 키예프 루스가 붕괴하자 많은 루스인이 몽골을 피해 모스크바로 이주합니다. 이를 계기로 다닐 알렉산드로비치는 1283년 모스크바 대공국을 세우고 대공에 오릅니다.

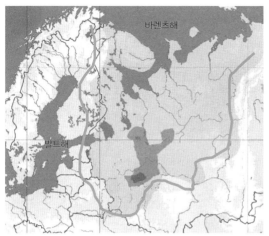

• 모스크바 대공국 영토, 색이 진한 부분이 1300년의 핵심 영토 입니다.

• 제 3의 로마 상징 쌍두수리

제6대 모스크바 대공인 드미트리 돈스코이는 1367년 모스크바 크렘린을 완공하고 킵차크 칸국 미마이와의 전투에서 승리하며 독립할 뻔했지만, 미마이를 몰아낸 토크타미쉬 칸에게 대패하고 1382년 모스크바가 공격받아 초토화되는 일이 벌어집니다.

모스크바의 독립은 이반 3세 때입니다. 이반 3세는 노브고로드 공국을 비롯한 다른 러시아 제후국들을 복속시키면서 통합하고, 1462년 타타르(킵차크 칸국)와의 예속관계를 완전히 청산합니다. 더불어 이반 3세는 로마 제국의 마지막 황제 콘스탄티노스 11세의 조카인 조에 팔라이올로기나와 혼인하면서 교황청으로부터 제3의 로마라는 명예를 받게 됩니다.

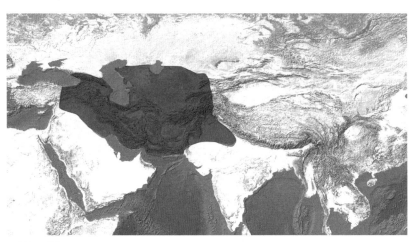

• 티무르 제국

티무르 제국

몽골은 1368년 중국에서도 쫓겨나 몽골 초원으로 밀려납니다. 칭기즈 칸과 8촌 관계이며 사준사구 중의 한 명인 쿠빌라이의 동생인 카라차르의 고손高孫 티무르는 일단 이슬람 제국을 재건한 후 중국으로 쳐들어가 명나라로부터 몽골 제국의 땅을 되찾으려 합니다. 그리고 최종적으로 이슬람-몽골 제국을 건설하는 것을 목표로 1370년 티무르 제국을 건설합니다.

티무르는 대단히 능력 있는 정복자였습니다. 불과 35년 만에 중동과 중앙아시아를 아우르는 영토를 정복합니다. 1402년, 명나라에서 영락제와 건문제 간의 대규모 내전인 정난의 변이 일어나자 몽골 제국 재건이라는 최종 목표를 달성하고자 동쪽으로 원정을 준비합니다. 그런데 1405년 경 솔하게 한겨울에 얼음 물을 마시고 열병으로 사망합니다. 이후 제국은 급속히 쇠락하여 1507년 멸망하고 그 자리에는 사파비 왕조가 들어섭니다.

오스만 제국

룸 셀주크가 몽골제국에 패해 속국이 되자 룸 셀주크 내의 튀르크 베이(영주)들이 각지에 할거합니다. 그중 오스만 1세는 아나톨리아 북서부 지역에 남아있던 동로마 세력을 격파하고 그곳을 근거지로 삼아 1299년 룸 셀주크로부터 독립합니다. 그 후 아나톨리아반도의 튀르크 베이국을 복속시키고, 바다 건너 발칸반도로 진출해 내전으로 몰락하던 동로마 제국까지 속국으로 삼습니다.

오스만 군대의 강력함은 예니체리에게서 나왔습니다. 예니체리란 1364년 무라드 1세가 처음 세운 부대로, 전쟁 포로들이나 발칸 지방 기독교 소년들을 강제 징집해서 만든 부대입니다. 이들은 이슬람과 튀르크 전통을 배운 후 이슬람으로 개종해야 했고 엄격한 신체 훈련과 각종 무기를 다루는 기술을 익힌 후에 부대로 편성됩니다. 황제 친위대 성격의 부대라 알라와 황제 이외에는 어느 누구에게도 복종하지 않았습니다. 평상시에는 황제가 머무는 수도 경비를 맡았고, 전시에는 최정예 부대로 활약했습니다.

무라드 1세는 시파히라는 기병대를 창설하고 군 복무와 공적에 따라 영지로 보답받는 티마르 제도를 시행하여 시파히를 정예 기병으로 양성합니다.

오스만의 술탄 바예지트 1세는 1389년 코소보 전투에서 세르비아 공국에게 승리하며 발칸반도를 장악합니다. 오스만을 막기 위해 헝가리 왕국의 주도로 십자군이 결성되지만, 바예지트 1세는 1396년의 니코폴리스 전투에서 십자군을 대패시킵니다. 이 시기 오스만의 영토는 아나톨리아 대부분과 불가리아, 세르비아, 그리스 북부에 이르게 됩니다.

하지만 바예지트 1세는 아나톨리아를 침범한 티무르와 1402년 앙카라에서 전투를 벌이다 완패하고 티무르에게 포로로 잡힙니다. 바예지트 1세가 감옥에서 화병으로 사망하자 술탄위를 놓고 내전이 벌어지고, 오스만이 정복한 지역들이 대부분 독립해 버립니다.

콘스탄티노폴리스의 함락

메흐메트 1세가 술탄이 되어 내분을 수습하고 재정복에 나서 세력을 회복합니다. 1451년 술탄의 자리에 오른 메흐메트 2세는 1453년 콘스탄티노폴리스를 공격합니다. 당시 비잔티움 제국의 영토는 콘스탄티노폴리스밖에 남지 않았습니다. 비잔티움은 당시 역사상 최고로 굳건한 성벽과 바다로 둘러싸인 난공불락의 도시였습니다.

메흐메트 1세는 육지에 면해 있는 테오도시우스 성벽을 대포로 포격합니다. 이때 사용된 대포들을 우르반이 만들었는데 그때까지 만들어진 대포 중 가장 크고, 가장 강력한 위력을 발휘하는 대포였습니다. 가장 큰 것은 90마리의 소와 400명의 병사가 끌어야만 했다고 합니다. 하지만 몇 주에 걸친 포격에도 성벽은 좀처럼 뚫리지 않습니다. 당시의 대포는 조준이 부정확했고 재충전에 엄청난 시간이 소요되어 그 사이에 비잔티움에서 성벽을 보강할 수 있었기 때문입니다.

그런데 그 사이 오스만의 함선이 금각만 안으로 들어오는 데 성공합니다. 비잔티움이 만 입구를 봉쇄하자, 오스만 군은 금각만 북쪽 면으로 기름칠한 통나무를 늘어놓고 그 위로 배를 이동시켜 만 안으로 들여보낸 것입니다.

하지만 몇 주간의 공격에도 콘스탄티노폴리스의 성벽을 뚫지 못합니다. 성 밑에 뚫은 터널은 발각되어 비잔티움의 그리스의 불에 의해 격퇴

• 쉴레이마니예 모스크도 미미르 시난의 작품입니다.

되고, 정면에서의 공성 무기 또한 그리스의 불에 의해 모두 타버립니다.

그러던 중 5월 24일 개기월식이 일어났고 다음 날부터 며칠간 엄청난 비바람이 몰아칩니다. 5월 29일 술탄은 총공격을 명령합니다. 예니체리 군단이 치열하게 싸워 마침내 성벽 안으로 진입합니다. 비잔티움의 마지막 황제 콘스탄티누스 11세는 황제의 상징인 자줏빛 망토를 벗어 던지고 병사들과 함께 끝까지 싸웠습니다. 그 후 그의 모습을 본 사람은 없습니다.

콘스탄티노폴리스를 정복한 메흐메트 1세는 이곳을 수도로 삼고 스스로를 로마 황제라 칭하며, 오스만 술탄국은 오스만 제국으로 거듭납니다. 이때 붕괴 직전이던 하기아 소피아 성당을 미미르 시난이 대대적인 보수

공사를 해서 아야 소피아 모스크로 만듭니다.

메흐메트 2세는 세르비아 공국(1459), 보스니아(1462) 그리고 드라큘라 블라드 체페슈가 버티는 왈라키아 공국(1462)과 몰다비아 공국(1484)까지 정복하며 영토를 확장합니다.

이제 오스만 제국을 상대할 국가는 베네치아 공화국 밖에 남지 않게 됩니다.

레판토 해전

쉴레이만 1세 이후로 제국은 정체기를 맞이하며 베네치아의 극렬한 저항으로 로마를 정복하지 못합니다.

1571년 10월 7일 베네치아 공화국, 교황령, 스페인 왕국, 제노바 공화국, 사보이 공국, 몰타 기사단 등이 연합한 신성 동맹 함대는 레판토에서 오스만 제국 함대를 격파합니다.

승패를 가른 첫 번째 원인은 대포의 숫자였습니다. 오스만은 갤리선

• 신성 동맹 함대의 갤리아스 전함

• 갤리선

222척과 소형 갤리선 56척을 동원하였고, 유럽은 갤리선 206척, 갤리아스 전함 6척을 동원했습니다. 하지만 대포의 숫자는 오스만 750문, 유럽 1815문 이었습니다. 두 번째 원인은 군인의 사기士氣입니다. 유럽 병사들은 자유 시민이었고 무기를 지급했습니다. 하지만 오스만 제국 갤리선의 노잡이는 기독교도 노예들이었고 당연 무기도 지급되지 않았습니다. 이들은 오스만 제국 함대가 밀리기 시작하자 반란을 일으킵니다. 덕분에 1만 5000명 가량의 기독교도 노예 노잡이들은 전투 후 전원 해방되어 고향으로 돌아갈 수 있었습니다.

◎ 읽을거리

1230년 순디아타 케이타는 아프리카 서쪽에 말리 제국을 세웁니다. 14세기 초 말리 제국은 홀로 전 세계 황금 생산량의 절반을 책임질 정도로 엄청난 양의 황금을 채굴하였고 지중해권, 아랍권 국가들과 끊임없이 교역하여 막대한 부를 쌓았습니다. 덕분에 전성기 시절에는 서아프리카 대부분의 부족을 거느리는 대제국이 됩니다.

말리 최전성기 때 만사(황제), 무사는 1324년에는 메카로 성지순례를 떠나며 이집트를 거치는데 그때 거지에게 적선한 황금 때문에 금값이 대폭락하여 이집트는 12년간 인플레이션을 겪을 정도였습니다. 그러나 만사 술레이만 케이타 사후 서서히 국력이 쇠퇴하더니 1670년 멸망합니다.

• 14세기 말리제국

인도와 동남아의 제국들

무굴 제국

1507년 티무르 제국이 멸망하자 이번에는 티무르의 후예 바부르가 1526년 인도 땅에 무굴 제국을 세웁니다. 무굴 제국은 1858년까지 유지되었으니 최후의 몽골제국이라 할 수 있습니다. 무굴 제국은 1556년 악바르 대제가 즉위하면서 전성기를 맞이하는데 영토 대부분이 그의 통치 시기에 확립됩니다.

악바르는 만사브다르라는 군사제도를 활용했습니다. 만사브다르 제도의 핵심은 제국에 상비군을 두는 것이 아니라, 전쟁이 나면 지방 토후들이 병사들을 데리고 한곳에 모여 무굴 황제의 지휘를 받는 것입니다. 무굴 제국에서는 이 토후들을 '만사브'라고 부르며 군 사령관의 지위를 인정해 주었습니다. 만사브와 그의 병사들에게는 중앙 정부가 지출을 부담했습니다.

악바르는 종교에 관용을 베풀었습니다. 악바르는 수니파 무슬림이었지만 시아파라고 해서 탄압하지 않았습니다. 또한 힌두교, 자이나교, 시크교, 기독교도 탄압하지 않았습니다. 이교도들이 내야 하는 인두세인 지즈야도 폐지합니다. 또한 힌두교도인 라지푸트족의 공주들과 혼인하며 이슬람과 힌두교의 융합을 위해 노력합니다.

경제적으로도 많은 개혁을 이루었습니다. 저수지와 관개수로를 만들어 농사지을 땅을 늘렸고, 목화, 사탕수수, 아편 등 고부가가치 농산물은 조세를 줄여주며 많이 기르도록 권장하여 수익을 늘립니다. 그리고 지역별로 공동체 조직을 만들어 서로 경쟁하게 하여 생산 의욕을 부추겼습니

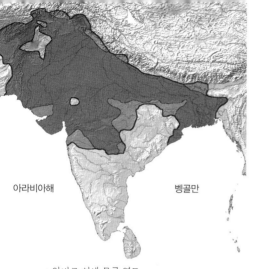

• 악바르 치세 무굴 영토

• 악바르 시대 은화

다. 가장 큰 개혁은 조세를 번거로운 현물이 아니라 간편한 화폐로 받은 것입니다. 악바르의 경제 개혁으로 무굴은 세계 최고의 경제력을 가진 제국이 됩니다.

시크교

시크교는 15세기 인도 펀자브 지방에서 구루 나나크에 의해 창시된 이슬람교와 힌두교를 융합하여 만든 종교입니다. (구루는 스승이라는 뜻입니다.) 구루 나나크는 신은 오직 하나라고 주장합니다. 그런데 신이 형체를 가진 존재가 아니라 진리 그 자체라고 주장합니다. 그리고 구루 없이는 구원도 없다고 합니다. 제10대 지도자인 고빈드 싱은 다음과 같은 교리를 내세웠습니다.

• 시크교 경전 그란트가 구루지도자 역할을 한다. (구루가 숭배의 대상이 되는 것을 경계)

- 모든 시크교도는 동시에 모두 지도자이다.
- 신분과 남녀노소 관계없이 모두가 평등하다. (카스트 제도와 남녀 차별 금지)
- 우주의 본모습은 하나 뿐인 신이다.
- 불필요한 의식은 필요 없다. 격식을 따지지 말라.

이 외에도 다른 종교와 신념을 용인하고, 합리적이고 과학적인 사고를 추구합니다.

시크교도는 몇 가지 특징이 있습니다. 시크교 남자는 성이 무조건 사자라는 뜻의 싱, 여자는 공주라는 뜻의 카우르로 통일되어 있습니다. 또한 금기하는 음식 없이 잘 먹어서 몸이 튼튼합니다. 그래서 시크교도들은 현재 인도에서 군인이나 경찰로 많이 근무합니다. 그리고 시크교도 남성은 반드시 터번을 씁니다. 인도 경찰이든 영국 황실 경호대든 미국의 학생이든 이 원칙은 철저히 지켜집니다.

한족, 몽골을 몰아내다

몽골 제국의 제15대 카간이며 원나라의 제11대 황제인 보르지긴 토곤테무르 우카가투 칸 혜종惠宗 선인보효황제宣仁普孝皇帝 말년인 1368년 주원장은 수도 대도를 함락합니다. 그러자 토곤테무르는 별 미련 없이 가재도구를 챙겨서 자신의 고향인 몽골고원으로 돌아갑니다. 아직은 원元이라는 나라 이름을 썼지만 구별을 위해 역사서에는 북원北元이라고 합니다.

보르지긴 예수데르는 몽골제국 제17대 카간이며 원나라의 제13대 황제이며 북원의 제3대 황제인 보르지긴 테구스테무르 우스칼 칸 익성영효황제益聖寧孝皇帝를 살해하고 몽골의 카간인 조리그투 칸이 되지만 이름만 남은 원 황제의 제위는 잇지 않습니다. 이렇게 (북)원은 사라집니다.

주원장, 명나라를 건국하다

원나라 말 어느 가난한 농부 집에 주중팔이 태어났습니다. 하지만 극심한 천재지변과 원나라의 가혹한 수탈로 그가 17살 때 부모와 형이 사망합니다. 먹고살 길이 없던 주중팔은 스님을 가장한 거지인 탁발승이 됩니다.

1352년 곽자흥, 손덕애 등이 강남에서 홍건군을 일으킵니다. 25살에 홍건군 생활을 시작한 중팔은 단 1년 만에 곽자흥의 양녀 마씨와 결혼하고 곽자흥 군단의 2인자가 됩니다. 주중팔은 이름을 주원장으로 고칩니다. 곽자흥이 사망하면서 홍건군의 지도자가 된 주원장은 북벌을 단행하여 1368년 원나라를 내쫓습니다. 주원장이 건국한 명나라는 중국 역사에서 유일하게 강남에서 일어나 중국을 통일한 왕조입니다. 수도도 강남의 남경이었습니다.

홍무제 주원장은 학교를 설립하고, 과거제를 정비했으며, 유교 윤리규약인 육유六諭를 반포하여 유교적 통치 질서를 강화합니다. 육유의 항목은 부모에게 효도, 윗사람 존경, 마을은 화목, 자손에게 교훈, 각자 삶에 만족, 거짓을 참이라 하지 말 것입니다.

토지와 호적을 조사하여 토지대장인 어린도책과 호적대장인 부역황책을 만들고, 부유한 1호와 나머지 10호를 묶어 갑甲이라고 부르고, 10갑이 모이면 리里라고 부르는 이갑제를 실시하여 행정제도를 정비합니다. 재상제를 폐지하고 중앙정부를 직접 통솔하여 황제독재체제를 강화합니다. 그리고 중국 한족漢族의 전통문화 부흥에 힘썼습니다.

영락제의 치세

조선 태종과 친했던 명나라 태종 영락제는 행적도 비슷합니다. 홍무제 사망 후 황태손 주윤문은 건문제로 즉위합니다. 하지만 너무나 황제가 되고 싶었던 연왕燕王(북경 일대의 번왕) 주체는 1399년 정난의 변을 일으켜 조카를 몰아내고 제위에 오릅니다. 그래서인지 동생을 죽이고 왕이 된 조선 태종의 왕위를 흔쾌히 인정합니다. (오히려 조선의 세조와 더 닮았네요.)

영락제는 아버지 홍무제의 정책 상당수를 뒤집고 명나라를 발전시킵니다. 수도를 남경에서 자신의 세력 기반인 북경으로 옮겼습니다. 그리고 원나라가 버리고 간 도성 위에 새로운 궁성을 축조하는데 이것이 자금성입니다. 번왕 제도를 폐지하여 황제의 독재권을 강화하고, 전국에 어사를 파견해 지방까지도 황제의 권한이 미치도록 합니다. 신사紳士가 지방에서 세금 징수, 치안 유지, 향촌 교화 등을 담당합니다. 대신 요역徭役을 면제받았습니다. 신紳은 허리띠입니다. 비싼 허리띠를 맬 정도로 경제력이 있다는 의미이고, 사士는 지식과 학문을 갖추고 과거를 볼 수 있는 신분이라는 의미입니다.

경제적으로는 대운하를 개수하고 수리 시설도 보완하여 농업 생산성을 높였습니다. 그리고 문화 사업에도 힘을 쏟아《영락대전》등 많은 학술 서적을 편찬합니다. 서민 문화도 널리 퍼집니다. 연극이 보급되고, 경극이 유행하였으며, 구어체 소설과 희곡 등이 출간됩니다. 중국사대기서中國四

大奇書인 《삼국지연의》, 《수호전》, 《서유기》가 유행합니다. (《홍루몽》은 청나라 때 작품입니다.)

연왕시절부터 탁월한 무력을 보였던 영락제는 적극적인 팽창 정책을 펼칩니다. 1410년부터 다섯 차례나 고비 사막을 넘어 몽골을 친정하여 막북 친정을 감행

• 1415년 명나라

한 유일한 한족漢族 황제가 됩니다. 남으로는 몽골도 정복하지 못한 베트남을 정복했고 동으로는 조선과 협력하여 대마도 정벌도 추진했습니다.

서쪽으로는 티무르 제국에게 죽기 싫으면 7년 치 조공을 내라고 요구하며 간을 봅니다. 발끈한 티무르는 내가 직접 가져다줄 테니 꼼짝 말고 기다리라며 원정을 준비합니다. 하지만 티무르가 급사하는 바람에 세기의 대결은 무산됩니다.

정화의 원정

대외 정복을 일생의 사업으로 여긴 영락제는 색목인 출신 환관 정화에게 바닷길을 통한 원정을 명령합니다. 정화는 대함대를 구성하여 1405년부터 1433년까지 7회 원정을 떠납니다.

정화의 함대는 동남아시아, 인도양, 심지어 동아프리카의 케냐 해안까지 진출하여 명나라를 알리고 조공을 받았습니다. 정화는 마지막 원정인 7차 원정 귀국길에 사망합니다.

하지만 정화의 원정은 100년 후 콜럼버스의 항해와 달리 아무런 업적

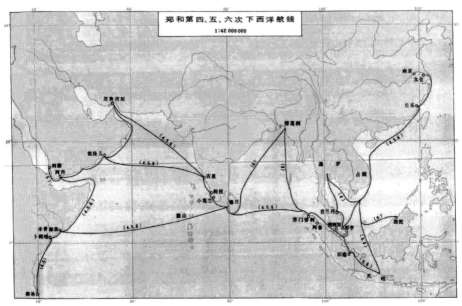

• 정화의 4, 5, 6차 원정로

• 케냐에서 가져온 기린

도 남기지 못합니다. 유럽의 항해 목적은 이익을 얻기 위한 것이지만, 중국의 항해 목적은 명나라를 알리기 위한 목적이었기 때문입니다. 명분 추구에 손해를 많이 본 명나라는 그 이후 바다를 봉쇄하는 조치를 취하고 다시는 원정을 나가지 않았습니다.

북로남왜

영락제 사후 명은 대외 원정을 중단합니다. 하지만 그런다고 내실을 다지지도 않았습니다. 명나라가 쇠약하다는 것을 눈치챈 북로北虜(북쪽 몽골)와 남왜南倭(남쪽 왜구)가 명나라를 괴롭히기 시작합니다.

1449년 정통제는 몽골 계통의 오이라트와의 전투 도중 포로로 사로잡힙니다. 이를 토목보의 변이라 합니다. (이 사건은 중국 한족사 3대 치욕 중 하나입니다.) 이 때문에 명나라에서는 경태제를 옹립합니다. 그런데 오이라트에서 명나라를 어지럽힐 목적으로 정통제를 풀어줍니다. 오이라트의 바람대로 1457년 정통제가 경태제를 폐위하고 복위하는 탈문의 변이 일어납니다. 한편 탈문의 변은 조선에도 영향을 끼쳐 단종복위운동이 실패하고 단종이 죽게 됩니다.

반면에 남왜는 성공적으로 막아냅니다. 척계광은 1561년 왜구가 대주에 상륙하자 원앙진으로 대항해 5000명 이상을 죽이고, 1562년 온주, 대주를 공격하는 왜구를 격파했습니다. 또한 남하하는 왜구를 추격해 횡서에서 2600명을 죽이고 60여 개의 진지를 초토화시켰습니다. 1563년 평해위에서 유현, 유대유 등과 함께 왜구를 토벌하고 1564년에는 광동 지역에서 잔당을 토벌해 중국에서 왜구의 씨를 말려버렸습니다.

• 원앙진: 이 변형된 진형은 주요 상대가 이동성 승마 유목민이었던 북중국의 상황에 맞게 만들어졌습니다. 높은 이동성으로 인해 총기는 크게 강조되지 않았고, 화승총과 경총 두 사람만 총기를 사용했습니다. 분대장인 궁수를 제외한 나머지는 근접 전투에 나설 준비를 합니다.

양명학

격물치지는 주자가 정립한 사서四書의 하나인 《대학大學》에 나오는 말로써 격물格物, 치지致知, 성의誠意, 정심正心, 수신修身, 제가齊家, 치국治國, 평천하平天下의 8조목으로 된 내용 중 처음 두 조목입니다. 유교 공부의 시작이라고 할 수 있습니다.

그런데 《대학》은 불친절한 책이라 '격물치지'가 무슨 의미인지 밝히지를 않았습니다. 그래서 주자는 격格을 '다가간다', 물物은 사물이나 '사태' 치致는 '이른다', 지知는 앎으로 해석하여 '모든 사물을 끝까지 파고 들어가면 앎에 이른다'라고 풀이합니다. 이를 성즉리설性卽理說이라 합니다. 여기서 '지'는 과학적 사실이나 법칙이 아닙니다. 유교에서 말하는 '도덕(=理)'입니다.

그런데 과연 물건을 뚫어지게 쳐다본다고 해서 과연 그 속에서 도덕적 진리를 찾을 수 있을까요? 솔직히 성인聖人이 아니면 불가능합니다. 그래서 격물치지를 주장하는 '성리학性理學'에서는 이미 성인들이 관찰해서 경전을 만들었으니 닥치고 암기하라고 말합니다.

그런데 '왕양명'이라는 사람이 이런 무모한 도전을 했습니다. 대나무를 앞에 놓고는 일주일이나 째려보았다고 합니다. 그 결과 병났습니다. 병석에서 일어선 후 '성리학은 틀렸다'고 선언합니다. 즉 옛날 경전만 외워봐야 아무 소용이 없다는 것입니다.

왕양명은 격格을 '물리치다', 물物은 '물욕物欲', 치致는 '드러낸다', 지知는 양지良知로 생각하여 '욕심을 물리치면 양지가 드러난다'라고 풀이합니다. 즉 욕심을 물리치는 행동이 중요하다는 심즉리설心卽理說을 주장합니다. 그래서 주자의 성리학은 이학理學이라 하고, 왕양명의 양명학은 심학心學이라고 합니다.

양명학에서는 누구나 각각의 마음속에 있는 '리'를 드러내면, '리'를 통해 만물이 하나라는 것을 알 수 있다고 주장합니다. 노장사상과 불교의 영향을 많이 받은 듯합니다. 양명학은 명나라 때 성리학을 제치고 주류 학문이 됩니다.

혼란의 일본

가마쿠라 막부 밑에서 천황권의 회복을 노리던 고다이고 덴노는 가마쿠라 막부를 무너트리는 데 성공합니다. 하지만 아시카가 다카우지가 무로마치 막부를 세운 후 고묘 덴노로 옹립하고 고다이고 덴노를 공격합니다. 고다이고 덴노는 패배하고 유폐되지만 1336년 탈출에 성공해 남쪽으로 도망칩니다. 이로써 일본은 남북조 시대가 열렸지만 1392년 북조가 승리하면서 남북조 시대는 끝납니다. 이후 천황은 다시 반항하지 못합니다. 한편 남조의 군대는 왜구가 되어 중국과 한반도에 출몰하며 큰 피해를 입힙니다.

1467년부터 1477년까지 일본은 막부의 쇼군 자리를 놓고 동군과 서군이 나뉘어 싸웁니다. (오닌의 난) 결국 동군이 이기고 아시카가 요시히사가 쇼군이 되지만 1489년에 병으로 25세의 나이에 후손 없이 요절하자 서군인 아시카가 요시미가 쇼군이 됩니다. 이런 무의미한 싸움으로 막부의 권위는 땅에 떨어집니다.

다이묘★名는 지방 영주를 가리키는 말로 막부에서 임명하였습니다. 이들을 슈고다이묘라고 합니다. 그런데 막부의 권위가 떨어지자 일본 각지에서는 너도나도 다이묘를 자처합니다. 이들은 전국 다이묘라고 합니다.

농민이건 병졸이건 장사꾼이건 능력만 있으면 전국 다이묘가 되었는데 이 시기를 전국시대戰國時代라고 합니다.

수많은 다이묘가 쇼군이 되겠다고 치고받는 혼란의 시대는 1573년 오다 노부나가에 의해 다이묘들이 거의 평정되고 무로마치 막부와 쇼군 아시카가 요시아키가 축출당하면서 끝납니다. 하지만 그가 혼노지에서 아케치 미츠히데의 반란으로 살해당하면서, 일본의 주인은 하시바 히데요시가 됩니다. 그는 영지 수확량을 정확히 파악하기 위해 일본 전역에서 논밭을 측량하고 수확량을 조사하는 검지檢地를 실시합니다. 백성들에게는 병농분리 정책을 실시해 칼을 차지 못하게 하고, 가지고 있던 무기는 모두 몰수하는 칼사냥을 합니다.

평민 출신이라 쇼군이 될 명분이 부족했던 하시바 히데요시는 일본 천황으로부터 간바쿠關白라는 직책을 받아 정권을 장악합니다. 이와 함께 도요토미라는 성을 하사받아 도요토미 히데요시가 됩니다. 좀 더 자세한 전국시대와 임진왜란 이야기는 필자의 전작《교과서가 쉬워지는 이야기 한국사: 조선–근현대》를 참조하시기를 바랍니다.

천주교의 전래

스페인 제국의 가톨릭 사제이자 선교사, 예수회 창립 멤버인 프란치스코 하비에르는 동방선교라는 큰 뜻을 품고 인도, 동남아 등지에서 선교하다가 말라카에서 일본인 야지로를 만나 일본에 대한 이야기를 들은 뒤 일본에 선교할 결심을 합니다. 1549년 일본에 도착한 그는 나가토국의 다이묘인 오우치 요시타카에게 화승총을 선물하고 선교 허락을 받아내 전도를 시작하지만 오닌의 난이 일어나자 철수합니다. 1551년에는 선교 활동을 하려고 중국으로 갔지만 광둥항 앞의 상촨다오섬에서 열병으로 사망합니다. 나중에 시성諡聖 됩니다.

이탈리아 출신의 예수회 소속 신부이자 선교사인 마테오 리치는 1577년 로마에서 출발해 인도를 거쳐 명나라 광둥성에 도착해 중국어와 그 지역의 문화, 유교 및 불교의 경전을 공부합니다. 1601년에 자금성에서 만력제를 접견할 때 마테오 리치는 자명종 및 다양한 기계를 헌상하여 황제의 관심을 끌었고, 사대부들과는 해박한 유교 지식으로 토론하며 교류합니다. 이후 중국에 성당을 짓고 본격적으로 선교에 나서게 됩니다. 중국 선교를 위해 가톨릭의 교리를 요약, 정리한 《천주실의天主實義》라는 책을 만드는데 이때부터 가톨릭을 천주교라고 부르게 됩니다.

마테오 리치는 선교뿐 아니라 서양의 지식도 가르쳤는데, 명나라의 천재 관료였던 서광계 바오로는 이를 받아들여 《기하원본》, 《측량법의》, 《측량이동》, 《구고의》 등을 번역합니다. 마테오 리치는 중국에서는 역법이 매우 중요하단 사실을 깨닫고, 예수회 본부에 편지를 보내 천문과 역법 및 계산에 정통한 선교사를 보내달라고 요청합니다. 예수회 본부는 신성 로마 제국 출신의 아담 샬을 파견합니다. 아담 샬은 서광계 등과 함께 서양식 역법에 기초한 새로운 역법인 숭정역법을 만들었고, 서광계가 홍이포를 수입할 때 큰 도움을 줍니다.

아담 샬은 청나라 때도 중용되어 숭정역법을 보완한 대청시헌력大清時憲曆을 만드는 등 활동하였으며, 벼슬이 3품에 이르고 광록대부光祿大夫라는 봉호까지 받습니다.

제11장 | 대서양 혁명의 시대

	서양	동양	우리 역사
1587년	사파비 아바스 1세 즉위		
1588년	칼레 해전		
1592년			임진왜란
1600년	영국 동인도회사 설립	세키가하라 전투	
1603년	잉글랜드, 스코틀랜드 동군연합	일본 에도막부 수립	
1616년		후금 건국	
1618년	30년 전쟁(~1648년)		
1619년		사르후 전투	
1620년	청교도 아메리카 도착		
1627년			정묘호란
1636년		청나라 개창	병자호란
1638년		시마바라의 난 진압	
1642년	청교도혁명(~1649년)		
1643년	루이 14세 즉위		
1644년		명나라 멸망	
1648년	베스트팔렌조약		
1661년		강희제 즉위	
1666년	뉴턴 만유인력의 법칙 발견		
1687년	프린키피아 출판		
1688년	영국 명예혁명		
1700년	대북방전쟁		
1707년	그레이트브리튼왕국 성립		
1724년			영조 즉위
1735년		건륭제 즉위	

1756년	7년 전쟁 발발		
1760년	영국 산업혁명		
1769년	뉴질랜드 영국령		
1770년	호주 영국령		
1774년	미국 독립전쟁	《해체신서》 출간	
1776년	애덤 스미스 《국부론》		정조 즉위
1789년	프랑스 대혁명		

1500년 무렵부터 경제적으로 서양이 동양을 앞지르기 시작합니다.

서양의 신대륙 발견이 한 가지 원인입니다. 신대륙에서 원주민들을 이용하여 광물을 채취하거나 플랜테이션 농업으로 착취하여 얻은 것입니다.

그러나 가장 큰 원인은 과학혁명입니다. 종교 개혁으로 교황의 권위가 떨어지며 유럽인들은 신의 권능에 의문을 가지게 됩니다. 인쇄술의 발달로 과학 관련 서적이 몇만 부나 배포되면서 서양인들의 사상적 기반이 종교적 맹신에서 과학적인 합리적 사고로 바뀌어 갑니다. 그리고 귀족 중심의 관료가 아닌 전문 기술자를 우대하는 사회 풍토도 혁명을 부채질했습니다.

그뿐만 아니라 계몽사상이 퍼지면서 18세기 유럽 각국에서는 사회 혁명이 줄줄이 일어납니다.

절대 왕정

16~18세기 유럽에서는 봉건제를 대신해 강력한 왕권을 바탕으로 하는 중앙 집권적 통일 국가가 등장합니다. 임금에게 입법, 행정, 사법의 권한

이 주어지면서 프랑스 루이 14세는 '짐이 곧 국가'라는 말까지 하게 됩니다. 절대 왕정은 국왕의 권한은 인간이 아닌 신神에게서 나온다는 왕권신수설王權神授說로 뒷받침됩니다. 왕은 절대왕정을 유지하기 위해 봉건 귀족이 아닌 시민계층에서 관료를 충원하고 대규모 군대를 직접 양성합니다. 이를 재정적으로 뒷받침하기 위해 상공업을 장려하는 중상주의 정책을 펼치게 됩니다.

해가 지지 않는 제국, 스페인

스페인은 아메리카 대륙에서 금과 은을 채굴하고 사탕수수, 담배, 목화, 커피 등을 재배합니다. 그런데 전염병과 가혹한 노동 등으로 아메리카 원주민의 인구가 급감하자 아프리카 흑인들을 데려와 노예로 부려 먹습니다. 공짜로 데려온 것은 아니고 사탕수수에서 설탕을 뽑아내고 남은 당밀을 발효 증류로 숙성해 만든 술인 럼을 주고 사 온 것입니다. 이처럼 원주민이나 노예들의 노동력을 강제로 착취해서, 기호품이나 산업 원료로 수출하기 위한 농작물을 단일경작單一耕作 하는 농업은 플랜테이션 농업이라 합니다.

또한 상인들이 수익을 바라고 아메리카 대륙에서 벌이는 사업에 투자를 하면서 자본주의 경제 체제가 발생합니다. 스페인은 막대한 수익을 올렸고, 이로써 유럽의 중심은 중부 유럽에서 스페인으로 옮겨집니다. 한편

포르투갈은 호르무즈, 마카오 등에 무역 거점을 설치하고 인도양을 넘어 동남아, 중국, 일본 등과 교역합니다.

스페인의 국력은 펠리페 2세 때 절정에 다다릅니다. 무적함대 아르마다를 투입하여 오스만 제국과의 레판토 해전에서 승리하였고 포르투갈 왕국을 병합하였으며 나아가 아메리카, 필리핀, 네덜란드, 밀라노 공국, 사르데냐섬, 시칠리아 왕국, 나폴리 왕국, 아프리카 대륙의 남서부, 인도의 서해안, 말라카, 보르네오섬 등을 접수하여 '해가 지지 않는 스페인 제국'을 건설하였습니다.

그러나 금융의 중요성을 몰랐던 펠리페 2세는 유대인들을 쫓아버리는 실수를 저지릅니다. 이후 스페인은 쇠퇴하고 1700년에는 왕의 가문도 압스부르고에서 보르본(부르봉의 스페인 발음)으로 바뀝니다.

네덜란드, 금융으로 강국이 되다

펠리페 2세는 네덜란드에 높은 세금을 거두었고, 귀족들을 무시하였으며, 네덜란드에 주둔하는 스페인 군대의 약탈 등에 눈 감아버립니다. 빌럼 1세 판 오라녀를 대표로 한 귀족들이 처우 개선 및 세금 감면 등을 요구했으나 펠리페 2세는 거부합니다. 1566년 결국 참다못한 홀란트, 제일란트, 위트레흐트를 비롯한 북부 주들에서 주민 폭동이 일어납니다. 스페인은 이들을 강경하게 진압하며 반감을 더 부채질합니다. 빌럼 1세 판 오라녀는 작센 선제후국으로 도망쳤다가 1568년 군대를 이끌고 네덜란드로 귀환합니다. 네덜란드인들은 빌럼의 지휘하에서 다시 반란을 일으켰고 헤일리허를레 전투에서 처음으로 스페인군에게 승리를 거둡니다. 이때부터 네덜란드의 80년간의 독립 전쟁이 시작됩니다.

결국 1648년 뮌스터 조약이 체결되어 북부 7개 주와 브라반트의 절반은 네덜란드 공화국으로서 공식적인 독립을 인정하였습니다. 그리고 같은 해의 베스트팔렌 조약으로 네덜란드는 스페인 제국에서 완전히 분리됩니다. 스페인의 지배가 유지된 남부는 나중에 벨기에와 룩셈부르크가 됩니다.

영토, 인구, 자원 모두 크게 열세였던 네덜란드가 부국富國을 위해 선택한 사업은 금융입니다. 1602년 영국 동인도 회사를 벤치마킹하여 세계 최초의 주식회사인 네덜란드 동인도 회사를 설립하고 주식을 발행해 자금을 더 끌어모은 다음 바다로 나섭니다. 동인도 회사에 투자한 사람들은 대부분 스페인이나 포르투갈에서 탈출한 세파르드 유대인들입니다. 이들은 스페인에서 상공업과 전문직으로 큰돈을 번 사람들이었는데 스페인의 반유대 정책으로 추방당한 사람들입니다. 이들이 추방당하면서 스페인은 상업과 공업 기반이 급속도로 약해져 결국 유럽의 중심 자리에서 추락하고 맙니다.

네덜란드로 모여든 조선 기술자들은 저렴하지만 짐칸은 크고 선원은 조금 필요한 플루이트 선을 개발합니다. 네덜란드는 플루이트선을 전 세계로 띄워 아메리카, 아프리카, 인도, 중국 등과 무역을 합니다. 조선에 표류했던 벨테브레와 하멜도 네덜란드 출신입니다. 그리고 남아프리카와 동남아시아 각지에 식민지를 건설하고 북미에도 뉴 암스테르담(현재의 뉴욕)을 세웠습니다. 또 전 세계의 무역을 위해 동인도 회사와 서인도 회사를 만들어 관리합니다.

1609년에 암스테르담에서는 세계 최초의 증권 거래소가 설립되었고 은

행도 만들어집니다. 네덜란드는 금융업의 생명이 신용이라는 것을 잘 알고 있었습니다. 그래서 스페인이 몇 번이고 파산을 선언하며 고객의 돈을 날려 먹는 동안, 네덜란드는 은행에 예금되었던 적국 스페인의 예금조차 건드리지 않습니다. 유럽의 자금이 모두 네덜란드로 몰리면서 금융업이 크게 발전하여 네덜란드는 부강해집니다. 스페인이 투자라는 자본주의의 첫 단추를 끼웠다면, 네덜란드는 금융이라는 자본주의의 두 번째 단추를 끼웠습니다. 네덜란드는 스페인의 뒤를 이어 유럽의 중심에 우뚝 섭니다.

영국, 유럽의 중심이 되다

1500년대 잉글랜드 왕실에는 피바람이 불었습니다. 앤 불린과 결혼하려고 로마 가톨릭과 결별까지 한 헨리 8세는 앤이 아들을 못 낳는다는 이유로 처형하고 앤의 시녀인 제인 시모어와 결혼합니다.

제인 시모어는 헨리가 바라던 아들을 출산했고, 그는 에드워드 6세가 되어 헨리 8세의 뒤를 잇습니다. (마크 트웨인의 《왕자와 거지》에 나오는 에드워드 왕자의 모델입니다.)

하지만 만 9살(1547년)에 즉위해 향년 15세(1553년)로 사망하면서 왕위는 헨리 8세의 첫째 왕비의 딸인 메리 1세가 차지합니다.

가톨릭 신도인 메리는 가톨릭 군주 중에 가장 강력한 세력이었던 5촌 조카 스페인의 펠리페 2세와 결혼하려고 합니다. 당연히 성공회에서는 반발하였고 메리는 본보기로 성공회 사제와 복음주의자를 약 300명씩 화형에 처합니다. 그래서 블러디 메리Bloody Mary(피의 메리)라는 별명을 얻게 됩니다.

메리는 앤 불린에 의해 공주에서 사생아私生兒로 전락하여 이복 여동생인 엘리자베스의 시녀로 일하는 굴욕적인 대우를 받았습니다. 메리는 가장 강력한 왕위 경쟁자인 엘리자베스를 모반 혐의로 런던 탑에 감금하고 사형시키려 합니다. 하지만 엘리자베스가 자신의 혐의를 완강히 부인하고, 남편이 적극적으로 만류하는 데다가, 스스로도 기른 정이 있어 차마 죽이지 못하고 풀어줍니다. 메리는 결국 자식을 낳지 못했고 죽음을 눈앞에 두자 어쩔 수 없이 엘리자베스를 후계자로 지명합니다.

엘리자베스 1세 여왕이 즉위하자 형부인 펠리페 2세가 청혼을 합니다. 하지만 성공회 교도였던 엘리자베스 1세는 "짐은 국가와 결혼했다"라며 평생 결혼하지 않았습니다. 그렇지만 연애 상대가 없었던 것은 아닙니다. 여러 명의 남자를 애인 겸 신하로 삼았습니다.

그중에서도 가장 친했던 사람은 아마도 프랜시스 드레이크였을 것입니다. 그는 카리브해 근처에서 노예무역을 했는데 스페인 해군의 공격을 받아 자신의 배를 잃어버립니다. 복수심에 가득 찬 드레이크는 해적이 되어 스페인의 배와 식민지를 공격합니다. 그리고 약탈한 보물의 대다수를 자발적으로 엘리자베스 1세 여왕에게 바쳤습니다. 형부가 추근거리는 것이 싫어서 네덜란드 반군을 지원했던 엘리자베스 1세는 아예 드레이크에게 국가 공인 해적 허가증인 사략私掠을 줍니다.

처제의 염장질에 펠리페 2세는 폭발하였고, 1588년 아르마다를 잉글랜드로 보냅니다. 당시 잉글랜드의 군대는 형편없었기 때문에 전 유럽은 잉글랜드의 멸망을 예상했습니다. 그러나 엘리자베스 1세의 신하들인 해적 프랜시스 드레이크, 노예상인 존 호킨스, 탐험가 월터 롤리 등의 활약으로 무적함대는 칼레 항구에서 잉글랜드 해군의 매복에 걸려 피해를 보고,

때마침 불어닥친 두 번의 태풍으로 인하여 함대가 와해하고, 브리튼섬 주위를 표류하다가 간신히 상륙하지만 이번에는 현지 주민들에 의해 박살 납니다.

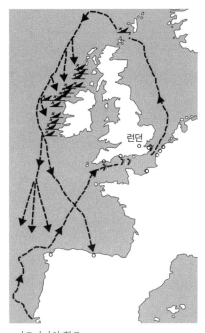

• 아르마다의 항로

스페인을 물리친 잉글랜드는 1600년 영국 동인도 회사를 설립합니다. 그러나 인도에서는 포르투갈에 승리하고 상관을 설립할 수 있었지만 동남아에서는 네덜란드에 패배하여 쫓겨납니다. 그런데 1660년대 동남아에서 수입하던 정향, 육두구 등의 고급 향신료들이 폭락하고, 남명이 청나라에 멸망하면서 중국 무역이 대폭 감소하고, 같은 시기 일본 에도 막부의 쇄국정책으로 은 수입이 감소하면서 네덜란드 동인도 회사의 성장이 정체됩니다. 1700년대 이후로는 신대륙에서도 향료, 설탕 등 상품이 수입되기 시작하면서 네덜란드 동인도 회사는 내리막길을 걷다가 1799년 해산됩니다. 한편 영국 동인도 회사는 인도로부터 들여오는 면직물로 돈을 벌어들이게 되고 오히려 네덜란드를 앞지르게 되면서 영국은 유럽의 중심국가가 됩니다.

엘리자베스 1세는 사망하기 전 자신의 후계자로 스코틀랜드 왕 제임스 6세를 지정합니다. 엘리자베스 1세가 사망하면서 제임스 6세는 잉글랜드 왕국(+아일랜드 왕국)의 제임스 1세가 됩니다. 두 왕국을 합쳐서 그레이트브리튼이라 하는데, 두 왕국은 1707년 5월 1일 완전히 통합됩니다.

• 잉글랜드 국기　　　• 스코틀랜드 국기　　　• 그레이트 브리튼 국기

그레이트 브리튼은 해외 식민지 건설에도 열심이었습니다. 17세기 초 북아메리카를 시작으로, 18세기 말 호주, 뉴질랜드를 식민지로 삼으며 해 가지지 않는 제국을 건설합니다.

30년 전쟁

상업으로 엄청난 부를 축적한 자유도시가 개신교를 믿으면 그만큼 신성 로마 제국과 가톨릭의 재정이 부족해집니다. 결국 명분은 종교의 자유지만 실제로는 돈 때문에 신성 로마 제국을 비롯한 중부 유럽에서 1618년부터 1648년까지 30년 전쟁이 벌어집니다. 전쟁의 주역은 신성 로마 제국 황제이자 오스트리아 대공, 보헤미아의 왕, 헝가리와 크로아티아의 왕인 독실한 가톨릭 신도 페르디난트 2세입니다.

페르디난트 2세가 보헤미아의 왕으로 즉위하자, 가톨릭이 별로 없던 보헤미아 왕국 귀족들은 제국의 개신교를 대표하는 유력 제후 중 하나였던 팔츠 선제후 프리드리히 5세에게 보헤미아 왕위를 제안합니다. 프리드리히 5세는 흔쾌히 이 제안을 수락합니다.

페르디난트 2세는 프리드리히 5세에게 보헤미아 왕위를 자진 포기하지 않으면 제국 추방령을 내리겠다고 했지만 프리드리히 5세가 이를 거부하여서 30년 전쟁의 제1전인 보헤미아 전쟁이 시작됩니다. 프리드리히 5세는 페르디난트 2세에게 1620년 빌라호라 전투에서 패하고 외가인 네덜란드로 도망칩니다. 팔츠 선제후국과 팔츠 선제후 지위는 황제를 지원한 바이에른 공작 막시밀리안 1세에게 넘어갑니다.

합스부르크가 팔츠까지 세력을 확장하는 것이 불만이던 프랑스는 프리드리히 5세의 장인인 영국 왕 제임스 1세와 스페인으로부터 독립운동 중이던 네덜란드 그리고 합스부르크와 사이가 나쁜 덴마크, 스웨덴과 연합해 합스부르크 포위망을 구성하려고 합니다. 하지만 연합국끼리 내부 분열이 일어나 1625년 덴마크 단독으로 합스부르크를 공격합니다. 하지만 틸리와 발렌슈타인이라는 명장이 있던 제국 군에게 연전연패하여 본토인 유틀란트반도까지 공격당하자 1629년 뤼베크 평화 조약을 체결하고 항복합니다.

제국의 장군이던 발렌슈타인은 기고만장해져 황제의 허락도 받지 않고 발트해를 침공합니다. 이는 스웨덴을 제국으로 만든 북해의 사자 구스타브 2세 아돌프의 심기를 건드립니다. 1630년 스웨덴이 남침을 개시합니다. 제국 군은 연전연패하고 총사령관 틸리마저 전사합니다. 페르디난트 2세는 이전의 사건으로 해임됐던 발렌슈타인을 재등용합니다. 인격은 형편없지만 싸움은 잘했던 발렌슈타인 때문에 스웨덴군은 애를 먹습니다. 1632년 11월 16일에 뤼첸 전투에서 발렌슈타인을 패퇴시키지만, 그 와중에 구스타브 2세 아돌프가 전사합니다. 결국 1635년 프라하 조약을 통해 전쟁을 끝냅니다. 한편 발렌슈타인은 페르디난트 2세에게 매수된 부하들한테 1634년 암살당합니다.

강 건너 불구경하던 프랑스는 1635년 전쟁에 참전합니다. 프랑스와 스웨덴 연합군은 신성로마제국과 스페인 연합을 물리치고 1648년 베스트팔렌 조약을 체결하면서 전쟁이 종결됩니다.

베스트팔렌 조약은 서양사에 매우 중요한 의미를 갖습니다. 종교의 자유를 보장하였을 뿐 아니라 교황이 황제 위에 군림하던 중세적 질서를 완전히 깨버렸습니다. 또한 주권 국가가 자신의 의사만으로 외국과 조약을 체결한 근대적 조약입니다. 그래서 이 조약을 근대 국제법의 시작으로 여깁니다.

30년 전쟁은 1차 세계 대전 전까지 가장 큰 인명 피해를 낳은 전쟁으로 사실상 세계대전입니다. 전쟁의 주요 무대가 된 독일은 쑥대밭이 되었고 전후에 소국으로 분열되어 국제무대에서 사라집니다. 또한 신성 로마 제국의 소속 연방국들이 독립을 하면서 사실상 해체되었고, 신성 로마 제국의 제위를 독점하던 합스부르크 가문도 쇠퇴합니다.

태양왕 루이 14세

루이 14세는 6살이던 1643년 즉위하고 얼마 지나지 않은 1648년 절대왕정을 거부하는 귀족들이 벌인 프롱드의 난에 휘말립니다. 파리 인구의 3분의 2가 사망한 프롱드의 난은 1653년에야 진압됩니다. 그 때문에 왕의 권위는 바닥을 기었습니다.

1661년 섭정인 마자랭이 죽자 친정을 시작한 그는 장바티스트 콜베르를 재무 장관으로 기용하여 여러 가지 개혁을 단행합니다. 콜베르는 중상주의 정책을 통해 수출증대와 수입억제를 추진하고, 국도와 운하를 개통하여 상업을 촉진했습니다. 동인도 회사를 설립하여 무역을 증진했으며 식민지 개척에도 노력합니다. 그리고 법을 단순화하고 통일시켰습니다. 하지만 가장 큰 공적은 총괄징세 청부제도를 도입한 것입니다. 이 제도는 청부업자들이 국고에 돈을 선납한 후 조세 징수를 맡는 제도로 국고 수입을 1660년대에 4500만 리브르에서 1670년대에는 1억 리브르로 늘렸습니다. 또한 군대 개혁에도 착수하여 루이 14세 치세 말기에는 상비군을 약 40만 명이나 보유하게 됩니다. 이러한 개혁을 바탕으로 절대 왕정을 실시할 수 있게 되었고 태양왕의 칭호를 얻습니다.

어려서 프롱드의 난을 경험한 루이 14세는 파리를 싫어하여, 파리에서 남서쪽으로 22킬로미터가량 떨어진 베르사유에 궁전을 짓습니다. 건축 양식은 절대 왕정을 잘 나타낼 수 있는 위대함과 웅장함이 특징인 바로크 양식을 사용했습니다. 루이 14세는 극도로 화려하고 사치스러우며 엄격하고 세련된 문화를 발전시켰으며, 베르사유 궁전은 유럽 예술의 중심이 됩니다.

하지만 친정을 시작한 1661년부터 사망할 때까지 54년간에 걸쳐 37년이나 전쟁을 벌였습니다. 1701년에는 자신의 둘째 손자인 펠리페 5세의 스페인 왕위를 지켜주려고 스페인 왕위 계승 전쟁에 뛰어들었다가 영국에 참패당하고 엄청난 국고를 손실합니다. 개인적인 사치도 심해 사망할 때 국가의 부채는 20억 리브르, 이자만 해도 8억 리브르에 이르렀습니다.

프로이센의 성장

1701년에 브란덴부르크 선제후 국 및 동군연합인 프로이센 공국이 통합하여 프로이센 왕국이 창건됩니다. 초대 왕 프리드리히 1세 아들 프리드리히 빌헬름 1세는 강한 군대만이 국가를 지키는 방법이라 믿었습니다. 그래서 예산의 80퍼센트를 군에 쏟아부어 프로이센 군을 양성합니다. 그러다 보니 돈이 없어서 싸구려 담배를 피우고, 식사는 병사용 전투 식량으로 때웠고, 군복만 입고 다녔습니다. 그리고 초등교육 의무화를 실시하여 프로이센의 기초를 다지기도 했습니다.

하지만 '아이는 때려야 강해진다'라는 이상한 신념을 가진 사람이었습니다. 큰아들은 강제로 머리에 왕관을 씌우다가 머리에 상처가 나서 감염으로 사망하였고, 둘째는 어릴 적부터 대포 소리에 익숙해져야 한다며 갓난아이 옆에서 대포를 쏘게 해서 경기를 일으켜 죽게 만듭니다. 셋째도 허구한 날 맞고 자랐습니다. 왕비인 하노버의 조피 도로테아가 감싸지 않았다면 셋째도 맞아 죽었을 것입니다. 그렇게 다행히 셋째 프리드리히는 무사히 왕위에 오릅니다. 그는 사상의 자유와 종교의 자유를 최대한 보장하려 노력했으며 과학의 힘을 믿었던 계몽군주였습니다. 그 때문에 유럽 각지의 저명한 학자와 유능한 인재들이 프로이센으로 모여들었고, 그들에 의해 프로이센은 나날이 발전합니다.

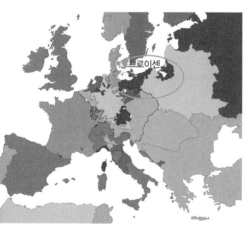

• 프리드리히 즉위 전

• 프리드리히 사후

프리드리히는 아버지가 물려준 8만 명 정도의 프로이센의 군대를 19만 명에 이를만큼 크게 성장시킵니다. 프리드리히가 처음으로 군사 행동을 한 것은 오스트리아 왕위 계승 전쟁입니다. 마리아 테레지아가 합스부르크 왕가의 영토를 상속받자 이에 반대한다는 명분으로 오스트리아를 상대로 전쟁을 벌여 공업이 발달한 부유한 보헤미아 왕국의 슐레지엔 지역을 획득합니다. 마리아 테레지아는 프리드리히 2세에게 복수하기 위해 1756년 7년 전쟁을 일으킵니다.

프로이센과 영국이 동맹을 맺고 프랑스, 오스트리아, 러시아가 연합을 하였습니다. 초반에는 프로이센이 선전하였습니다. 하지만 영국이 갑자기 발을 빼면서 프로이센은 일방적으로 밀리다가 수도 베를린까지 함락당합니다. 프리드리히는 목에 걸고 다니던 독약을 먹고 자살할 생각까지 했지만 1762년에 러시아에 프리드리히와 친한 독일 출신의 표트르 3세가 즉위하면서 상황이 갑자기 바뀝니다. 프랑스가 아메리카에서 영국과 식민지 쟁탈전(프랑스-인디언 전쟁) 때문에 이미 발을 뺀 데다 러시아마저 발을 빼자 오스트리아는 프로이센에 대패합니다. 이후 1772년 폴란드 분할에 참여해 서프로이센을 획득합니다. 이 공로로 프리드리히는 국민에게 대왕이라고 불리게 됩니다.

한편 영국이 전쟁 중 발을 뺀 것에 앙심을 품고 미국 독립전쟁 때 자신의 장교들을 파견하기도 합니다. 이 때문에 프리드리히가 사망하자 갓 독립한 미국은 조기를 올리고 예포를 쏘아 조문합니다.

러시아 제국의 창건

이반 4세(재위 1547년~1584년)는 차르(카이사르의 러시아식 변형)를 자신의 호칭으로 사용하며 모스크바 대공국을 루스 차르국으로 개편합니

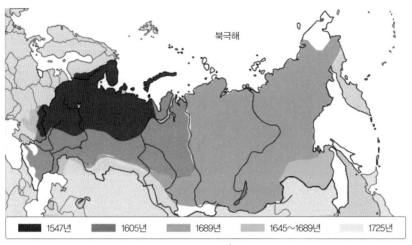

* 러시아의 영토 변화

다. 이반 4세 때 루스 차르국은 봉건제 국가였습니다. 이반 4세는 중앙집권화와 왕권 강화를 위해 귀족들을 숙청합니다. 그중에는 자기 아들도 있었습니다.

한편 이반 4세는 시베리아를 개척하여 러시아 영토를 크게 확장한 사람입니다.

1682년 표트르 1세가 루스의 차르 위에 오릅니다. 1698년 표트르는 서유럽의 기술과 정책을 배워오라며 서유럽으로 대규모의 사절단을 파견합니다. 재미있는 것은 표트르 자신도 황제의 신분을 숨기고 사절단에 끼어들었다는 것입니다. 그는 프로이센 왕국에서 대포 조작 기술을 배웠고, 네덜란드에서는 배를 만들어 보기도 했고, 잉글랜드에서는 수학, 천문학, 의학 등을 배웠습니다.

루스로 돌아온 표트르는 러시아 개혁을 단행합니다. 근대적 관료 체계를 정립하고, 러시아 화폐를 만들고, 유럽의 식문화, 복장 양식을 도입합니다. 또한 키릴 문자의 글자꼴을 재정립했고 전통 슬라브족 달력을 서양의 율리우스력으로 통일합니다. 상트페테르부르크를 건설하고 수도로 삼아 해상 무역을 통해 엄청난 이익을 얻습니다.

1697년 스웨덴 제국에 16살의 칼 12세가 즉위하자 표트르는 영토를 늘릴 목적으로 폴란드–리투아니아–작센과 연합하여 스웨덴을 공격합니다. (대북방전쟁) 하지만 1700년 나르바 전투에서 대패하며 루스 차르국이 아직은 스웨덴의 상대가 되지 않는다는 것만 확인합니다. 표트르는 러시아 전역 교회의 종 3분의 1을 녹여 대포를 만들고, 교회와 상인들로부터 고율의 세금을 거둬들여 신형 머스캣 수만 정을 사들이며 복수를 준비합니다.

칼 12세가 폴란드–리투아니아–작센과 전쟁을 하는 사이 표트르는 스웨덴령 잉에르만란드와 스웨덴령 리보니아의 도르파트, 나르바를 공격해

• 스웨덴 기마보병 용기병(龍騎兵, Dragoon)

• 폴란드의 기병 후사르

점령합니다. 그러나 폴란드-리투아니아에서 승리를 거둔 칼 12세는 곧바로 러시아를 침공합니다. 정면에서 맞붙어서는 승산이 없다고 판단한 표트르는 청야전술로 최대한 시간을 끌었고 1709년 폴타바 전투에서 승리합니다.

칼 12세는 오스만 제국으로 도망쳤고 표트르는 추격합니다. 하지만 1710년 프루트강 전투에서 오스만 제국 군에게 패하고 간신히 탈출합니다. 결국 이전에 오스만으로부터 빼앗은 아조프를 돌려주고 남은 병력을 무사히 빼 올 수 있었습니다.

오스만은 아조프를 되찾은 것에 만족하고 대북방 전쟁에서 빠집니다. 표트르는 기회를 놓치지 않고 연합군과 함께 계속해서 스웨덴을 밀어붙여 발트해 지역의 스웨덴령 에스토니아와 리보니아를 점령하고 핀란드 전역을 유린합니다. 노르웨이 침공 중 전사한 칼 12세의 뒤를 이은 여동생 울리카 엘레오노라의 남편 프레드리크 1세와 협상한 끝에 1721년 뉘스타드 조약으로 스웨덴령 잉에르만란드, 에스토니아, 리보니아 등 발트해 연안 지역과 핀란드의 비보리와 켁스홀름을 포함한 카리알라 일부 지역을 얻으면서 대북방 전쟁은 종결됩니다. 1721년 11월 2일 표트르는 러시아 제국을 공식적으로 선포하고, 초대 황제가 표트르 1세가 됩니다.

1762년 예카테리나 2세가 즉위합니다. 예카테리나 2세는 계몽주의자인 몽테스키외, 볼테르와도 여러 번 서신을 교환할 정도로 계몽주의에 감화된 사람입니다. 스스로 계몽군주라고 자처하며 개혁을 추구합니다. 볼테르 등의 문인들을 후원했고 수학자 레온하르트 오일러를 초청하였습니다. 예술에도 지대한 관심을 가져 유럽의 수많은 예술품을 수집해 현재의

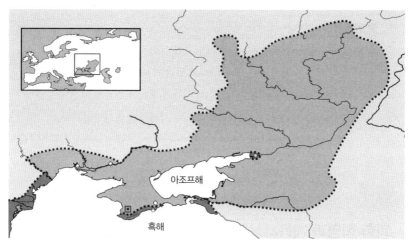

• 1502년 크림 칸국

에르미타주 박물관을 만들었습니다.

　외부로는 러시아-튀르크 전쟁(1770년~1774년)에서 승리를 거두고 흑해의 제해권을 빼앗았으며, 1783년에는 크림반도를 오스만 제국으로부터 빼앗아 크림 칸국을 멸망시킵니다. 크림 칸국 지역에 카자크 농부들을 정착시키고, 도시를 건설합니다. 또한 볼가강 남부 유역과 카스피해 연안에 칼미크인들의 영토를 축소하고 그 자리에 대규모의 독일계 이민을 이주시켜 밀 농사를 짓게 함으로써, 러시아의 농업 생산량을 크게 끌어올립니다. 여기가 현재 우크라이나입니다.

　그러나 1773년 푸가초프의 난(1773년~1775년)이 일어나자 농노의 의무는 늘리고 귀족들의 권리를 강화하며 계몽정책을 폐기합니다. 1789년 프랑스 혁명이 일어나자 위기를 느낀 예카테리나 2세는 더욱더 보수화 정책을 펼칩니다. 이 때문에 계몽사상가들과 러시아 백성들에게 폭군으로 비난받게 됩니다.

과학 혁명과 계몽사상

과학혁명

과학혁명은 대체로 코페르니쿠스가 《천구의 회전에 관하여》를 출판한 1543년부터 뉴턴이 《프린키피아》를 출판한 1687년까지로 보고 있습니다. 과학혁명 이후 산업혁명이 일어났으며 서양의 경제력은 비약적으로 발전합니다.

폴란드 출신 가톨릭 사제이며 천문학자인 코페르니쿠스는 자신의 저서 《천구의 회전에 관하여》에서 지구중심설(천동설)을 뒤집는 태양중심설(지동설)을 주장합니다. 하지만 자신의 이론이 비웃음을 당할까 봐 출판을 주저합니다. 그러다가 말년에 제자인 게오르크 요아힘 레티쿠스의 이름을 빌려 출판합니다. 그런데 반응이 좋아지자 1542년 자신의 이름으로 출판합니다. 하지만 그의 이론은 여전히 주전원이라는 개념을 쓰는 잘못된 학설이었습니다.

정확한 행성의 궤도를 밝힌 것은 신성 로마 제국 바이에른 출신 천문학자인 요하네스 케플러입니다. 케플러는 티코 브라헤의 행성 관측 자료를 연구하여 행성이 원이 아니라 타원 운동을 한다는 것을 밝혀내고, 1609년 이 사실을 담은 《신천문학》을 출간합니다. 사실 이 발견도 지동설만큼이나 당시의 고정관념을 깨트리는 충격적인 발견입니다.

케플러와 편지를 주고받았던 피렌체 피사 출신의 과학자 갈릴레오 갈릴레이는 1632년 《두 우주 체계에 대한 대화》를 출간하여 지동설을 널리 알립니다. (갈릴레이는 종교재판을 받은 적도 없고 "그래도 지구는 돈다" 같은 말도 한 적이 없습니다.)

행성이 타원 주기를 도는 이유를 밝힌 사람은 영국의 아이작 뉴턴입니다. 뉴턴은 자신이 발명한 미분법을 이용해 증명합니다. 뉴턴은 이 외에도 만유인력의 법칙, 운동의 법칙 등도 발견했습니다. 그는 핼리 혜성을 발견한 핼리의 권유로 자신의 성과를 담아 1687년에 《프린키피아》라는 책을 발표합니다. 과학이 종교라면, 《프린키피아》는 성경이고 뉴턴은 구세주입니다. 뉴턴의 생일은 율리우스력으로 1642년 12월 25일입니다.

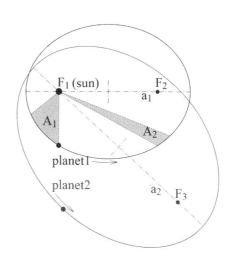

• (좌) 주전원, (우) 케플러 법칙

과학혁명에서 빼놓을 수 없는 사람으로는 프랜시스 베이컨이 있습니다. 영국의 대법관, 철학자, 과학자였던 그는 1620년에 간행한《노붐 오르가눔》에서 아리스토텔레스의 연역적 방법론을 부정하고, 자연에 대한 관찰과 실험을 통해 과학적 사실을 점진적으로 구축해야 한다는 귀납적 방법론을 체계적으로 제시하였습니다. 연역적 방법은 이미 알려진 사실에서 결과를 유추하기 때문에 새로운 사실을 발견할 수 없습니다. (인간은 죽는다, 소크라테스는 인간이다. 소크라테스는 죽는다.) 그러나 귀납법은 새로운 사실을 발견할 수 있습니다. (사과가 떨어진다. 배가 떨어진다. 감이 떨어진다… 모든 사물은 떨어진다.)

계몽사상

계몽사상은 이성을 통해 사회의 무지를 타파하고 현실을 개혁하자는 사상운동입니다. 17세기 후반 유럽에서 처음 주장이 제기되고 18세기에 확산하였습니다. 유럽의 계몽주의자들은 갈릴레오, 뉴턴 등에 의해 발전한 과학으로부터 큰 영향을 받았습니다. 그들은 과학적 방법이 도덕 문제에도 적용될 수 있다고 생각했습니다. 이 때문에 사회과학이 발생합니다.

홉스는 자신의 저서《리바이어던(1651년)》에서 법이 없는 상태의 사람들에게 만인에 대한 만인의 투쟁이 일어나므로, 이 공포에서 벗어나기 위해 자발적으로 '마음대로 할 수 있는 자유의 권리'를 주권자에게 양도하는 계약을 맺게 된다고 주장합니다.

로크는 정부의 핵심적인 정당성은 '사유 재산권'과 '동의'에 있으므로 이를 해치는 정부는 무력으로 뒤집어야 한다는 '저항권'을 주장합니다. 이는 미국 독립 혁명에 직접적으로 영향을 미칩니다.

몽테스키외의 《법의 정신(1748년)》에서 삼권분립을 최초로 주장합니다. 세계 최초의 삼권분립 국가 미국의 헌법 초안은 이 책의 영향을 크게 받았습니다.

루소는 사회계약론(1762년)에서 자유와 평등을 지향하는 인간의 의지는 절대적이며 예외도 없고, 타인에게 양도나 분할도 불가능하다고 주장합니다. 국가란 개인이 자유와 평등을 최대한으로 확보하면서 공동 이익을 지키기 위해 사회적 계약을 하고 국가를 형성해야 한다고 주장합니다. 사회계약론은 프랑스 혁명에 직접적으로 영향을 미칩니다.

애덤 스미스는 《국부론(1776년)》에서 자본주의와 시장경제의 이론을 제시합니다.

디드로는 수많은 계몽철학자와 함께 《백과전서》를 제작합니다. 1751년에 제1권이 출판되었고 1772년까지 35권이 출판되는데, 과학, 예술, 기술 등 수많은 항목을 과학적 유물론에 따라 설명하고 있습니다. 이 책은 프랑스의 수많은 지식인에게 지식을 보급하는 데 결정적인 역할을 하였고, 그 지식인들이 프랑스 대혁명을 일으킵니다.

혁명의 시대

계몽사상의 전파로 깨어버린 민중은 국가의 주권이 자신들에게 있다 民主主義(민주주의)고 주장하지만 왕과 귀족들은 주권을 내어놓지 않았습니다. 결국 민중들은 스스로의 힘으로 주권을 되찾기 위해 혁명을 일으킵니다.

영국의 시민 혁명

1625년에 즉위한 찰스 1세는 왕권을 수호하기 위해 특별세를 거둬 강력한 상비군을 만들려고 의회를 소집합니다. 하지만 의회는 찰스 1세에게 권리청원을 승인할 것을 요구합니다.

1. 어느 누구도 법률에 의하지 않고 구속, 구금되지 않는다.
2. 백성은 군법으로 처벌해서는 안 된다.
3. 군인이 강제로 민간인의 집에 머무를 수 없다.
4. 평화 시에 계엄령을 선포할 수 없다.
5. 의회의 동의 없이 과세할 수 없다.

의회는 권리청원을 받아들이지 않으면 특별세를 허가할 수 없다고 맞섰고 결국 찰스 1세는 어쩔 수 없이 이를 받아들였으나 1629년 의회를 해산하고 11년 동안 의회를 소집하지 않습니다. 그러나 11년 후 스코틀랜드 장로교도와의 전쟁 패배로 거액의 배상금 지급 문제가 일어나자 찰스 1세는 어쩔 수 없이 의회를 다시 소집합니다.

의회는 국교회를 강제하는 정책을 폐지하고, 의회의 권한을 강화하는 법안을 제정하였으며, 의회가 3년에 한 번씩은 꼭 열리도록 의결합니다. 하지만 의회가 사사건건 자신의 정책에 간섭하는 것이 싫었던 찰스 1세는 1642년 1월 군대를 이끌고 반대파 의원을 체포하려고 합니다. 하지만 미리 이 사실을 알았던 의회가 오히려 군대를 모아 역공하자 찰스 1세는 도망쳐야만 했습니다. 의회는 '왕은 군림하되 통치하지 않는다'는 제안에 동의할 것을 요구하지만 찰스 1세는 끝내 거부하였고 결국 의회파와 왕당파

사이에서 내전이 일어납니다.

의회파는 청교도였던 크롬웰을 사령관으로 세웁니다. 청교도는 성경 중심, 금욕주의, 칼뱅주의, 국가교회, 반가톨릭 성향을 지니고 있습니다.

싸움을 못 하던 찰스 1세는 네이즈비 전투에서 참패하고 스코틀랜드로 도망칩니다. 그러나 그를 싫어하던 스코틀랜드는 돈을 받고 의회파 지도자인 크롬웰에게 찰스 1세를 인계합니다. 의회 측에 의하여 감금된 찰스 1세는 기어이 탈출하여 스코틀랜드와 동맹을 맺고 군대를 재조직합니다. 이때 의회는 급진 개혁을 추구하는 수평파와 이를 저지하려는 크롬웰의 독립파가 내분을 일으키고 있었습니다. 이 기회를 틈타 왕당파가 2차 내전을 일으킵니다. 하지만 싸움을 못 하던 찰스 1세는 레스턴 전투에서 패배하고 또다시 포로가 되어 구금됩니다.

크롬웰은 의회에 찰스 1세를 처형하라고 건의했지만 의회 내 온건파들이 그의 제안을 거부합니다. 크롬웰은 1648년 12월, 군대를 동원해 의회를 기습하여 200여 명의 온건파 의원들을 축출하여 가두어 버리고, 50여 명 남짓의 크롬웰 지지자들로만 의회를 꾸립니다.

1649년 찰스 1세는 최고법원에서 반역죄로 사형 선고 후 처형됩니다. 1649년 1월 30일 영국에서는 군주정이 폐지되고 공화정이 수립됩니다. 아버지의 죽음에 겁먹은 찰스 2세는 고종사촌인 프랑스의 루이 14세에게 망명합니다. 스코틀랜드에서 찰스 2세를 국왕으로 추대하고 왕정복고를 하려는 움직임이 있었으나 크롬웰은 던바 전투 및 우스터 전투에서 스코틀랜드군을 대파하고 아예 스코틀랜드를 정복합니다. 찰스 2세는 다시 프랑스로 망명합니다. 1651년 크롬웰은 잉글랜드 상업을 보호하기 위해 항해법을 만들어 네덜란드에 큰 타격을 가합니다.

1. 잉글랜드, 혹은 식민지 배만 영국 식민지로 상품을 옮길 수 있다.
2. 잉글랜드인(식민지 주민 포함) 선원이 최소 절반 이상 포함되어야 한다.
3. 담배, 설탕, 직물은 오직 잉글랜드로만 팔 수 있다.
4. 식민지로 향하는 모든 상품은 잉글랜드를 거쳐야 하며 관세를 내야 한다.

1653년 크롬웰은 의회를 해산하고 스코틀랜드와 아일랜드를 강제 병합한 후 스스로 호국경에 취임하여 군사독재를 실시합니다. 청교도인 그는 청교도 법을 도입합니다. 이 때문에 연극 같은 문화생활이나 축구 같은 스포츠 경기도 금지되고, 크리스마스를 기념하는 것도 금지됩니다. 1658년 크롬웰이 사망하고 얼마 지나지 않아 공화정은 붕괴합니다. 1660년 의회 선거에서 승리한 왕당파는 찰스 2세를 옹립하여 왕정복고하고 영국 국교회의 지위도 덩달아서 회복합니다. 그러나 찰스 2세가 자식 없이 죽자 동생 제임스 2세가 왕위에 오릅니다. 그런데 그는 가톨릭을 옹호하고 상비군을 육성하려고 합니다.

위기의식을 느낀 의회는 제임스 2세의 맏딸, 메리 공주와 그녀의 남편 네덜란드의 통치자 오라녜 공 빌럼에게 "잉글랜드의 왕위를 양도할 테니 잉글랜드에 와주십시오"라고 편지를 보냅니다. 부부가 잉글랜드에 도착하자 잉글랜드군은 제임스 2세에게 등을 돌립니다. 자식에게도 버림받은 제임스 2세는 프랑스로 망명했고, 1688년 윌리엄 공과 메리는 각각 윌리엄 3세와 메리 여왕으로 공동 국왕이 됩니다. 이를 명예혁명이라 합니다.

미국 혁명

북아메리카에서 최초로 성공한 영국의 식민지는 버지니아주 제임스타운에 건설한 식민지입니다. (버지니아는 처녀virgin였던 엘리자베스 1세에서 유래했고, 제임스타운은 제임스 1세의 이름을 본뜬 것입니다.) 그 이후 1620년 영국 국교회가 싫었던 청교도들이 메이플라워호를 타고 지금의 매사추세츠 플리머스에 도착한 후 식민지를 세웁니다. 이후 계속된 식민 사업으로 1732년에는 북아메리카 동부 13개 주의 기초가 되는 식민지들이 세워집니다.

영국뿐 아니라 프랑스도 북아메리카에 진출했는데 이들은 7년 전쟁 때 본국을 대신해서 북아메리카에서 원주민(인디언)과 동맹을 맺고 서로 싸우기도 했습니다. (프렌치 인디언 전쟁)

• 1750년대 북아메리카

그런데 영국이 7년 전쟁으로 국가 채무가 늘어나자 식민지에 세금을 부과하면서 불화가 생깁니다. 프랭클린은 "대표 없는 곳에 세금도 없다"라며 참정권을 주든가 아니면 세금을 부과하지 말라고 요구합니다. 그러나 영국은 식민지의 반발을 무시하고 1764년 식민지에 설탕세를 물렸고, 이듬해 모든 공문서에 인지를 붙여서 인지세를 납부하도록 합니다.

1773년 12월 기호품인 차에까지 세금을 붙이려고 하자 보스턴 자유의 아들들Son of Liberty에 속한 150명의 급진파는 원주민인 모호크족으로 가장하고 배에 올라 차를 바다에 던져 버립니다. 영국은 매사추세츠 식민지 자치 정부를 폐지하고 보스턴 항을 폐쇄합니다. 이때부터 북아메리카 여기저기에서 현지 민병대와 주둔한 영국군 간에 충돌이 일어납니다. 1775년 4월 19일 렉싱턴과 콩코드에서 민병대가 영국군을 상대로 승리하자, 화가 난 영국은 4만여 명의 군대를 파견합니다. 1775년 6월 영국군은 찰스타운 반도의 벙커힐에서 매사추세츠 민병대를 공격합니다.

식민지 대표 13명은 필라델피아에 모여 대륙회의를 여는데, 영국과의 전쟁을 피할 수 없다고 판단하고 조지 워싱턴을 사령관으로 대륙군Continental Army을 결성합니다. 처음에는 '세금이나 면제받자' 정도로 시작했지만 시간이 지나면서 독립을 주장하는 급진파가 여론을 장악하게 되고, 결국 1776년 7월 4일 대륙회의는 영국으로부터 독립을 선언합니다.

하지만 오합지졸 대륙군은 당대 세계 최강국 영국의 정예군에게 연전연패하고 와해 직전까지 몰립니다. 그러나 영국이 싫었던 프랑스, 스페인, 네덜란드, 프로이센 등이 대륙군 편을 들면서 전세가 역전됩니다. 영국군은 1781년 8월 1일 체사 피크만 입구의 요크타운을 점령하여 요새를 건설

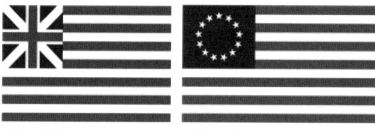

• 식민지 시대 국기　　　• 독립 직후 국기

하며 저항하지만 1781년 요크타운 전투의 패배로 그마저도 실패합니다. 완전히 전의를 상실한 영국은 1783년 파리조약을 통해 미국의 독립과 미시시피강 동쪽의 영유권을 승인하였고, 1787년 미국은 로크와 몽테스키외의 사상이 가득 담긴 헌법을 제정하며 합중국을 건국합니다.

프랑스 혁명

프랑스는 루이 14세 때부터 사치와 낭비로 국가 재정에 막대한 부채가 발생합니다. 부채는 세금을 거두어 막아야 하는데 제1신분인 성직자와 제2신분인 귀족들은 특권을 독점하였고, 제3신분인 부르주아들만 세금을 부담했습니다.

루이 16세의 재정총감 드칼론은 귀족과 성직자에게 임시로 과세하여 재정 위기를 타개하려고 합니다. 하지만 성직자와 제2신분인 귀족들의 격렬한 반발에 부딪혀 드칼론은 실각합니다. 새 재정총감이 된 자크 네케르는 1614년 이래로 열리지 않았던 삼부회의 개최를 제안합니다. 그리하여 1789년 5월 5일, 베르사유 궁전에서 삼부회가 개최됩니다. 루이 16세는 한 신분당 같은 의석수였던 삼부회에서 부르주아들만 전원 찬성해도 성직자·귀족 과세가 통과되도록 부르주아 의원의 수를 두 배로 늘립니다. 그러나 귀족층은 1인당 한 표가 아니라 각 신분 당 한 표의 투표를 주장합니다.

6월 17일 부르주아 의원들은 1인 1표제와 영국식 의회 체제를 골자로 하는 삼부회 개혁안을 내놓지만 귀족들과 성직자들이 이를 거부하면서 투표는 해보지도 못하고 삼부회가 끝납니다. 화가 난 부르주아 의원들은 단독으로 국민의회를 만듭니다. 놀란 루이 16세는 군대를 동원해 삼부회 회의장을 폐쇄합니다. 부르주아 의원들은 이에 맞서서 20일에 죄드폼 코트에서 헌법 제정까지 의회를 절대 해산하지 않겠다며 저항합니다. (죄드폼이 생소한 종목이라 흔히 테니스코트의 맹세라고 불립니다.)

루이 16세는 어쩔 수 없이 국민의회를 인정하고 전 계급 의원들이 참여하여 헌법위원회를 창설해 헌법 제정 작업에 들어갑니다. 하지만 영국의 찰스 1세가 의회파에 처형당한 일을 떠올리고는 국경 수비를 담당하던 군대를 베르사유와 파리 일대로 진격시킵니다. 그리고 파리 시민들의 지지를 받던 자크 네케르를 파면합니다.

성난 파리 시민들은 1789년 7월 14일에 바스티유 감옥으로 몰려가 무기와 탄약을 탈취하고 정부군을 대비합니다. 이 소식이 알려지자 프랑스 전역에서 농민 봉기가 일어나 영주, 귀족들이 살해되고 토지대장들은 불살라집니다. 겁을 먹은 루이 16세는 5일 만에 네케르를 재정총감으로 복귀시키고 권력을 국민의회 쪽으로 넘깁니다.

혁명파들의 이념은 자유주의입니다. 자유주의의 기본은 '타인에게 피해를 주지 않는 범위 내에서 개인의 자유를 행사'하는 것입니다. 구체적으로 법 앞에서 평등, 민권 보호, 표현과 언론과 종교의 자유 등이 있습니다. 혁명파는 자유주의 이념에 따라 1791년 입헌군주제와 일정 이상의 직접세를 내는 성인 남자만 참정권을 허용하는 등의 내용이 골자로 하는 헌법을 제정하고 10월 1일 입법의회를 수립합니다.

한편 혁명이 자기들에게도 퍼질 것을 우려한 프로이센과 오스트리아는 1792년 4월 역적들을 처단한다는 명분으로 프랑스로 침공합니다. 입법의회는 의용군을 모집하여 맞섭니다. 1792년 9월 20일 프랑스가 발미 전투에서 승리합니다. 같은 날, 입법의회가 해산되고 국민공회가 수립됩니다. 국민공회는 왕정을 폐지하고 공화정 수립을 선언합니다. 국민공회는 루이 16세와 마리 앙투아네트의 처형을 결정했고 1793년 1월 시행됩니다.

하지만 좌파인 몽테뉴(산악)파와 우파인 지롱드파의 갈등으로 프랑스는 여전히 혼란의 연속이었습니다. 몽테뉴파의 로베스피에르는 집정관이 되어 공포정치를 자행합니다. 1793년부터 1년 동안 약 30만 명의 사람들이 체포되었고 그중 1만 7000명이 사형을 당했습니다. 결국 국민들의 반발로 실각하고 단두대에서 처형됩니다.

이슬람 화약 제국의 쇠망

마샬 G.S. 호지슨과 윌리엄 H. 맥닐은 1453년부터 1736년까지 번성했던 오스만 제국, 사파비 왕조, 무굴 제국을 화약 제국이라고 정의합니다. 세 제국은 공통적으로 이슬람과 튀르크의 전통을 가지고 있었고 화

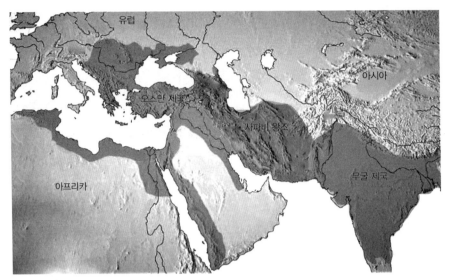

• 이슬람 화약 제국

약 무기를 내세워 주변 국가들을 정복했으며 근대 페르시아 문화를 주도했습니다.

오스만 제국의 쇠퇴

술레이만 1세 이후 오스만 제국은 점점 쇠퇴합니다. 원인은 예니체리의 타락 때문입니다.

예니체리는 무슬림도 지원이 가능해지고, 결혼도 허가됩니다. 그러자 예니체리를 세습하게 됩니다. 그들은 자신의 기득권을 지키려고 똘똘 뭉쳐 군벌이 됩니다. 오스만 2세는 예니체리 제도를 개혁하려 했으나 오히려 그들에게 1622년 살해당합니다. 예니체리들은 정신병자인 오스만 2세의 삼촌인 무스타파 1세를 복위시킵니다. 그나마 전투라도 잘하면 좋았겠지만 세습 예니체리는 전투력도 형편없었습니다.

유럽에서는 1687년 제2차 빈 공방전에서 패배한 후 신성 로마 제국, 베네치아, 폴란드–리투아니아, 러시아, 스페인 등이 뭉친 신성동맹에게 추격을 당하는 대★ 튀르크 전쟁으로 큰 타격을 입습니다.

반면에 승리하기도 합니다. 오스만은 4차 십자군 원정 이후로 400여년간 베네치아가 지배했던 크레타섬에서 17세기 중·후반 20여 년간 쉬지 않고 전쟁을 벌입니다. 결국 베네치아가 멸망하고 오스만 제국이 크레타섬을 지배하게 됩니다. 그런데 오스만은 농민들의 토지 소유권을 인정하고 세금을 제국 내에서 가장 낮게 내게 하였으며, 기독교도들을 차별하지 않아 오히려 베네치아 지배기보다 훨씬 살기 좋았다고 합니다. 그러다 보니 자발적으로 무슬림이 되는 사람이 늘어나 18세기 말엽에 이르면 섬 인구 중 절반이 무슬림이 됩니다.

하지만 1768년에서 1774년 사이에 일어난 러시아–튀르크 전쟁에서 그동안 얕보던 러시아에 대패하며 급격히 쇠퇴합니다.

몽골과 이슬람과 힌두의 융합 무굴제국

악바르 대제의 뒤를 이은 4대 자한기르는 무굴 제국의 황제 중 처음으로 어머니가 인도인입니다. 자한기르는 몽골과 이슬람과 힌두를 융합시키기 위해 노력합니다.

자한기르는 인도어와 아랍어, 페르시아어와 섞인 우르두어를 공용어로 사용토록 했으며, 문화적으로는 인도 아랍뿐 아니라 서양의 르네상스 예술까지 받아들여 독특한 무굴 예술을 완성 시킵니다.

종교에도 무척 관용적이어서 거의 자유롭게 선택할 수 있었습니다. 다만 시크교의 경우는 반란 혐의 때문에 탄압을 받았습니다. 가톨릭도 탄압을 받았는데 이는 포르투갈의 잘못입니다.

1613년 자한기르의 어머니이자 황태후였던 마리암-우즈-자마니가 소유한 라히미라는 이름의 거대한 선박이 보물과 순례자들을 싣고 메카로 향하였는데 포르투갈 총독이 중간에 이를 압류합니다. 무굴 제국이 반환 요청을 하지만 거부하자 자한기르는 인도 내에 있던 포르투갈 거래소들을 전부 폐쇄하고 포르투갈인들을 모두 추방합니다. 게다가 포르투갈 국적의 예수회 성당들도 국유화시킵니다.

사파비 왕조를 견제하기 위해 오스만 제국, 우즈베크인과 관계를 개선하고 동맹을 맺었고, 서양과의 교류로 엄청난 부를 축적하였습니다. 자한기르 사망 후 샤 자한이 뒤를 잇습니다.

샤 자한 황제는 보병 90만 명, 기병 18만 5000명 그리고 대량 양산한 대포를 가지고 남진하여 인도 남부를 정복합니다. 샤 자한은 중앙집권화를 이룩하는 데에 성공했으며 항복한 지방 토후들에게 유화 정책을 펴면서 지방도 안정시킵니다. 경제 활성화에도 신경을 쏟아 1700년에는 무굴 제국이 세계 전체 GDP의 24.4퍼센트를 차지하면서 세계 제일의 경제 대국이 됩니다.

샤 자한은 아버지의 뒤를 이어 예술과 건축 부분에 많은 재정적, 정치적 후원에 나섰습니다. 가장 유명한 것은 그의 죽은 아내 뭄타즈 마할을 위하여 만든 타지마할입니다. 타지마할은 이슬람과 힌두가 융합된 무굴의 독특한 양식이 잘 드러나 있습니다.

하지만 지나친 토목 공사와 세금 낭비 등으로 인하여 샤 자한은 민심을 잃어버립니다. 샤 자한의 3남 아우랑제브는 내란을 일으켜 형제들을 모두

• 타지마할

죽이고, 아버지를 강제로 폐위시킨 후 직접 황위에 오릅니다. 이후 샤 자
한은 아그라 요새에 죽을 때까지 유폐됩니다.

대단히 호전적이었던 아우랑제브는 즉위하자마자 기존의 부대에 더해
코끼리 부대를 창설하여 군사력을 강화한 후 인도 남부를 정복해 나가며
마우리아 왕조 이래 몇천 년 만에 인도 대부분을 지배하게 됩니다.

하지만 극렬한 무슬림인 아우랑제브는 선대 황제들의 종교 관용정책을
모두 폐지하여 비 무슬림을 탄압하고 그들의 사원을 철거합니다. 1679년
에는 비 무슬림들에게 매기는 세금들을 모두 부활시킵니다. 민심이 극도
로 나빠지며 아삼 지방의 반란, 사타미들의 반란, 시크교 신자들의 반란,
파슈툰인들의 반란이 일어납니다. 아우랑제브는 강력한 무력을 바탕으로
모조리 진압합니다.

하지만 아우랑제브 사망 후 무굴제국은 지방 세력의 독립, 재정파탄,

힌두교와 시크교의 반란, 이민족의 침입으로 혼란스러웠습니다. 이 틈을 타고 영국과 프랑스는 인도에 동인도 회사를 설립하고 무역의 주도권 경쟁을 벌입니다. 1757년 벵골 지방에서 영국은 프랑스와 벵골 토후국 연합과 전투를 벌입니다. 이를 플라시 전투라고 합니다.

벵골 토후국의 나와브(수장)는 사라졌고 그의 최측근인 미르 자파르가 배신하면서 영국이 승리합니다. 영국은 인도의 무역을 독점하더니 점차 인도 전 지역을 장악합니다. 미르 자파르는 배신의 대가로 벵골의 나와브가 되어 1969년까지 대대로 나와브직을 세습하며 잘 먹고 잘 살았습니다.

명·청의 교체

1592년 조선에 일본이 쳐들어옵니다. 조선은 명나라에 구원을 요청했고, 명나라까지 조선 땅에 들어오며 동아시아 3개국은 7년간 큰 난리를 겪습니다. 그 결과 조선에서는 반정이 일어나고, 일본에서는 정권이 바뀌고, 중국에서는 나라가 바뀝니다.

만력제의 실정

명나라의 제13대 황제인 만력제는 명이 쇠락하는 시기인 1572년 10살 나이로 황제직에 즉위합니다. 그러나 그는 자신의 스승인 대학사 장거정의 도움을 받아 명나라를 중흥시킵니다.

장거정은 외치로는 척계광, 이성량 등의 장군을 등용해 북로남왜北虜南倭를 막았습니다. 내치로는 태만한 관료를 정리하여 기강을 확립하고, 황하 하류 치수 사업을 벌여 농업 생산성을 늘렸으며, 일조편법—條鞭法을 제정해 토지·세제를 개혁합니다.

일조편법의 내용은 다음과 같습니다.

첫째, 토지의 면적을 측정해서 토지의 질과 양에 따른 평균 세액을 결정해서 부과합니다.

둘째, 기존의 여러 세금의 항목을 하나로(一條) 통일시킵니다.

셋째, 세금은 현물이 아니라 은화로 납부하게 했습니다.

이러한 개혁으로 명나라의 재정은 크게 호전됩니다. 하지만 1582년에 장거정이 죽자 만력제는 갑자기 돌변합니다. 정사를 내팽개치고 궁중에 틀어박혀 궁녀들과 놀기만 합니다. 그러다 보니 명나라 중앙 부처 9부의 관직 31개 가운데 24자리가 공석이 됩니다. 환관이 정치에 개입하고 이를 못마땅하게 여긴 관료들은 동림당을 만들어 당파 싸움을 합니다. 재상인 이정기가 혼자서 일 처리하다가 도저히 못 버티고 사표를 쓰는데 사표조차 수리되지 않아 마음대로 그만두는 일까지 벌어집니다. 이 정도면 역적이 되어 사형을 당했겠지만, 만력제의 재위 기간은 중국 역사상 유일하게 사형이 집행되지 않았습니다. 이는 만력제의 성품이 어질어서가 아니라, 결재하지 않아서입니다.

1590년대에는 여기저기서 반란이 터집니다.

1592년 몽골 지역에서 발배가 반란을 일으키고 마귀와 이여송을 투입하여 진압합니다. 만력제는 자신이 유비의 환생이고, 조선 선조는 장비의 환생이라고 철석같이 믿었습니다. 그래서 선조를 도우려고 임진왜란과 정유재란에 원병을 파견합니다.

1597년에는 양응룡이 묘족을 선동하여 반란을 일으킵니다. 이는 이화룡과 유정의 활약으로 1600년에야 진압됩니다. 이 세 번의 군사 행동을 만력삼대정萬曆三大征이라 합니다.

만력삼대정으로 그동안 벌어놓았던 재정을 다 날려 먹고도 정신을 못 차린 만력제는 명나라 2년 치 국가 예산을 쏟아부어 자신의 무덤을 만듭니다. 1620년 만력제가 사망하면서 자신이 공들여 만든 무덤에 묻힙니다.

사르후 전투

1588년 여진족 추장이던 아이신기오로 누르하치는 건주여진을 통합합니다. 그리고 건주여진을 다른 여진족들과 구별하여 만주족이라 부릅니다. 누르하치는 임진왜란이 일어나자 조선에 구원병을 보내겠다는 제안을 합니다. 조선은 류성룡의 조언에 따라 사양합니다.

누르하치는 임진왜란으로 명나라의 힘이 줄어든 틈을 타서 세력을 키워 여진족들을 통합하고 1618년 아이신 구룬金國, 즉 금국을 건국합니다. 이를 이전에 있었던 여진족의 금나라와 구별하기 위해 후금後金이라 합니다.

후금이 점점 세력을 키워 명나라를 위협하자, 명나라는 후금과의 교역을 중단시킵니다. 명나라의 경제봉쇄로 크게 곤란해진 후금은 명나라의 무순을 공격해 함락시킵니다. 명나라는 후금을 정벌하기로 합니다. 하지만 이미 전성기를 지난 명나라는 혼자의 힘으로는 후금을 이길 자신이 없어 조선에 역사상 처음으로 파병을 명령합니다.

광해군은 피의 복수로 점점 광기를 더해가는 중이었지만, 임진왜란을 겪으며 얻은 경험으로 명나라는 지는 해이고 후금은 뜨는 해라는 것을 정확히 파악하고 있었습니다. 그 때문에 파병을 차일피일 미룹니다. 하지만 망할 뻔한 나라를 다시 살려준 재조지은再造之恩을 갚아야 한다는 신하들의 요청과 명나라의 거듭된 파병 요구에 어쩔 수 없이 광해군 11년(1619년) 강홍립을 대장으로 1만 7646명의 군사를 파병시킵니다. 명나라는 명-조 연합군 10만 7646명을 동로군, 서로군, 남로군, 북로군의 네 부대로 나누었습니다. 누르하치는 막 조직된 팔기군 6만 명(8x7500)에 자신의 아들, 조카, 손자를 대장으로 삼아 사르후에서 명나라와 격돌합니다. 하지만 두 배 가까이 많은 군사를 동원했음에도 불구하고 지는 해인 명나라는 뜨는 해인 후금을 이기지 못하고 대패합니다. 장수 314명, 병사 4만 5878명이 전사했고 군마 2만 8400필을 잃었습니다.

동로군에 소속되어 있던 조선군은 1만 7646명의 군사 중 9000명에 가까운 군사가 전사하는 커다란 피해를 봅니다. 대장 강홍립은 어쩔 수 없이 포로의 안전을 보장한다는 약속을 받아내고 항복합니다. 후금군은 강홍립과의 약속을 지켜 포로 중 명나라 군인만 골라 죽인 후 허투아라로 이송합니다.

사르후 전투에서 조선군은 수천 명의 조총병과 수천 정의 조총이 사라지는 크나큰 손실을 보았습니다. 그나마 강홍립이 항복하고 광해군이 명나라의 강요에 의해 어쩔 수 없이 출병하였다고 변론했기 때문에 조선군 포로들은 돌아올 수 있었습니다. 기왕 항복할 것이라면 좀 더 일찍 항복하는 것이 좋았을 텐데 말입니다.

명청 교체

만주족이 몽골과 중국을 정복할 수 있었던 이유는 팔기군 덕분입니다. 팔기군은 1601년 누르하치가 여진족 각 부족의 부대를 깃발로 구분하는 군단으로 재편한 것이 시작입니다. 팔기군 중 정황기, 양황기, 정백기는 황제의 직속부대이고 나머지 5개의 깃발군은 제후들의 관할입니다. 그런데 팔기군은 사회적 지위를 나타내는 것으로까지 확대되었기 때문에 팔기제八旗制라고 해야 정확한 표현입니다. 만주족이 몽골에 진출하면서 몽골인 부족들도 팔기제에 편입되었고, 요동을 함락하면서 한족도 팔기제에 편입됩니다. 만주족으로 구성된 팔기는 팔기만주, 몽골인은 팔기몽고, 한족은 팔기한군이라 칭합니다.

남몽골을 복속시키고 요동에서 파죽지세로 세력을 넓히던 후금은 1626년 산해관 앞을 버티고 있는 영원성을 공격합니다. 후금군이 산해관을 넘으면 명나라는 멸망합니다. 누르하치는 그동안의 연승으로 쉽게 영원성을 함락할 수 있다고 여겼습니다. 하지만 영원성에는 명나라 최후의 충신이자 명장인 원숭환이 최첨단 무기인 홍이포를 요소요소에 배치하여 후금의 침략을 대비하고 있었습니다. 누르하치는 16만 대군으로 영원성을 공격하지만, 원숭환은 2만도 안되는 병력으로 후금을 막아냅니다. 산해관을 함락시키지 못한 누르하치는 분통이 터져 얼마 뒤 사망합니다.

청의 제2대 황제 태종 숭덕제 홍타이지는 몽골의 마지막 칸인 리그덴 호타그트로부터 칸위를 받아 이후 청 황제는 몽골의 칸을 겸임하게 됩니다.

홍타이지는 정묘호란과 병자호란을 일으켜 배후의 위협을 제거합니다. 그 사이에 원숭환과 휴전을 합의하고 명나라 공격을 중단합니다. 그러나 원숭환은 홍타이지의 모략에 의해 후금과 내통하는 역적이라는 소문이 퍼지고 결국 숭정제에 의해 능지처참당합니다. 하지만 홍타이지는 중국 정복을 하지 못한 채 사망하고 아들 순치제가 뒤를 잇습니다.

1644년 이자성의 농민반란군이 북경을 함락합니다. 숭정제가 목을 매고 자결하면서 명나라는 사라집니다. 원숭환의 뒤를 이어 산해관을 지키던 오삼계는 이 소식을 듣고 청나라에 투항합니다. 이자성 군은 산해관으로 달려가 청군과 오삼계의 연합군과 대전하지만 대패합니다. 이자성은 자금성으로 돌아와 황금을 박박 긁어모은 후에 궁궐에 불을 지르고 도망칩니다. 하지만 1645년 6월 40세의 나이로 구궁산에서 죽습니다. 이로써 청나라는 중국 본토를 차지합니다.

한편 오삼계는 귀주성과 운남성의 왕인 평서왕平西王으로 봉해집니다. 오삼계는 명의 남은 황족들이 세운 남명을 공격하여 멸망시켜 명나라의 씨를 말려버립니다.

청나라의 번영

1661년 8살의 나이로 청의 제4대 황제 강희제가 즉위합니다. 강희제는 강압과 유화정책을 자유자재로 구사하며 중국 한족을 통치합니다. 강압책으로는 만주족의 풍습인 변발을 강제하고, 반청복명反淸復明 사상을 퍼트리는 서적을 폐기하고 지식인을 탄압하는 문자지옥文字之獄을 일으켰으며, 반청운동을 진압합니다.

반면에 유교 문화를 존중하고 과거제를 실시했습니다. 당시 유행하던 유학은 경세치용經世致用(학문은 세상을 경영하는데 실용적이어야 한다)을 목표로 하는 고증학考證學입니다. 과거제로 뽑힌 한인을 만주족과 골고루 등용하는 만한병용제를 실시하고, 신사층을 포섭합니다.

오삼계는 강희제가 삼번 폐지 정책을 실시하자 명을 재건국한다는 명분으로 평남왕 상지신과 정남왕 경정충과 함께 난을 일으킵니다. 1678년 오삼계는 주周나라를 세우고 스스로 황제가 됩니다. 그는 능력 있는 장군이었기에 진압군을 격파하고 승승장구하며 장강 남부를 점령하지만, 그해 8월 67세의 나이로 사망하면서 주나라는 흔들리기 시작합니다. 1681년 손자 오세번이 자살하면서 주나라는 멸망합니다.

강희제가 즉위할 때 명나라 장수였던 정성공은 대만에서 네덜란드인을 몰아내고 동녕국을 건국합니다. 동녕국은 삼번의 난 때 군대를 보내는 등 반청복명反淸復明 운동을 계속합니다. 삼번의 난을 평정한 강희제는 1683년에 수군을 보내 펑후해전에서 승리하고 동녕국을 멸망시킵니다.

북쪽에서는 영토확장 야욕을 가진 루스 차르국의 지원을 받은 무장 탐험가들이 국경을 침범합니다. 남방을 평정한 강희제는 조선의 조총수들을 동원하는 등 공세를 펼쳐 물리칩니다. 1689년 러시아는 만주로 영토 확장을 포기하는 대신 러시아의 상업 활동 허가와 국경 확정에 합의하는 네르친스크 조약을 맺습니다.

강희제의 시대는 태평성대였고 재정도 안정되었습니다. 그는 1711년 자신의 황제 즉위 50년을 기념해 1712년부터 출생한 백성들에게 인두세를 과세하지 않겠다는 커다란 선물을 내립니다. 이를 성세자생정盛世滋生丁이라 합니다.

청나라 제5대 황제 옹정제는 아버지의 전성기를 잘 이어나갑니다. 황제의 직속 최고결정기구인 군기처軍機處를 만들어 신하들의 상소에 일일이 답을 달아주었고, 땅 가진 부자들이 세금을 더 많이 내야 하는 지정은 제地丁銀制를 실시합니다. 그리고 후계자 분쟁을 없애기 위해 생전에 황태자를 발표하지 않고 적어서 상자 안에 봉해 두었다가 사후에 공개하는 황태자 밀건법을 실시합니다.

청나라 제6대 황제 건륭제는 북몽골, 신장, 티베트를 정벌하여 중국의 영토로 만들었습니다. 이 지역은 번부藩部라고 하여 총독들이 파견되어 직접 통치하는 성省과 달리 간접 통치하였습니다. 문화 사업에도 관심을 기울여 그때까지 전 세계에서 가장 규모가 큰 백과사전인《사고전서四庫全書》를 만들었습니다. 재위 60년 되는 해에 할아버지인 강희제보다 더 오래 제위에 있을 수 없다는 이유로 아들에게 황위를 물려줍니다.

일본, 에도 막부를 열다

에도 막부 성립

1598년 도요토미 히데요시가 죽으면서 임진왜란은 끝납니다. 도요토미 히데요시의 아들 도요토미 히데요리가 일본을 통치할 예정이었으나 6살의 어린 나이 때문에 오대로五大老가 대신 정무를 보게 됩니다. 사실 오대로는 아시카가 요시아키 이후 공석이 된 쇼군 자리에 오를 가능성이 큰 도쿠가와 이에야스를 견제하고자 만든 것입니다. 하지만 도쿠가와는 계속 전횡하였고, 이전부터 사이가 좋지 않던 이시다 미츠나리와 반목하더니 결국 내전이 벌어집니다.

도쿠가와 이에야스, 가토 기요마사, 구로다 나가마사 등이 뭉친 8만

2000명의 동군과 이시다 미츠나리, 모리 데루모토, 고니시 유키나가, 우키다 히데이에, 시마즈 요시히로 등이 뭉친 12만 명의 서군이 세키가하라에서 격돌합니다. 그런데 서군 진영의 와키자카 야스하루 등이 이끄는 2만 2000명의 군사가 배신을 하고 동군 진영에 가담하면서 불과 3시간 만에 도쿠가와 이에야스의 승리로 끝납니다. 붙잡힌 이시다는 곧 처형됩니다.

도쿠가와 이에야스는 1603년 세이이다이쇼군征夷大将軍(정이대장군)에 취임하고 에도에 바쿠후幕府(막부)를 수립합니다. 하지만 도요토미 히데요리의 권력은 그대로 유지되어 오사카 지역을 비롯한 관서 지역은 도요토미 히데요리 세력이, 나머지 지역은 도쿠가와 이에야스 세력이 분할하여 지배하게 됩니다.

눈엣가시 같은 히데요리를 제거하기 위해 이에야스는 호코지 종명 사건을 일으킵니다. 히데요리는 1614년 지진으로 붕괴하였던 교토의 호코지 대불전과 범종을 복원합니다. 그리고 범종에 국가안강 군신풍락國家安康君臣豊樂(국가는 평화롭고 임금과 신하들은 행복하다)이라는 문구를 새깁니다. 그런데 이를 두고 이에야스는 이에야스家康의 이름을 두 글자로 쪼개고 도요토미豊臣가의 이름을 거꾸로 넣어 이에야스를 저주하고, 도요토미가의 부흥을 기원한 것이라는 말도 안 되는 트집을 잡아 히데요리 토벌을 명령합니다.

히데요리는 1614년 겨울과 오사카성에서 농성을 시작합니다. 폭 40미터에 깊이 10미터의 해자와 총길이 1.2킬로미터 규모의 외성 사나다마루를 갖춘 오사카성은 1615년 여름이 되어도 함락되지 않습니다. 이에야스는 강화를 신청하고 대신 강화를 받아들인다는 의미로 해자를 메꾸고 사나다마루를 철거해 달라고 요구합니다. 이에야스의 기만술임을 간파한 사나다 노부시게가 극력 반대했지만 히데요리 측은 이에야스의 요구를 받아들입니다.

이에야스는 방해물이 사라지자 바로 진격을 명령하였고 사나다 노부시게는 세 차례나 이에야스 본진에 돌격하며 잠시 몰아붙이지만 결국 전사하고, 히데요리도 할복합니다.

에도 막부의 생활상

에도 막부는 지방의 다이묘와 막부의 가신들을 통제하기 위해 무가제법도武家諸法度를 제정하고, 일본 전역에 있는 다이묘들이 1년을 주기로 수도인 에도와 자신의 영지를 번갈아 오가며 생활하도록 하는 참근교대参勤

• 조닌 문화 중 하나인 회화 우키요에

交代를 실시합니다. 일본이 태평해지면서 사무라이들은 무사가 아니라 봉급 받는 공무원으로 변해갑니다.

영주의 거점인 성을 중심으로 형성된 도시를 조카마치城下町라고 하는데, 영주는 영업의 자유와 면세 특권 등을 제시하며 상공업을 조카마치에 유치합니다. 조닌町人이라 불리는 이들은 상공업자 협동조합인 가부나카마를 결성하여 활동하였는데, 우수한 기술력과 풍부한 자본으로 사무라이를 압도하였고 조닌 문화를 형성, 발전시킵니다. 조닌 문화 발전에는 임진왜란 때 약탈, 납치한 조선의 장인과 문물이 크게 기여를 했습니다.

에도막부 쇄국

전국시대 일본과 무역을 하던 스페인, 포르투갈의 무역선을 타고 예수회 선교사들이 입국합니다. 다이묘들은 무역으로 이득을 챙기기 위해 가톨릭 전래를 허가합니다. 임진왜란 선봉장이었던 고니시 유키나가도 가톨릭 신자입니다.

그러나 도요토미 히데요시가 정권을 잡은 후, 히데요시는 각지의 다이묘들이 서양과 무역으로 이득을 얻어 세력을 키워 자신에게 대항하게 될지 우려하여 선교사 추방령을 내리고 1597년에 나가사키에서 키리시탄(그리스도교 신도)을 집단 처형하고, 쇄국정책을 실시합니다. 에도 막부의 제2대 쇼군 도쿠가와 히데타다 역시 가톨릭을 금지하고, 선교사들을 추방하거나 처형합니다. 또한 다이묘들이 세력을 키우는 것을 막기 위해 외국과 번이 독자적으로 무역하는 것을 막는 쇄국정책을 유지합니다.

시마바라를 다스리는 마츠쿠라 가문은 키리시탄을 무지막지하게 탄압하고 농민에게 엄청난 세금을 부과합니다. 그리고 키리시탄을 운젠산의 뜨거운 유황 온천에 집어넣는 운젠지옥雲仙地獄이라는 고문을 자행하였고 농민들에게 짜낸 세금으로 어마어마한 규모의 성을 지어 백성들의 원성을 삽니다.

참다못한 시마바라의 키리시탄 농민들은 1637년 12월 무장봉기를 일으킵니다. 역시 혹독한 탄압을 받던 아마쿠사도 반란에 합류합니다. 또한 세키가하라 전투로 주군을 잃고 낭인이 된 사무라이들도 가세하여 반란군의 숫자는 대략 2만~3만 명 규모가 됩니다. 막부는 12만 5800명의 병력으로 반란군을 몰아세웁니다. 반란군들은 하라 성에서 4개월 동안 농성합니다. 막부군은 그들이 식량이 떨어져 해초로 버틴다는 것을 알고 항복하라고 종용하지만 반란군은 거부합니다. 막부군은 마침내 총공격을 개시합니다. 반란의 지도자인 16세 소년 아마쿠사 시로 토키사다를 비롯해 반군은 단 1명도 항복하지 않고 저항하다가 전부 전사합니다.

난이 진압된 후 막부는 예수 또는 성모 마리아 모습을 새긴 목판이나 금속판을 바닥에 놓고 밟고 지나가게 한 후 밟지 못하고 머뭇거리는 사람을 잡는 후미에踏み絵(밟는 그림), 모든 백성을 불교 사찰에 불자로 등록하고 경조사를 절에서 의무적으로 해결하도록 하는 데라우케寺請制度, 다섯 집씩 1조로 묶어 서로를 감시하게 하는 등 가톨릭을 더욱 심하게 박해합니다.

그런데 이렇게 박해를 받았음에도 불구하고 일부 키리시탄들은 마리아를 관세음보살 상처럼 만들거나, 성경을 불경으로 위장하는 등 비밀리에 숨어서 신앙생활을 합니다. 이들을 숨어있는 크리스천이라는 의미로 카쿠레키리시탄隠れキリシタン이라고 했고 가톨릭이 허용된 19세기 말 비로소

• 후미에   • 마리아 관음

모습을 드러냅니다.

네덜란드는 기독교를 포교하지 않는 조건으로 나가사키의 데지마를 거점으로 에도 막부와 제한적으로 교류했습니다. 이들을 통해 들어온 서양 학문을 화란和蘭(네덜란드)의 학문이라는 의미로 난학蘭学이라고 합니다.

주로 과학 기술과 의학 분야였는데, 《해체신서》는 18세기 일본에서 서양의 책을 완역한 최초의 사례입니다.

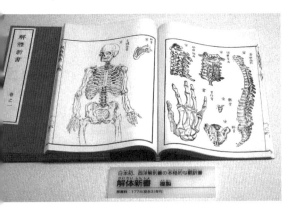

• 《해체신서》

제12장 | 나폴레옹 이후의 세계

	서양	동양	우리 역사
1804년	나폴레옹, 황제 즉위		
1811년			홍경래의 난
1814년	빈 회의(~1815년)		
1821년	그리스 독립전쟁(~1829년)		
1840년		1차 아편전쟁(~1842년)	
1848년	마르크스, 《공산당 선언》 출판		
1851년		청, 태평천국운동(~1864년)	
1852년	루이 나폴레옹, 황제 즉위		
1853년	크림전쟁 (~1856년)	미국 페리 함대, 일본 내항	
1856년		2차 아편전쟁(~1860년)	
1857년		인도, 세포이 항쟁(~1859년)	
1861년	남북전쟁(~1865년)		
1862년			임술농민봉기
1863년	링컨, 노예해방 선언		
1866년			병인양요
1868년		일본, 메이지유신	
1871년	이탈리아 통일		신미양요
1873년		영국, 동인도회사 해체	흥선대원군 하야
1875년			운요호 사건
1877년		영국령 인도제국 성립	

　나폴레옹이 유럽을 침략하면서 독일, 이탈리아 등에서 강렬한 민족주의가 나타나고 독일과 이탈리아가 통일됩니다.

반면 중동과 동양은 부정부패로 국력을 좀먹어가더니 서양에게 침략을 당합니다.

나폴레옹, 황제가 되다

제노바의 지배하에 있던 코르시카는 1755년 파스콸레 파올리의 주도로 독립운동을 벌여 코르시카 공화국을 선포하고 독립합니다. 제노바는 코르시카를 1767년 프랑스에 매각합니다. 프랑스에 의해 코르시카 공화국은 멸망합니다.

파올리의 부관이었던 카를로 부오나파르테는 프랑스군에 대항하여 강경하게 저항했지만, 압도적인 프랑스군의 병력에 독립 투쟁을 포기하고 친프랑스파로 전향합니다. 프랑스는 그에게 프랑스 귀족 작위를 내립니다. 프랑스인이 되었으니 프랑스 발음으로 샤를 보나파르트가 된 그는 1769년 8월 15일 아들을 얻습니다. 샤를은 아들에게 나폴레옹이라는 이름을 붙여줍니다.

나폴레옹의 코르시카 탈출

프랑스 대혁명의 결과 수립된 프랑스 제1공화국은 내부에서 심한 분열을 일으켰습니다. 온건파인 지롱드파와 과격파인 자코뱅파가 대립하다가 1793년 5월 31일, 자코뱅파가 지롱드파를 쓸어버립니다. 그러자 이에 반발하여 지롱드파가 많았던 리옹, 아비뇽, 님, 마르세유에서 소요 사태가 일어납니다. 1793년 6월 나폴레옹과 그의 가족들은 파스콸레 파올리를 피해 코르시카에서 탈출합니다.

나폴레옹, 장군이 되다

프랑스 정국의 혼란을 틈타 프랑스 해군의 주요 기지이자 항구도시인 툴롱에서 왕당파가 혁명파들을 쫓아내고 영국군을 받아들이는 일이 벌어집니다. 프랑스군은 영국군을 쫓아내기 위해 툴롱을 포위합니다.

이때 보급대를 이끄는 위관급 하급 지휘관 나폴레옹은 '공화파가 이긴다'라는 내용이 담긴 '보케르에서의 저녁 식사Le Souper de Beaucaire'라는 팸플릿을 뿌립니다. 막시밀리앙 드 로베스피에르의 동생인 오귀스탱 드 로베스피에르가 이 팸플릿을 보고 감탄하더니 나폴레옹의 정치적 후견인이 되어줍니다. 강철같은 끈을 잡은 나폴레옹은 영관급인 포병대 지휘관으로 승진하여 툴롱으로 파견됩니다.

나폴레옹은 포병을 집중적으로 운용하는 전법으로 영국군을 몰아내고 반란군을 진압합니다. 이 공로로 장군으로 진급한 이후, 공화당 정부의 장군으로 수차례나 왕당파의 반란을 진압하며 그의 위상은 높아집니다.

나폴레옹, 쿠데타를 일으키다

이탈리아 원정을 성공하고 이집트 원정은 실패하며 돌아온 나폴레옹은 1799년 11월 9일 브뤼메르 18일의 쿠데타를 일으켜 종신집정에 취임합니다. 나폴레옹은 뛰어난 장군이었을 뿐만 아니라 훌륭한 지도자이기도 했습니다. 국민 교육 제도를 확립하고, 훈장 제도를 도입했으며, 프랑스은행을 설립합니다.

가장 큰 업적은 나폴레옹 법전의 편찬입니다. 이 법전은 로마법 대전의 개량판이자, 근대의 대륙법을 대표하는 법전으로 2024년 현재까지 수정되어서 프랑스의 법전으로 사용되고 있습니다.

나폴레옹, 황제가 되다

나폴레옹은 1804년 자신을 황제로 선포하고 나폴레옹 1세에 등극합니다. 대관식이 굉장히 예외적인 형태로 이루어졌습니다. 샤를마뉴 이래 대관식은 로마 성 베드로 대성당에서 교황이 관을 머리에 씌워주는 것이었습니다. 그런데 나폴레옹은 교황 비오 7세를 파리 노트르담 대성당으로 불러놓고는 자신이 직접 관을 집어 머리에 씁니다. 그리고 아내에게 자신이 대관식을 합니다.

나폴레옹은 프랑스의 황제가 아니라 유럽의 황제입니다. 이것을 증명하려고 그랬는지 사방으로 정복 전쟁을 펼칩니다. 1805년 10월 오스트리아의 빈을 함락시켰고, 그해 12월 아우스터리츠 전투에서 오스트리아-러시아 연합군에게 압승을 거두며 신성 로마 황제와 동로마 황제의 후예를 자처했던 러시아 황제를 모두 눌러버립니다.

1806년 8월 오스트리아 황제 프란츠 2세가 반강제적으로 신성 로마 황제 자리에서 내려오면서 신성 로마 제국은 해체됩니다. 프로이센이 이에 반발하여 1806년 10월 예나-아우어슈테트 전투를 벌이나 참패당합니다.

• 나폴레옹 1세의 대관식

제국의 내리막길

나폴레옹은 1805년 10월 발생한 트라팔가르 해전에서 패배하며 영국 점령에 실패합니다. 나폴레옹은 영국을 고립시키고자 1806년 영국과의 무역을 금지하는 대륙 봉쇄령을 내립니다. 하지만 영국은 식민지와의 무역으로 별 타격이 없었고 오히려 대륙은 영국으로부터 수입을 못 하게 되어 경제적으로 큰 타격을 입게 됩니다.

나폴레옹은 대륙봉쇄령을 강화하기 위해 포르투갈을 점령하고 스페인 왕위를 빼앗아 자신의 형 조제프 보나파르트에게 넘깁니다. 하지만 이런 행동은 스페인 민중의 반감을 삽니다.

영국이 지상군을 이베리아반도로 파병하면서 이베리아반도 전쟁이 시작됩니다. 스페인 게릴라군과의 싸움에서 나폴레옹의 전술은 무용지물이었습니다. 끝없는 전투에서 프랑스군은 약 30만 명의 병력을 잃습니다.

나폴레옹은 대륙 봉쇄령을 무시하고 계속 통상하던 러시아를 응징하고자 1812년 60만 대군을 일으켜 러시아 정벌에 나섭니다. 스페인과 러시아라는 두 개의 전선을 동시에 만든 것은 나폴레옹의 명백한 실수입니다. 20세기 미국 수준의 압도적인 강대국이 아니라면 양면 전쟁은 불가능합니다. 결국

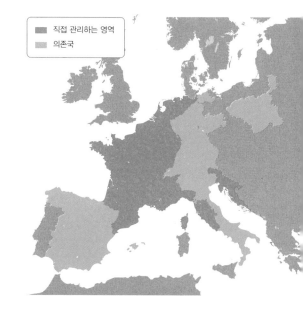

■ 직접 관리하는 영역
■ 의존국

러시아의 청야전술과 퇴각할 때 동장군冬將軍의 습격으로 총병력 60만 중 25만이 전사하고 10만 명이 포로가 되었으며 15만 명이 부상 또는 실종 되었습니다.

나폴레옹의 몰락

영국, 러시아, 프로이센, 스웨덴, 오스트리아 등이 반프랑스 동맹을 맺 어 프랑스를 공격합니다. 나폴레옹은 러시아 원정에서 너무 많은 병사를 잃어 특유의 기동전을 실행할 수 없었고 결국 1813년 라이프치히 전투에 서 패배합니다.

나폴레옹은 1814년 4월 퇴위를 선언하고 동맹국에 투항합니다. 동맹국 은 나폴레옹을 엘바섬으로 유배 보내고, 루이 16세의 1살 아래 동생인 프 로방스 백작을 루이 18세로 프랑스 왕으로 즉위시킵니다. (프랑스 혁명의 실패) 하지만 나폴레옹 은 엘바섬에서 탈출하 여 1815년 3월 20일 파 리로 귀환해 다시 황제 로 즉위합니다. 동맹군 은 나폴레옹을 공격했 고, 그는 워털루 전투에 서 패배하며 세인트헬 레나섬으로 유배되었고 그곳에서 사망합니다.

• 세인트헬레나섬

나폴레옹의 영향

나폴레옹의 즉위로 프랑스 혁명의 이념인 자유주의는 권위주의, 보수주의 성향의 보나파르트주의로 변질됩니다. 그나마 이 이념도 프랑스에서만 작용하는 것이지 나폴레옹이 침략한 외국에서는 전혀 통치이념이 아니었습니다.

나폴레옹의 압제를 받은 나라에서는 집단적 동질감·소속감·연대감에 기반한 공동체인 네이션nation을 중시하는 내셔널리즘Nationalism이 탄생합니다. 내셔널리즘은 유럽에 국민국가를 탄생시키는데 기여합니다.

> ### ⊘ 읽을거리
>
> 나폴레옹은 정보를 수집한 뒤 부대를 분산하여 빠른 속도로 목표를 향해 전개 후 결집해 전장에서는 적보다 더 많은 병력으로 전투하는 전술을 사용했습니다.
>
> 이를 위해서 보병들의 군장에서 텐트를 빼버리고 식량을 병조림으로 대체하는 등으로 무게를 줄여서 기동성을 살렸습니다. 다른 유럽의 부대보다 2배에서 어떨 때는 3배 정도 빠르게 행군했다고 합니다. (다른 나라-분당 70보, 프랑스-분당 120보) 하지만 러시아 원정 이후 베테랑들이 사라지고, 다른 국가들도 이 전술을 따라 하면서 나폴레옹은 전투에서 패배하게 됩니다.

국민국가의 형성

나폴레옹 몰락 후 전후처리를 위해 오스트리아 빈에서 메테르니히의 주재로 국제회의가 열립니다. 회의에서는 나폴레옹 전쟁의 원인을 자유주의와 내셔널리즘의 확산으로 보았습니다. 그리고 그 해결책으로 '혁명이 일어나기 이전의 구舊 체제Ancien Régime(앙시앵 레짐)로 되돌아가야 한다'라고 결론 내립니다. 이를 위해 유럽 국가들은 자유주의와 내셔널리즘이 다시 일어나지 않도록 비밀경찰을 통한 감시, 언론 검열 등을 펼치고 자유주의와 내셔널리즘 운동이 일어나면 가혹하게 진압합니다. 이를 빈 체제라고 합니다.

하지만 빈 체제는 오히려 자유주의와 내셔널리즘을 부추겼고 유럽의 영향권에서 멀리 떨어진 라틴 아메리카와 그리스가 독립하여 국민국가를 설립합니다.

프랑스에서 일어난 두 번의 혁명

나폴레옹 몰락 후 부르봉 왕가의 샤를 10세가 프랑스의 왕이 됩니다. 하지만 그는 전제군주제만을 추구하고 입헌정치, 자유주의는 아예 인정조차 하지 않는 인간이었습니다. 1830년 7월 선거에서 반 왕당파들이 압승을 거두자, 불안해진 샤를 10세는 7월 25일 출판의 자유를 정지하고 하원을 해산시키고 선거 자격을 제한한다는 내용을 담은 7월 칙령을 발표합니다. 분노한 민중들이 집 밖으로 뛰쳐나와 항의 시위를 벌입니다. 7월 28일에는 파리에서는 바리케이드가 구축됩니다. 이를 7월 혁명이라 합니다. 샤를 10세는 영국으로 망명했고 8월 9일 자유주의자 오를레앙 공작 루이 필리프가 즉위하여 입헌군주제에 따라 개혁을 추진합니다.

그런데 루이 필리프는 너무나도 무능한 사람이었습니다. 이 시기 프랑스에서는 재산 보유액에 근거하여 제한적으로 투표권을 주었는데, 재산 보유액의 기준이 오로지 토지였습니다. 그 때문에 정치권력은 소수의 지주에게 집중되었고 산업자본가들과 다수의 노동자는 정치권력에서 제외되었습니다.

이 문제를 해결하기 위해 1848년 2월 파리 마들렌 광장에서는 공개토론회가 개최될 예정이었는데 소요를 우려한 정부가 군대를 동원하여 토론회 개최를 방해합니다. 분노한 민중들은 2월 22일 무렵 파리 곳곳에 1500개의 바리케이드를 설치하고 시위를 벌입니다. 결국 2월 24일 루이 필리프 1세는 퇴위하고 영국으로 망명합니다. 2월 혁명의 정신은 전 유럽으로 번져 빈 체제가 붕괴하였으며, 이탈리아와 독일에서는 통일 운동이 본격적으로 일어나게 됩니다. 빅토르 위고의《레 미제라블》이 이 시대를 배경으로 합니다.

그런데 프랑스는 이렇게 열심히 혁명을 일으키고는 그해 12월 대통령 선거에서 나폴레옹 1세의 조카인 샤를 루이 나폴레옹을 당선시킵니다. 샤를 루이 나폴레옹은 파리 샹젤리제 거리의 폭을 확 넓힙니다. 이유는 바리케이드로 길을 막지 못하게 하기 위함입니다. 큰아버지처럼 선동에 능했던 샤를 루이 나폴레옹은 자신이 황제가 되어야 프랑스가 발전할 수 있다며 민중을 선동하였고, 1852년 11월 21일과 22일에 치러진 국민투표에서 압도적인 찬성을 받아 12월 2일에 정식으로 제국을 선포하고는 황제 나폴레옹 3세로 즉위합니다.

그런데 나폴레옹 3세는 정치를 무척 잘했습니다. 1863년 유한책임회사 제도 승인, 1865년에는 수표 사용, 1867년 유한회사 제도를 승인합니다. 각종 해운 회사가 설립되고, 대형 백화점도 설립되는 등 경제를 부흥시킵니다. 이 외에도 철도, 전신, 차도, 하수도, 가스등, 근대 항구 등을 설치,

정비합니다. 노동자 인권에도 신경을 써 1851년 공휴일 및 주말 작업 금지 제도, 1852년 공공부조 제도, 1855년 빈곤층 무료 급식 제도, 1864년 결사, 쟁의의 자유 인정, 1868년 집회의 자유를 인정합니다. 여성 인권도 관심을 기울여 1861년 여성 최초로 바칼로레아 입학생이 생겼으며, 1866년에는 의약학 대학에 여성 입학생이 생깁니다. 그리고 인구 500명 이상인 지자체에는 여성 교육을 위한 여학교를 개교할 것을 명령하기도 합니다.

하지만 제국주의 팽창정책을 펼치다가 몰락합니다. 베트남 침공, 제2차 아편전쟁, 병인양요, 크림 전쟁, 이탈리아 통일 전쟁 등 사방으로 정벌을 나섰지만 신통한 결과를 얻지 못했고, 1870년 보불전쟁에 직접 출전했으나 프로이센에 패배하고 포로로 잡히며 몰락합니다. 프랑스의 여론이 자기로부터 돌아서자 1871년 3월 영국으로 망명합니다. 영국에서 쿠데타를 계획했지만 실행하지 못하고 프랑스 최초의 대통령이자 마지막 황제는 사망합니다.

이탈리아 통일

프랑스 혁명을 통해 전파된 자유주의 사상에 힘입어 카르보나리당은 1810년대부터 빈 체제에 항거하며 통일운동을 전개합니다. 1831년부터는 주세페 마치니가 이끄는 청년 이탈리아당이 통일을 주장합니다. 카밀로 카보우르는 1847년 〈리소르지멘토〉를 발간하여 사보이아 왕가를 중심으로 하는 이탈리아의 통일을 제창합니다.

1848년 1월 시칠리아가 부르봉 가문의 양兩시칠리아 왕국으로부터 독립을 선언합니다. 이때부터 이탈리아 전역에서 빈 체제에 항거하는 움직임이 일어납니다. 1848년 11월 교황령 장관이었던 펠레그리노 로시가 암살당하고 1849년 2월 9일 주세페 마치니를 대통령으로 세운 로마 공화국이 수립됩니다. 생명의 위협을 느낀 교황 비오 9세가 로마에서 탈출하여 양시칠리아 왕국으로 도망칩니다. 이에 호응해 사보이아 가문의 사르데냐-피에몬테 왕국의 국왕이었던 카를로 알베르토는 밀라노를 샤르데냐-피에몬테 왕국에 병합하기 위해 오스트리아와의 전쟁을 벌입니다. 그러나 1849년 3월 23일의 노바라 전투에서 요제프 라데츠키가 이끄는 오스트리아 제국군에게 대패합니다. 카를로 알베르토 국왕은 아들인 비토리오 에마누엘레 왕태자에게 왕위를 넘기고 물러납니다.

1859년 카밀로 카보우르는 프랑스 나폴레옹 3세로부터 사보이아 가문 지원 약속을 받아냅니다. 1860년 비토리오 에마누엘레 2세와 나폴레옹 3세는 토리노 조약을 체결하여 토스카나 대공국, 파르마 공국, 모데나 레조 공국, 교황령의 움브리아와 마르케가 속한 중부 이탈리아 연합주를 병합하는 대신 대대로 세습해 온 가문의 고향 사보이아와 프랑스에 인접한 항구도시 니차(니스)를 프랑스에 넘겨줍니다. 비토리오 에마누엘레 2세는 중-북부 이탈리아에서 국민투표를 실시하고 찬성을 받아 이 지역을 대★ 사르데냐-피에몬테 왕국으로 흡수합니다.

1860년 5월 주세페 가리발디가 이끄는 붉은 셔츠단 원정대 1000여 명이 시칠리아섬을 시작으로 이탈리아반도를 북상하며 양시칠리아 군을 격파하고 9월 나폴리에 입성합니다. 주세페 가리발디는 10월 26일 사르데냐-피에몬테의 국왕 비토리오 에마누엘레 2세와 만난 자리에서 아무 조건 없이 자신이 점령한 모든 영토를 비토리오 에마누엘레 2세에게 헌납합니다. 1861년 3월 17일 토리노에서 신생 이탈리아 왕국의 탄생이 선포되

었고 초대 이탈리아 왕국 의회는 비토리오 에마누엘레 2세에게 이탈리아 국왕의 칭호를 수여합니다.

1870년 9월 20일 이탈리아 왕국 군이 로마에 입성하고 10월 2일 주민 투표를 통해 로마 및 라치오 지방을 공식적으로 병합하며 이탈리아 통일은 완수되고, 교황령은 사라집니다.

크림전쟁

1771년 오스만 제국을 상대로 전쟁에서 승리하여 크림반도를 확보한 러시아는 이 지역에 요새와 항구를 건설하고 해군을 양성하며 본격적인 남하를 시작합니다. 그 때문에 지중해로 나가는 길인 보스포루스 해협, 다르다넬스 해협의 통행권을 놓고 오스만과 사사건건 충돌합니다.

러시아의 남하가 마음에 들지 않았던 영국은 오스만에게 전면적인 참전을 포함한 모든 지원을 할 테니 러시아와 전쟁을 하라고 부추깁니다. 구

• (좌) 영국 제식 소총 패턴 1853 엔필드, (우) 미니에탄

겨진 자존심을 세우고 싶었던 오스만은 1853년 10월 4일 러시아 제국에 전쟁을 선포하며 크림전쟁이 발발합니다. 이름은 크림전쟁이지만 크림반도에서만 벌어진 전쟁이 아닙니다. 크림반도, 흑해, 아조프해, 캅카스, 발트해, 태평양 등 여러 곳에서 전투가 벌어집니다. 또한 오스만–영국–프랑스–사르데냐 연합과 러시아–그리스 연합의 대결이었습니다.

러시아 해군은 '터지는 포탄', 즉 작렬탄을 처음 실전에 사용합니다. 프랑스는 이에 맞서 철갑선의 일종인 데바스타시옹급 부유 포대를 투입합니다. 또한 영국과 프랑스는 개인 무장으로 빠르고 편리한 장전과 기존 총의 4배 사거리인 365미터가 날아가는 미니에탄을 사용합니다.

러시아는 패전했으며 파리 강화 회의에서 엄청난 양보를 해야만 했습니다. 국경은 전쟁 이전으로 되돌려졌으며, 흑해 함대를 해산하고 흑해 연안의 요새들도 철거해야 했습니다. 그리고 도나우 공국에 대한 영유권도 영구히 포기해야 했습니다. 크림전쟁은 전투에 의한 사망자뿐 아니라 전

• 당시 사진 기술이 좋지 못해 위 사진에서 병사들은 20분을 가만히 있어야 했습니다.

염병에 의한 사망자도 많이 발생한 전쟁입니다. 영국의 경우는 나이팅게일이 활약으로 병사자를 줄일 수 있었습니다. 그리고 종군기자와 사진이 처음으로 사용된 전쟁입니다.

러시아 알렉산드르 2세의 개혁

러시아의 황제 알렉산드르 2세는 크림 전쟁 패배의 원인을 분석합니다. 그가 분석한 패인은 농노제였습니다. 19세기 중반 러시아의 인구 6700만 명 중 5000만 명은 농민이고 5000만 농민 중에서 4000만 명은 농노였습니다. 농노는 작업 효율이 떨어지고 책임감도 없습니다. 그 때문에 농노제를 유지한다면 기술이나 경제의 발전을 기대할 수 없습니다. 알렉산드르 2세는 귀족들의 반대에도 불구하고 1861년 농노를 해방합니다. 이후 30년 동안 경작지는 25퍼센트가 늘어났고 식량의 총 수확량은 30퍼센트가 늘어납니다.

알렉산드르 2세는 러시아의 산업화에도 박차를 가합니다. 공장에서는 농노에서 해방된 자유민들이 고용되고 교육 개혁을 통해 글을 읽을 줄 아는 사람이 늘어나면서 숙련공들도 늘어납니다. 경제가 돌아가고 기술이 발전하면서 군제軍制도 개편할 수 있게 됩니다.

한편 지식인들은 농촌에서 계몽운동인 브나로드 운동을 펼치지만, 그곳에 살던 농민들 대부분이 문맹이라 계몽운동 자체를 이해 못 하는 바람에 실패합니다. 실망한 일부 운동가들은 사회가 혼란해지면 농민들이 혁명을 일으킬 것으로 생각하고 테러를 벌이기도 합니다. 대표적인 것이 1881년 알렉산드르 2세 암살 사건입니다.

독일, 통일에 다가서다

1830년대 독일 지역의 두 강대국인 오스트리아 제국과 프로이센 왕국은 누구의 주도하에 독일을 통일할 것인지를 두고 대립하고 있었습니다. 오스트리아 제국을 중심으로 두는 통일 방안을 대독일주의라고 하는데, 오스트리아가 독일 민족뿐 아니라 슬라브인, 헝가리인, 이탈리아인, 유대인 등 여러 이민족까지 통치하는 다민족국가이기 때문에 필연적으로 다민족 국가가 될 수밖에 없습니다. 프로이센을 중심으로 두는 통일 방안을 소독일주의라고 하는데, 다민족국가인 오스트리아를 제외하고 독일인 단일민족 위주의 통일 방안입니다.

1834년 프로이센의 주도로 오스트리아를 제외한 독일계 국가들이 관세동맹을 체결합니다. 이에 따라 독일 내부에서 관세가 철폐되고 화폐, 도량형, 교통 제도 등에 대한 통일된 규정이 마련됩니다. 대독일주의를 주장한 오스트리아가 반발하고 이 때문에 1866년 프로이센-오스트리아 전쟁이 발발합니다.

프로이센의 재상 오토 폰 비스마르크는 무력을 통해서만 통일이 달성될 수 있다고 결론짓고 1862년부터 프로이센의 산업화를 추진하고 대규모로 군비를 확장하는 철혈 정책을 펼쳤습니다. 오스트리아 제국군은 막강한 군사 대국으로 성장한 프로이센군을

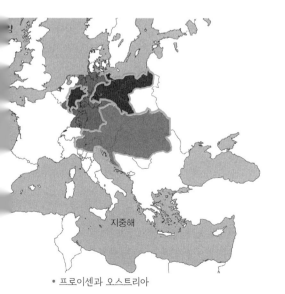

• 프로이센과 오스트리아

지중해

이기지 못합니다. 결국 해당 전쟁으로 소독일주의가 대세가 됩니다. 이 전쟁으로 1867년 독일 연방은 해체가 됩니다. 비스마르크는 외교력을 발휘하여 프로이센 중심의 북독일 연방을 구성합니다. 독일 남부에는 뷔르템베르크 왕국, 바이에른 왕국, 바덴 대공국, 헤센 대공국이 독립국으로 남게 됩니다. 그리고 오스트리아는 헝가리와 연합하여 오스트리아-헝가리 제국이 됩니다.

보불전쟁

1870년에는 프로이센-프랑스 전쟁(보불전쟁)이 일어납니다. 전쟁의 계기는 무척 사소한 것입니다. 1868년 스페인 여왕 이사벨 2세가 혁명으로 쫓겨나면서 왕위가 비자 스페인은 빌헬름 1세의 친척인 호엔촐레른지크마링겐 가문의 레오폴트 왕자에게 왕위를 제의합니다. 레오폴트 왕자는 처음에 관심을 보였지만, 빌헬름 1세가 반대하고 프랑스가 압력을 넣자 포기합니다. 나폴레옹 3세는 빌헬름 1세에게 왕위 포기 사실을 문서로써 보장할 것을 프랑스 대사를 통해 요구합니다. 시답잖은 요구에 빈정이 상한 빌헬름 1세는 단호히 거절합니다. 그런데 이 사건을 양국의 언론이 확대·재생산하여 보도하면서 전쟁이 터집니다.

프랑스가 먼저 선전포고를 하고 국경지대로 진격하지만, 언제든지 전쟁할 준비가 되어있던 프로이센은 철도를 이용하여 상비군을 신속히 동원하여 오히려 프랑스보다 빨리 국경을 넘습니다. 9월 1일 나폴레옹 3세가 항복하면서 전쟁이 끝나나 했는데, 파리 시민들은 나폴레옹 3세를 황제에서 퇴위시키고 루이 쥘 트로쉬를 대통령으로 하는 공화국을 세운 후 국민방위군을 조직하며 전쟁을 계속합니다. 프로이센은 파리로 진격해 9월 19

일 파리 주위를 봉쇄합니다.

한편 프랑스를 편들었던 독일 남부의 국가들도 11월 북독일 연방헌법을 수정한 새로운 연방헌법에 조인하면서 독일은 통일됩니다.

파리는 약 4개월에 걸친 포위로 식량이 바닥나서 동물원의 동물들, 개, 고양이에 쥐까지 먹을 수 있는 건 다 잡아먹는 지경에 이르자 국민방위정부는 강화를 제의합니다. 1871년 1월, 휴전 협정이 체결되었고 빌헬름 1세는 비스마르크의 설득으로 1월 18일 베르사유 궁전에서 독일 제국(제2제국)의 탄생을 선포하고 초대 황제로 즉위합니다.

프랑스는 프랑스 GNP의 25퍼센트에 해당하는 50억 프랑의 배상금과 알자스－로렌 지방을 빼앗깁니다. (알퐁스 도데의 《마지막 수업》 배경) 이 와중에 세계 최초의 사회주의 정부인 파리 코뮌이 들어서지만 결국 진압되었고 무려 1만 명이 넘는 파리 코뮌 가담자가 총살당합니다.

영국, 자본주의의 치부를 드러내다

산업혁명

산업혁명은 여러 가지 요소가 겹치면서 발생했습니다.

첫째, 시민혁명 때문에 정치적으로 안정됩니다.

둘째, 식민지 지배로 막대한 자본을 확보합니다.

셋째, 지주들이 소규모 토지를 대규모 농장에 합병하는 인클로저 운동 때문에 많은 농민이 노동자가 됩니다.

넷째, 영국에는 기계를 만들 철과 동력을 제공할 석탄이 풍부했습니다.

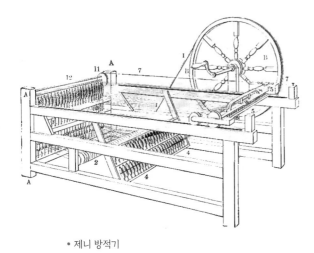

• 제니 방적기

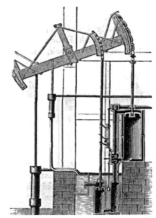

• 와트 증기 기관

다섯째, 면직물의 수요가 급증합니다.

18세기에 들어 면직물의 수요가 급증하자 공장에서는 방적기를 들이고 노동자를 고용해 면직물을 생산합니다. 방적기의 동력으로는 수력이 사용되었지만 제임스 와트는 증기 기관을 개량해 수력을 대신하면서 대량 생산을 할 수 있게 됩니다. 증기기관은 곧 기차나 배에도 사용되며 교통도 진보하게 됩니다. 그러나 산업 혁명으로 이득을 본 사람들은 자본가들입니다.

공업화로 농촌 인구 대부분이 도시로 몰리게 되어 도시 인구가 폭발적으로 증가합니다. 도시에서는 주택이 부족해지고 위생도 엉망으로 변합니다. 공장주들은 노동자들에게 장시간 노동을 강요했고, 어린이들까지 강제 노동에 시달려야 했습니다. 노동자들은 러다이트(기계 파괴) 운동을 벌이기도 하고, 노동조합을 결성해 공장주에게 맞서기도 합니다. 하지만 노동자들의 처우는 전혀 나아지지 않습니다.

부르주아를 위한 개혁

영국은 일정 이상 재산을 가진 성인 남성에게만 참정권이 있었습니다. 영국 중산층과 노동 계층은 연대해서 재산의 보유액과 상관없이 성인 남성 전체에게 투표권을 달라고 요구하는 차티스트 운동을 일으킵니다. 그러자 의회는 도시의 중산층에게만 선거권을 줍니다. 중산층은 연대에서 손을 떼버립니다. 1838년부터 노동자들은 대도시에서 집회를 하고 수백만 명의 서명이 담긴 청원을 영국 하원에 제출합니다. 하지만 의회는 청원을 부결하고 집회는 강제 해산시킵니다. 1858년 전국헌장협회가 해체되면서 차티스트 운동은 실패로 돌아갑니다.

경제 개혁으로는 곡물법 폐지(1846년)와 항해법 폐지(1849년)가 있습니다. 항해법은 자유주의 경제 체제 확립을 위해 폐지됩니다. 하지만 곡물법은 전혀 다른 이유로 폐지됩니다. 나폴레옹 전쟁으로 곡물 수입이 봉쇄되면서 영국 내 곡물 가격이 치솟고, 덕분에 지주 귀족 계층들은 막대한 이득을 얻습니다. 그런데 전쟁이 끝나면서 곡물 가격이 내려가자 지주 귀족 계층들은 영국 내의 자영농들을 보호한다는 명목으로 외국산 곡물의 수입을 금지하는 곡물법을 만듭니다. 1828년 영국산 곡물의 가격 변동에 따라 관세율도 변하도록 규정한 '신곡물법'이 제정되었지만 노동자들은 여전히 비싼 빵을 먹어야 했습니다.

그런데 곡물법 폐지를 주장한 것은 노동자들이 아니라 자본가들입니다. 자본가들은 이윤을 많이 남기기 위해 월급을 적게 주려고 합니다. 하지만 임금을 최저 생계비 이하로 깎을 수는 없습니다. 1839년 맨체스터에서 자본가 중심의 반-곡물법 단체가 결성되었고 1846년 곡물법은 폐지되고 자본가들은 월급을 깎을 수 있게 됩니다. 이런 부르주아의 횡포 때문에 마르크스가 공산주의를 주장하게 됩니다.

아일랜드 대기근

1801년 그레이트브리튼 연합왕국United Kingdom of Great Britain은 아일랜드를 병합하며 그레이트브리튼 아일랜드 연합왕국United Kingdom of Great Britain and Ireland, 즉 영국이 됩니다. 하지만 영국은 아일랜드 사람들을 같은 국민으로 취급하지 않았습니다.

영국 정부는 아일랜드의 농작물을 수탈하였고 아일랜드 사람들은 감자만 먹고살았습니다. 그런데 1845년부터 1852년까지 감자가 병들어 버립니다. 영국 정부는 농작물 수탈을 중지한다던가 아일랜드인을 식민지로 이민 보내는 등 여러 가지 방안이 있음에도 불구하고 그냥 방치해버립니다. 그 결과 100만여 명이 아사하고 100만여 명은 기근을 피해 미국 등으로 이민 길에 올라 기근이 끝날 시점 아일랜드 인구의 25퍼센트가 없어집니다.

자본주의와 공산주의

자본주의를 구체적으로 분석과 관찰하여 최초로 정의한 사람은 마르크스입니다. 자본주의의 핵심 요건은 다음과 같습니다.

- 사회 공동체 내에서 재화의 사적 소유권 인정
- 혈통적 조건이 아닌 생산수단의 소유로 결정되는 뚜렷한 계층의 존재 (가진 자=부르주아, 못 가진 자=프롤레타리아)

마르크스는 《자본론》에서 자본주의를 비판하는 경제이론을 내놓습니다. 이 이론의 핵심은 잉여 가치론과 공황이론입니다. 그는 상품의 가치를 결정하는 것은 노동량뿐이라고 주장합니다. 자본가는 노동자를 고용하여 일을 시키고 노동량보다 임금을 적게 줍니다. 그 차이는 잉여가치라고 합니다. 자본가의 목적은 잉여가치, 즉 이윤을 늘리는 것입니다. 자본가들은 이윤을 늘리기 위해 더 많은 자본을 투자합니다. 예를 들어 더 좋은 성능의 기계를 도입하여 생산 비용을 절감하면 더 많은 이윤을 얻을 수 있습니다. 그런데 자본가들이 경쟁적으로 투자를 하게 되면 과잉생산이 되어 투자 대비 이윤은 줄어듭니다. 이윤이 줄면 투자가 위축되고, 궁극적으로는 공황이 닥칩니다. 공황으로 실업이 증가하고 많은 기업이 도산되면 과잉생산이 처리되어 경기는 다시 살아납니다.

마르크스는 이런 주기적인 공황과 실업은 노동자계급의 삶을 파괴할 것이고 불만에 가득 찬 노동자들은 결국 혁명을 통해 자본주의를 무너트릴 것이라고 예언합니다.

한 나라가 혁명이 성공하면 다른 자본주의 나라가 혁명을 방해하려고 그 나라를 공격합니다. 이런 사태를 방어하기 위해 그 나라는 프롤레타리아 독재를 할 수밖에 없습니다. (소위 말하는 공산당입니다.)

전 세계에서 자본주의가 무너지면 공산주의 경제 체제가 들어섭니다. 사적 소유는 철폐되고 생산수단은 공유화됩니다. 노동은 생존을 위해서 해야만 하는 고통이 아니라 자아를 실현하기 위한 즐거운 오락이 됩니다. 노동량은 자기가 스스로 정할 수 있습니다. 사회적으로는 지배와 피지배를 나누는 사회적 계급이 소멸할 것이라고 예언했습니다.

마르크스 사후 그가 미처 다 쓰지 못한 《자본론》의 2권과 3권의 원고는 그의 절친인 프리드리히 엥겔스가 정리하여 출판합니다. 그는 카를 마르크스의 이론을 체계적으로 정리하여 마르크스주의를 창시하였고, 이 이념을 바탕으로 제2인터내셔널을 설립해 국제공산주의 운동에도 힘썼습니다.

미국의 발전

영토의 확장

미국은 동부에서 중부로 원주민들을 내쫓으며 계속 확장합니다. 1800년이 되자 미국의 영토는 프랑스의 식민지인 루이지애나와 국경을 접하게 됩니다. 문제는 루이지애나가 미시시피강 하류를 차지하고 있다는 것입니다. 만약 프랑스가 미시시피강을 봉쇄하면 미국 남부의 수운이 완전히 막히게 됩니다. 토머스 제퍼슨 대통령은 교역권이나 협상하자고 사람을 보냈는데, 나폴레옹 보나파르트가 "차라리 그 땅을 통째로 사라"라는 제안을 합니다.

나폴레옹 입장에서는 관리하기 힘든 황무지였으며 결국에는 미국이 어떤 방식으로든 차지할 것으로 생각한 것 같습니다. 제퍼슨은 나폴레옹이 마음 바뀌기 전에 서둘러 매입합니다.

루이지애나를 구입하자 이번에는 멕시코와 국경을 맞대게 됩니다. 그런데 멕시코는 1821년 독립한 나라로 이미 텍사스 인구의 90퍼센트가 미국인 이주민들이었습니다. 멕시코 대통령 산타 안나는 텍사스 이주민 세력에게 철수할 것을 명령합니다. 하지만 이주민 세력은 이에 반발하여 반란을 일으키고 텍사스 공화국을 세웁니다. 산타 안나가 직접 지휘한 멕시코군은 알라모 등지에서 큰 승리를 거두며 진격했으나 산 하신토 전투에서 대패하고 산타 안나가 포로로 잡힙니다. 그는 텍사스의 독립을 인정하는 조약을 맺고 풀려나지만, 산타 안나가 잡혀 있던 사이 멕시코 정부는 그를 대통령직에서 파면시켰기 때문에 조약은 무효가 됩니다. 그리고 다시 대통령에 당선이 된 산타 안나는 텍사스를 또 공격합니다. 텍사스 공화국은 독립과 연방합류를 두고 갈등하다가 연방합류파가 승리하여 1845년 12월 29일 미국의 28번째 주로 합류합니다.

화가 난 멕시코는 미국과의 외교관계를 단절합니다. 그런데 팽창론자였던 당시의 미국 대통령 제임스 포크는 이번 기회에 태평양 출구인 캘리포니아까지 빼앗자고 주장합니다. 그리고 전쟁 명분을 만들기 위해 국경에서 일부러 충돌을 일으킵니다. 포크 대통령은 멕시코가 국경을 침범했다는 이유로 멕시코에 선전포고하려고 합니다. 그런데 반전주의파였던 에이브러햄 링컨이 대통령에게 충돌이 벌어진 장소를 정확히 지도에 찍으라고 했더니 대통령은 이에 불응했습니다. 대통령이 억지 주장을 한다는 것을 간파한 반전주의파는 협상을 요구하지만 그들의 힘이 너무 약했기 때문에 선전포고가 이루어지고 1846년 4월 25일 전쟁이 시작됩니다. 전쟁의 결과는 불을 보듯 뻔했고 수도인 멕시코시티까지 함락당합니다. 참패한 멕시코는 캘리포니아마저 빼앗깁니다.

1818년
(영국에서 넘겨받음)

오리건
1846년 (병합)

캘리포니아
1848년
(멕시코로부터 넘겨받음)

루이지애나
1803년
(프랑스로부터 매입)

독립 당시의 영토
1783년

1853년
(멕시코에서 사들임)

텍사스
1845년 (병합)

플로리다
1819년
(스페인에서 사들임)

• 미국의 영토확장

1867년에는 러시아 제국으로부터 알래스카를 매입합니다.

남북전쟁

미국 남부에서 산업혁명은 조면기의 발명에서 비롯됩니다. 목화에서 솜을 빼는 것은 무척 번거로운 작업이기 때문에 솜을 대량 생산할 수 없었습니다. 그런데 손쉽게 씨를 빼내는 조면기가 발명되면서 솜을 대량으로 생산할 수 있게 됩니다. 미국 남부는 흑인 노예를 투입해 대규모 목화 재배를 시작합니다.

그런데 노예제도는 인간의 자유와 행복 추구권을 명시한 미국의 헌법에 반하는 제도입니다. 그래서 링컨은 노예제도 폐지를 선언합니다. 하지만 목화 산업으로 먹고살던 미국 남부는 거세게 반발하더니 연방을 탈퇴하고 남부연합을 만듭니다. 하나의 미국이라는 이념을 가지고 있던 링컨은 남부연합이 돌아올 것을 설득하고 불응 시 무력 사용을 불사하겠다는 경고를 합니다. 하지만 남부연합은 이에 응하지 않았고 결국 남북전쟁이 벌어집니다.

남북전쟁은 최초의 근대적인 총력전입니다. 현대의 소총처럼 뒤로 총알을 집어넣는 후장식 금속 탄피 소총과 개틀링 기관총이 사용되었고, 해군에서는 철갑선, 증기선에 잠수함까지 사용됩니다.

그런데 남부연합은 영토와 인구도 북부에 밀리는 데다가 생산력도 빈약했고 공장이 없어 군수물자 생산도 어려웠습니다. 공업이 발달한 미합중국은 공장에서 군수물자를 대량으로 찍어낼 뿐 아니라 잘 발달한 교통망을 가지고 있었기 때문에 원활하게 보급이 이루어집니다.

결국 전쟁은 북군의 승리로 끝납니다. 하지만 미국 남부에서 흑인의 지위가 달라진 건 별로 없었습니다. 남부 강경지지자인 존 윌크스 부스에 의해 링컨이 암살되면서 부통령이던 남부 출신 앤드루 존슨이 대통령이 되는데 그는 노예해방에는 어물쩍한 태도를 보입니다. 남부에는 KKK 등이 창설되며 흑인에게 린치를 가하는 일도 벌어집니다.

한편 전쟁 특수로 북부는 엄청난 경제적 황금기를 맞이합니다. 존 데이비슨 록펠러, 앤드루 카네기, 존 피어폰트 모건이 죄다 이 시기의 사람들입니다.

아랍의 사정

무함마드 알리, 이집트를 회생시키다

무함마드 알리는 1805년 오스만 제국 이집트 총독으로 이집트에 부임합니다. 그는 나일강을 대대적으로 정비하고 면화와 곡물 재배를 권장하여 많은 이익을 얻었고, 수익을 교육, 산업, 보건, 국방에 전면적으로 투자하여 이집트를 부흥시킵니다.

1805년 사우드 가문이 아라비아반도에서 반란을 일으키자 이를 진압하였고, 1807년 영국의 이집트 원정군을 물리칩니다. 1821년 그리스에서 독립운동이 일어나자 오스만 술탄 마흐무트 2세는 무함마드에게 지원을 요청합니다. 무함마드는 지원군을 보내주는 대가로 이집트 총독 자리를 임명직에서 세습직으로 바꿔 달라고 요구했고 술탄은 이를 수용합니다.

무함마드의 활약으로 그리스의 반란은 평정되는 듯했으나 영국, 프랑스, 러시아가 개입하면서 오스만은 그리스의 독립을 인정합니다. (이때 유럽 군대가 파르테논 신전을 폭파했습니다.)

그런데 그리스가 독립하자 술탄은 무함마드와의 약속을 깨버렸고, 화가 난 무함마드는 1841년 오스만으로부터 사실상 독립합니다.

무함마드는 1859년 수에즈 운하 공사를 시작해 1869년 11월 17일 수에즈 운하를 개통합니다.

오스만 개혁 실패

셀림 3세는 제국의 우환거리가 된 예니체리를 없애려 했지만 실패하고 오히려 폐위, 암살당합니다. 셀림 3세의 사촌 동생인 마흐무트 2세는 즉위하고 18년 동안 몰래 유럽에서 신무기와 새 편제를 도입해 신식 군대를 양성한 후 1826년 예니체리를 해체합니다. 당연히 예니체리들은 반란을 일으켰으나, 신식 군대에 일방적으로 학살당합니다.

파디샤 압뒬메지트 1세는 오스만 제국의 개혁을 위해 1839년 탄지마트 헌법을 선포합니다. 중앙집권화, 세속화, 의회 권한의 신장, 백성의 기본권을 보장하는 헌법의 제정, 군대의 징집 방식과 복무 기간의 설정 등이 주요 개혁 방안이었습니다.

하지만 1877년 12차 러시아-튀르크 전쟁에서 패배하고 동유럽 영토를 거의 다 내주는 등 개혁의 성과가 없자 압뒬하미트 2세가 헌법을 정지하고 의회를 해산하는 등 전제정치를 부활시키며 실패합니다.

제국주의, 아프리카와 아시아를 피로 물들이다

신항로 개척 이후 서양 열강들은 아메리카, 아프리카에 식민지를 건설하고, 인도, 동남아에는 무역 거점을 장악하여 자원과 노동력을 약탈합니다.

19세기 후반에는 소수의 거대 기업이 시장을 독점하고 금융자본을 지배하는 독점자본주의가 나타나는데, 이들은 식민지에서 원료를 값싸게 공급받고 자국의 상품은 비싸게 팔아 막대한 이득을 챙깁니다. 그리고도 더 많은 이득을 얻기 위해 식민지를 확장하는 데 이를 제국주의라고 합니다. 그런데 유럽인들은 제국주의를 결코 침략이라 생각하지 않았습니다.

《정글북》의 작가로 1907년 노벨문학상 수상자인 러디어드 키플링은 아프리카인과 아시아인들을 미개한 종족이라 백인의 지배를 받는 것이며, 그들을 기독교 문명으로 개화시키는 것은 백인의 의무라는 주장을 합니다. 키플링이 이런 주장을 하게 된 배경에는 사회진화론과 인종주의가 있습니다.

사회진화론은 다윈의 진화론을 국가에 적용한 것으로 진화된 유럽이 진화가 덜 된 사회를 침략하는 것이 당연하다는 이론입니다. 인종주의는 인종 사이에 유전적 우열이 있으며 백인종이 가장 우수하다는 이론입니다.

아프리카 분할

리빙스턴과 스탠리의 탐험으로 아프리카 내부가 유럽에 알려지면서 유럽이 아프리카를 침략합니다.

영국은 1875년 이집트의 재정난을 이용해 수에즈 운하를 매입하여 인도로 가는 최단 항로를 확보하더니 아예 이집트를 보호국으로 만듭니다. 세실 로즈는 1880년 남아프리카에 드비어스 광산 회사를 설립하여 킴벌리에 위치한 대다수의 다이아몬드 광산을 독점합니다. 광산 재벌이 된 그는 이런 막강한 경제력을 바탕으로 정계에 진출하여 1889년 식민지의 치안·통치권을 가진 '대영제국 남아프리카 회사BSAC' 설립 허가를 받아냅니다. 1894년 그는 BSAC 원정군을 아프리카 각지에 파견해 영국 본토의 4.5배에 해당하는 광대한 토지를 점령하고 로디지아라 명명합니다. 세실 로즈 덕분에 영국은 아프리카 종단 정책을 추진할 수 있었습니다.

프랑스는 알제리와 마다가스카르를 차지하며 아프리카 횡단정책을 추진합니다. 두 나라는 결국 나일강 상류 파쇼다에서 충돌합니다. 전쟁 일보 직전까지 갔지만 1899년 영국은 이집트를, 프랑스는 모로코를 차지

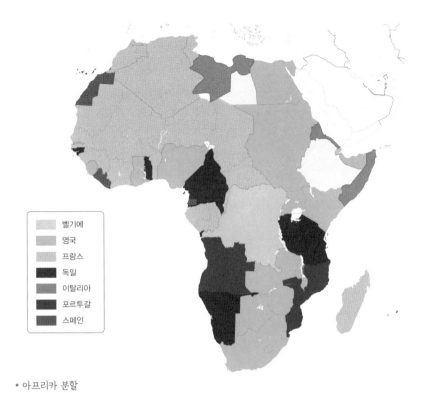

벨기에
영국
프랑스
독일
이탈리아
포르투갈
스페인

• 아프리카 분할

하기로 타협합니다. (당연히 이집트, 모로코의 의견 따위는 듣지도 않았습니다.)

영국과 프랑스뿐 아니라 벨기에, 이탈리아, 독일 등도 아프리카 분할에 동참하면서 라이베리아와 에티오피아를 제외하고 모든 지역이 식민지가 됩니다. 그중 벨기에는 콩고를 분할해 가졌는데, 고무 채취량을 충당하지 못했다는 이유로 딸의 손과 발을 잘라 죽이고 그 시체를 강제로 먹이는 악랄한 짓을 저지르기도 했습니다.

아시아, 태평양 분할

프랑스는 베트남, 캄보디아, 라오스 등으로 세력을 확장합니다. 이 와

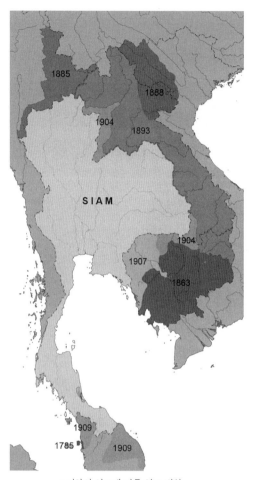

• 시암의 연도에 따른 영토 변화

중에 시암만은 독립을 지킬 수 있었습니다. (시암은 1939년 국호를 '태국'으로 바꿉니다.) 혹자는 동쪽 프랑스와 서쪽 영국이 완충지대로 남겨놓은 것이라고 하지만 절대로 그렇지 않습니다. 라마 5세로도 불리는 국왕 쭐랄롱꼰은 영국과 프랑스 사이에서 아슬아슬하게 줄타기하며 동쪽과 서쪽 영토를 희생해 지킨 것입니다.

네덜란드는 18세기 자바섬 장악 후 인도네시아 대부분을 식민지로 삼았습니다. 미국은 19세기 말 스페인과 전쟁에서 승리하며 쿠바를 보호국으로 삼았고, 괌과 하와이를 차지합니다. 그리고 필리핀까지 빼앗습니다.

러시아는 계속 남하하여 이란을 침략하고 아프가니스탄을 차지하려고 하다가 영국의 견제를 받습니다. 독일은 스페인으로부터 캐롤라인 제도, 팔라우 등을 매입합니다.

영국의 인도 지배

영국이 인도를 장악한 후 무굴제국은 영국의 허수아비 정권에 불과했습니다. 영국 동인도 회사는 토지를 약탈하고, 무거운 세금을 징수했으며 영국의 값싼 면제품을 수입해 인도 면직물 산업을 붕괴시킵니다.

또한 힌두교와 이슬람교의 종교 갈등을 이용해 민족 분열을 조장합니다. 그리고 인도인을 기독교로 강제 개종시키고 인도의 전통적인 관습을 폐지합니다. 그런데 인도의 관습을 무시한 것 때문에 세포이 항쟁이 벌어집니다.

세포이 반란

인도 주둔 영국 육군은 많은 인도인 용병을 고용합니다. 1850년 당시 영국군 26만 9000명 중 영국인은 4만 6000명에 불과했습니다. 인도인 용병들은 세포이라 불립니다. 이들은 영국인과 다르게 차별을 받았습니다. 게다가 이들의 수가 늘어나자 동인도 회사 측은 경비를 아끼려고 세포이들의 퇴직 연금 지급을 중단합니다. 세포이들의 불만이 고조되었고 여기에 화약 탄포 문제가 터지면서 1857년 세포이들이 반란을 일으킵니다.

세포이들에게 새로 보급된 영국 제식 소총 '패턴 1853 엔필드'는 미니에 탄과 프리쳇 탄을 사용할 수 있는데 영국은 장전에 편리한 프리쳇 탄을 지급합니다. 그런데 프리쳇 탄은 장전하려면 총탄의 종이 부분을 입으로 물고 뜯어야 했는데, 탄포에 힌두교도가 신성시하는 소의 기름과 무슬림이 부정한 것으로 여기는 돼지기름을 바른 것입니다.

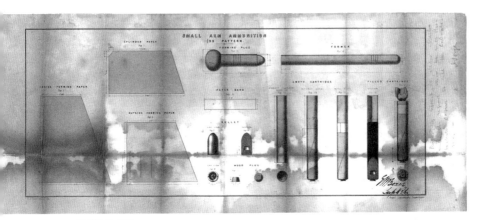

• 프리쳇 탄 구조

    세포이들은 순식간에 델리를 점령하고 무굴 황제의 통치 부활을 선언합니다. 하지만 세포이들이 목표로 한 것은 무굴 제국의 부활이 아니라 퇴직 연금의 부활이었습니다. 게다가 반란군은 민간인을 상대로 살인과 방화, 약탈을 저지릅니다.

    무굴 제국이라면 치를 떠는 시크교 세포이와 인도 남부 타밀족 세포이들은 영국에서 파견된 군대와 함께 세포이 반란을 진압합니다. (1859년)

    반란 이후 영국은 무굴 제국 황제를 폐위시켜 무굴 제국은 사라집니다. 1858년에는 동인도 회사가 해체되었기 때문에 영국이 총독을 보내 인도를 직접 통치합니다. 1877년 영국의 빅토리아 여왕이 '인도의 황제' 자리에 올라 영국령 인도 제국이 세워집니다.

청나라, 제국주의의 침략을 받다

청나라의 쇠락은 건륭제 말기부터 나타납니다. 건륭제는 제국의 위엄을 과시하기 위해 잦은 원정을 나갔고 그 때문에 재정을 탕진합니다. 게다가 치세 중후반부에는 니오후루 허션(화신)이라는 간신배에 빠져 그에게 국정을 맡깁니다. 허션은 온갖 부정부패를 저지르며 자신의 사리사욕을 채웠습니다. 1799년 건륭제가 사망하고 가경제가 실권을 잡자, 가경제는 화신을 파직시키고 그의 재산을 몰수합니다. 그리고 자결하라는 명령을 내립니다. 하지만 청나라는 이미 기둥뿌리부터 썩어들어가고 있었습니다.

백련교도의 난

1796년 백련교도의 난이 일어납니다. 청나라는 만주족 팔기군을 보내 난을 진압하고자 합니다. 그런데 팔기군은 예상과 달리 반란군의 교묘한 게릴라전에 말려 고전합니다. 1805년 청은 주민들을 소개하고 성을 쌓아 그곳으로 수용하여 반군과 주민들을 분리한 끝에 겨우 진압합니다. 그런데 반란을 진압한 세력은 만주 팔기군도 아니고 한족으로 구성된 녹영綠營도 아니었습니다. 지방의 유력가들이 소집한 의용병인 '향용鄕勇'이었습니다. 청나라 정규군이 한족 향용보다 못하다는 것을 깨달은 한족들은 만주족을 타도하기 위해 여기저기서 난을 일으킵니다.

제1차 아편전쟁

19세기 초 영국은 중국과의 무역에서 엄청난 적자를 봅니다. 영국은 산업 혁명으로 대량 생산한 면직물을 수출하려고 했지만, 청나라의 수많은 가구가 집에서 베틀로 만든 면직물이 훨씬 쌌습니다. 또한 영국에서는 중국의 차茶가 선풍적인 인기를 끌면서 엄청난 양의 차를 수입합니다. 차 이외에도 도자기와 비단에 대한 수요도 폭증하면서 무역적자가 급격하게 쌓이며 물품 대금으로 막대한 은銀이 청나라로 넘어갑니다. 영국은 적자를 메꾸기 위해 인도의 벵골에서 생산되는 아편을 파르시를 통해 청으로 수출합니다. 마약인 아편은 중독성 때문에 끊기가 어렵습니다. 당연히 아편은 불티나게 팔렸고 대중 무역 적자는 단숨에 흑자로 변합니다.

아편이 중국 사회를 좀먹어가자 청나라는 대대적인 단속에 들어갑니다. 청나라 고위 관료 가운데 보기 드물게 청렴하고 유능했던 임칙서를 1839년 3월 10일 서양과의 유일한 무역항인 광저우로 보냅니다. 임칙서는 강력한 아편 단속을 실시하여 아편 금지령을 위반한 1600명을 체포하고, 아편 2만 8000근을 몰수합니다. 5월 16일에는 영국 상인들로부터 아편 2만 1306 상자(약 1425톤)를 몰수합니다. 임칙서는 6월 3일에서 6월 25일까지 거대한 웅덩이를 파 바닷물을 끌어들이고 둑을 쌓아 인공 제방을 만든 후 아편과 생석회를 넣어 섞은 후 바다로 방류합니다.

임칙서는 후속 조치로 아편 무역을 금지하고 이에 불응하는 상선을 모두 추방합니다. 그러자 추방된 영국 상인 중 일부는 임칙서와 협상을 위해 2대의 상선을 이끌고 광저우로 향합니다. 청나라는 이들을 막기 위해 전함 29대를 보내면서 영국 상선과 청 해군과의 교전이 시작됩니다. 이를 천비해전이라 합니다. 그런데 2대의 영국 상선이 26대의 청나라 전함을 격침시킵니다. 청나라의 전투력이 형편없다는 것을 안 영국 상인들은 본국으로 가서 영국 정부에 중국과의 전쟁을 제안합니다.

영국에서는 주전론자인 아서 웰즐리 전 총리가 전쟁에 찬성하고, 초선 의원인 윌리엄 이워트 글래드스턴이 반대 의견을 냅니다. 이 문제는 표결에 들어갔고 271대 262로 전쟁 찬성파가 이기며 1840년 5월 전쟁이 시작됩니다.

임칙서는 천비해전의 패배에 경악하여 미국 상인에게 서양 대포 300문과 함선을 구매하고 주민을 동원해 방어 체계를 강화하고 있었습니다. 하지만 사태의 심각성을 몰랐던 도광제는 임칙서를 파면하고 영국과 협상에 들어갑니다. 그러나 영국은 몰수한 아편 배상과 청의 항구 5곳 개항, 홍콩 양도, 영국 시민에게 청 황제와 맞먹는 동등한 지위 인정, 광동 지역 무역을 청나라가 복구한다는 등의 조건을 내겁니다. 너무나 무리한 요구에 화가 난 도광제는 대영제국에 선전포고하면서 본격적인 전투가 시작됩니다.

그러나 유럽에서 산전수전 다 겪은 영국군을 상대로, 구식인 데다가 기강마저 해이한 청군이 이길 수는 없습니다. 총사령관 혁산은 이기지도 않은 승전보고서를 올렸고, 부사령관 양방은 영국 대포가 빗나가라고 성벽에 여자 오줌을 발랐습니다.

영국군은 상하이를 함락하고 거침없이 진격해 남경까지 함락합니다. 청은 부랴부랴 화의를 청합니다. 1842년 8월 29일 맺어진 난징조약은 이전에 영국이 요구한 사항을 다 들어있는 불평등조약입니다. 유럽 열강들은 청나라에 영국과 같은 수준의 조약 체결을 요구했고 청나라는 요구를 들어줄 수밖에 없었습니다.

태평천국 운동

홍수전은 14년 동안 향시에 4차례 연달아 떨어지자 화병으로 드러눕습니다. 그런데 어느 날 백발의 신선이 나와 홍수전을 자신의 아들이라고 하며 파사검破邪劍(사악함을 물리치는 검)을 주어 세상을 정화하라는 계시를 내리고, 한 중년 남자로부터는 파사부破邪斧(사악함을 물리치는 도끼)를 받는 꿈을 꿉니다. 홍수전은 서양인 선교사에게 받았던《권세양언勸世良言》이라는 선교서를 읽고 백발의 신선은 야훼天父上主皇上帝(천부상주황상제), 중년 남자는 예수天兄(천형)이며 자신은 동방의 메시아라고 확신합니다.

홍수전은 배상제회拜上帝會라는 종교 단체 겸 비밀 결사를 조직하고 농촌 지방 등을 중심으로 포교 활동을 합니다. 아편전쟁의 여파로 사회가 불안정했고 많은 사람이 기댈 곳을 찾아 홍수전 아래로 모여듭니다. 신도의 수가 만여 명에 이르자 홍수전은 아예 청나라를 타도할 뜻을 가집니다. 1850년 7월 신도들을 배상제회 본부가 있는 광시성 금전촌金田村의 단영團營에 모으고 무장봉기를 준비합니다. 이에 청나라는 3000여 명의 토벌군을 보냈지만 배상제회는 가볍게 격퇴합니다. 때가 되었다고 생각한 홍수전은 1851년 1월 11일 마침내 난을 일으킵니다.

천왕天王 홍수전을 중심으로 동왕 양수청, 서왕 소조귀, 남왕 풍운산, 북왕 위창휘, 익왕 석달개가 이끄는 배상제회는 구이린, 창사, 주장을 거쳐 난징을 함락합니다. 그 사이 풍운산과 소조귀가 사망합니다.

1853년 3월 남경을 점령한 후 남경을 '천경天京'으로 개명하고 수도로 지정해 본격적인 국가 건설에 들어갑니다. 태평천국은 양수청의 주장에 따라 북벌과 서정을 동시에 진행합니다.

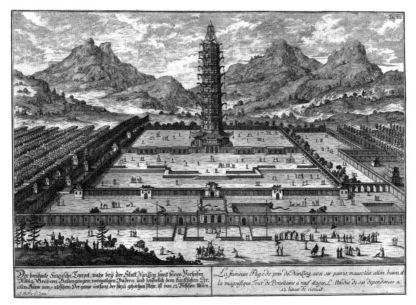

• 배상제회가 난징 점령 후 불교 유물이라는 이유로 파괴한 대보은사 영곡탑

　　1853년 5월 태평천국군은 북벌을 시작합니다. 그런데 북벌군은 10월 톈진 근처에서 청군에 패하고 후퇴하다가 정해에서 청군에 포위됩니다. 태평천국군은 상당수가 따뜻한 남부지방 사람입니다. 북부의 추위를 견디지 못하고 지리멸렬해집니다. 반면 석달개의 서정군은 황제를 지키기 위해 병력이 베이징에 집중되는 동안 증국번의 상군을 밀어붙이면서 그럭저럭 성공을 거둡니다.

　　그런데 태평천국군 내부에서 분열이 일어납니다. 갑자기 동왕 양수청은 하나님이 자신의 몸을 빌려 명령을 내린다고 주장합니다. 하나님의 아들 홍수전은 천부하범天父下凡한 양수청에게 쩔쩔매게 됩니다. 아예 태평천국의 주인이 홍수전에서 양수청으로 바뀐 셈이 됩니다.

　　홍수전은 북왕 위창휘와 그의 부하 연왕 진일강을 비밀리에 불러 양수청을 제거하라고 명령합니다. 1856년 9월 2일 북왕부와 연왕부의 군대가 동왕부를 기습해 양수청을 살해하는데 이를 천경사변天京事變이라고 합니다. 이 과정에서 양수청에게 원한이 있던 위창휘는 양수청뿐 아니라 그의 가족과 동왕부 병력 2만 명을 학살합니다. 게다가 이를 만류하던 익왕 석달개의 가족과 익왕부도 쑥대밭으로 만들어버립니다. 다행히 석달개는 겨우 피신해서 살 수 있었습니다.

태평천국의 주인은 이제 북왕 위창휘로 바뀝니다. 천왕 홍수전은 연왕 진일강을 포섭해 위창휘를 죽이라고 명령합니다. 북왕부 병력과 천왕부-연왕부 병력 간에 시가전이 벌어지고 마침내 위창휘는 제거됩니다. 그러자 홍수전은 도성을 어지럽혔다는 죄목으로 진일강을 처형합니다. 그리고 홍수전은 사태 수습을 위해 양수청이 엘리야처럼 하나님의 부르심을 받아 승천했다고 발표합니다.

지도부의 분열로 태평천국은 급속히 약해집니다. 1856년 12월에는 무창을 빼앗기고, 1857년 여름에는 석달개가 이탈하고 천경이 포위당합니다. 1858년부터 서정군이 점령한 구강도 빼앗기고 장강의 통제권은 증국번에게 넘어갑니다.

1862년 증국번을 비롯한 청군은 태평천국군을 몰아붙입니다. 그리고 태평천국을 이단異端이라고 판단한 서양의 열강도 '상승군'과 '상첩군'이라는 이름의 군대를 조직하여 청나라를 지원합니다.

1864년 6월 1일 천경이 함락될 위기에 처하자 홍수전은 자살합니다. 태평천국 최후의 명장이자 충신이라고 불리는 이수성은 홍수전의 아들 홍천귀복을 대피시키려다가 청군에게 생포되어 처형당합니다. 홍천귀복은 무사히 도망쳐 태평천국군 잔당을 모아 태평천국의 부활을 꿈꾸었지만 청군

에게 격파당하고 얼마 뒤 사로잡혀 11월 18일 능지처참(凌遲處斬) 되면서
태평천국의 난은 마감됩니다.

제2차 아편전쟁

영국은 제1차 아편전쟁의 승리로 개항과 무역 독점권을 얻었지만, 기대
와 달리 큰돈이 되지 않습니다. 영국제 면직물은 여전히 인기가 없었고,
아편마저도 청이 자체 생산하기 시작하면서 수익이 감소합니다. 오히려
자유무역 때문에 청의 차 수출량이 급증해 다시 무역적자가 시작되려 합
니다. 어떻게든 핑계를 잡아 영국에 유리한 협상을 하려고 하던 차에 애
로호 사건이 터집니다.

1856년에 청나라는 영국 국기를 단 해적선 '애로호'를 단속하면서 영국
의 국기를 내립니다. 별것도 아닌 일을 '영국 국기 훼손은 영국의 명예를
훼손하는 것'이라는 터무니없는 구실을 붙여 전쟁을 선언합니다. 영국 하
원은 전쟁 안건을 부결시켰고, 윌리엄 이워트 글래드스턴은 아예 내각불
신임안까지 냅니다. 그러나 당시 총리였던 파머스턴 자작 헨리 존 템플은
하원을 해산시키고 개전 안건을 통과시킵니다. 개전 소식을 들은 프랑스,
미국, 러시아는 잽싸게 숟가락을 올립니다.

전쟁의 결과는 보지 않아도 뻔합니다. 연합군은 베이징까지 육박하였
고 함풍제는 열하로 도망칩니다. 10월 6일 베이징 외곽에 도착한 연합군
은 황제를 협박할 목적으로 10월 18일까지 원명원의 소장품을 모조리 약
탈한 후 원명원을 완전히 때려 부숩니다.

결국 러시아의 중재로 베이징 조약을 체결하여 개항장을 늘리고, 배상

• 폐허가 되기 전 원명원

• 중국 제국주의 풍자화

금도 늘어났으며 홍콩에 접한 주룽반도까지 추가로 할양하게 됩니다. 또한 장강에 군함 항해까지 인정합니다. 심지어 러시아에 조약을 중재해 준 보답으로 연해주를 내줍니다.

베이징이 점령 당시 청나라 조정은 태평천국군과 대치하던 증국번과 이홍장에게 베이징을 구원하라 명령합니다. 하지만 둘은 차일피일 시간만 끌었고 베이징 조약이 체결되며 명령은 취소됩니다. 이미 청나라 황제의 권위는 땅바닥을 기고 있다는 방증입니다.

그나마 청나라가 얻은 이득은 서양 열강이 협력하면서 태평천국운동을 진압한 것입니다.

일본, 탈아입구

일본의 개항

1853년 7월 8일 미국의 매튜 페리 제독이 이끄는 미 해군 동인도 전대가 우라가 항에 4척의 군함들을 몰고 와서 개항을 요구합니다. 에도 막부는 늘 하던 대로 시간만 끌면서 그냥 돌아가기를 기다렸고 페리는 어쩔수 없이 돌아갑니다. 하지만 태평천국의 난이 일어나면서 동아시아 정세가 급변하자 1854년 2월 13일 페리는 함대를 9척으로 늘려 우라가에 다시 나타납니다.

에도 만 입구를 가로막고 위협하는 미국 함대를 쫓아낼 해군력이 없는 일본은 어쩔 수 없이 쇄국 정책을 폐지하고 개항합니다. 1854년 3월 31일 미일화친조약이 맺어지고 1858년 미일수호통상조약을 맺습니다. 류큐 왕국(현재 오키나와)도 1854년에 미류수호조약을 맺습니다.

그런데 미일수호통상조약으로 미국은 관세를 마음대로 정할 수 있고, 치외법권을 인정받았으며, 최혜국 대우를 받게 됩니다. 반면에 일본은 관세를 마음대로 정할 수 없고, 치외법권을 인정받지 못하고, 당연히 최혜국 내우도 없습니다. 하지만 힘이 없었던 일본은 이런 불평등 조약을 감내할 수밖에 없었습니다. 그리고 미국과 조약을 맺게 되자 영국을 비롯한 다른 서양 국가들도 몰려와서 불평등 조약을 맺게 됩니다.

메이지 유신

막부의 굴욕적인 외교에 사무라이들이 불만을 터트립니다. 천황을 받들고 외세를 물리치자는 존왕양이 사상이 사무라이들로부터 열광적인 지지를 받습니다. 웅번들은 한 걸음 더 나가 서양 문물을 받아들여 세력을 키우고 막부를 타도하자고 주장합니다.

웅번이란 강한 세력을 가진 번을 말합니다. 웅번의 대부분은 세키가하라 전투에서 서군 편에 들었다가 에도 막부에게 밉보여 일본 열도 끄트머리로 추방된 번으로, 열심히 노력하여 세력을 일구었습니다. 그 때문에 막부와 사이가 좋을 수가 없습니다. 특히 조슈 번, 사쓰마 번, 도사 번, 히젠 번 등에서 토막파討幕派(막부를 타토하자는 무리)가 큰 영향력을 행사했습니다.

친막부파와 토막파 사이에 내전이 벌어지고 친막부파가 패배하면서, 1867년 쇼군 도쿠가와 요시노부는 막부를 폐지하고 권력을 천황에게 봉환한다는 대정봉환大政奉還을 승인합니다.

1868년 9월 메이지 천황이 즉위하며 일본 정부가 국가를 통치하게 되는데 이를 메이지 유신이라 합니다. 메이지 정부는 봉건 제도와 신분제를 폐지하고 중앙집권을 추진하였으며, 징병제와 의무 교육을 실시합니다. 또 서양에 대규모 사절단을 파견하여 서양 기술을 배우고 도입하도록 합니다.

1871년에는 이와쿠라 도모미를 비롯한 이토 히로부미, 오쿠보 도시미치, 기도 다카요시, 야마구치 마스카로 구성된 이와쿠라 사절단을 서양으로 보내 불평등 조약의 개정을 요구합니다. 아직 유럽 열강과 견줄만한 국력을 가지지 못했기 때문에 조약 개정은 실패했지만 사절단에 참가한 인물들은 이후 일본 정치의 중심인물이 되어 기어이 일본이 아시아를 벗어나서 유럽으로 들어가도록 (탈아입구) 하는 데 성공합니다.

제13장 | 근대화와 민족운동

	서양	동양	우리 역사
1882년	독일-오스트리아-이탈리아 삼국 동맹 체결		임오군란
1884년			갑신정변
1885년	수단 마흐디 왕국		
1894년		청일전쟁	동학 농민 운동
1895년	이탈리아-에티오피아 전쟁	청-일 시모노세키 조약	을미사변
1896년	근대 올림픽 시작		아관파천
1898년	파쇼다 사건	변법자강, 무술정변	
1899년	제2차 보어전쟁 (~1902년)	의화단 운동	
1904년		러일전쟁(~1905년)	
1905년	러시아, 피의 일요일 사건		을사늑약
1910년			국권피탈
1911년	영국 벵골분할령 취소	신해혁명(~1912년)	
1912년		중화민국 건국	

서양의 제국주의에 맞서 아시아와 아프리카에서는 근대화 운동이 일어납니다. 근대화를 통해 제국주의에서 벗어나고자 하는 민족운동이기도 합니다.

중국의 근대화 운동

제2차 아편전쟁 이후 함풍제가 화병으로 사망하면서 동치제가 황제에 오릅니다. 즉위 당시 나이가 6세였기에 어머니인 서태후가 섭정을 합니다. 그런데 서태후는 권력욕의 화신이라 황제를 대신해 국정을 좌지우지하였습니다. 측천무후처럼 능력이라도 있으면 좋으련만 능력도 없다 보니 청나라는 더욱 혼란스러워집니다. 또한 한 끼에 중국 농민 1년 치 식비를 쓸 정도로 사치를 부리다 돈이 부족해지자 외세의 침략을 막기 위해 써야 할 국방비까지 빼돌려 사용하여 청나라 멸망을 앞당깁니다. 괜히 중국 3대 악녀에 든 것이 아닙니다.

양무운동

1860년 제2차 아편전쟁의 패배 이후 열강의 요구로 외교 아문이 성립됩니다.

증국번과 이홍장 등 한족 관료들은 근대화만이 청나라를 부흥시킬 방법이라 생각하고, 서양의 무기 제조 기술을 받아들여 화포와 철선 자체 생산을 꾀합니다. 이홍장은 1885년부터는 북양해군을 집중적으로 육성하여 일본 해군보다 월등한 함대를 완성합니다. 하지만 기술은 사상이나 사회 체계와 불가분의 관계입니다. 중화의 사상과 사회 체계는 그대로 두고 서양의 기술만 도입하려던 시도가 실패했음은 1905년 청일전쟁에서 여실히 증명됩니다.

변법자강 운동

청나라 말기 유학자들은 서양 열강의 침입을 효과적으로 대응할 방법을 모색합니다. 그들이 선택한 방법은 춘추공양학입니다. 형식화된 고증학을 비판하고 후한 말 인물인 하휴가 남긴 《춘추공양해고春秋公羊解詁》를 바탕으로 사회개혁적인 논리를 전개합니다. 공양학은 변법자강운동의 사상적 기초가 되는 사상입니다. 변법자강운동은 1898년 광서제의 주도 아래 캉유웨이, 량치차오 등을 등용해 일본의 메이지 유신을 본떠서 일으킨 근대화 운동입니다.

성인이 된 광서제는 개혁에 방해가 되는 수구세력들을 서태후의 재가 없이 숙청시킵니다. 그리고 이토 히로부미를 초빙하여 고문으로 삼으려고 합니다. 수구파들은 서태후의 원조 아래 쿠데타를 계획합니다.

광서제는 위안스카이에게 감시를 맡깁니다. 그런데 위안스카이가 배신하고 황제와 개혁파들의 움직임을 서태후에게 보고합니다. 9월 21일 쿠데타가 일어나 광서제는 자금성에 연금당하고 캉유웨이 등 개혁파들에 대한 체포령이 내려집니다. 이후 서태후의 섭정령이 내려지면서 변자강운동은 103일 만에 막을 내립니다. 이를 무술정변이라 합니다.

의화단 운동

서양 선교사들은 하라는 전도는 안 하고 점령군 행세를 하여 중국인들의 반감을 삽니다. 이러한 상황에서 의화단이 등장합니다. 의화단은 무술을 기반으로 한 무리가 백련교 세력과 결합하면서 종교 비슷한 단체로 성장한 것입니다. 의화단의 세력은 계속해서 번져나갔고 '청을 돕고 함께 양인들을 물리치자!'라는 부청멸양扶淸滅洋을 구호로 내세우며 선교사와 외국인, 중국인 기독교인까지 무차별 공격을 가합니다. 188명의 서구 선교사 가족과 4만 5000여 명의 중국인 기독교인들이 희생됩니다. 게다가 살해 방법도 무척이나 잔인하여 남자는 일부러 천천히 죽이고, 여자는 성폭행한 후 살해했습니다.

　서구열강은 청나라에 의화단 진압을 요청하지만 청나라는 묵묵부답합니다. 이에 서구열강들은 직접 병력을 투입하여 의화단을 진압하기로 하고 시모어를 지휘관으로 임명하여 베이징으로 향합니다. 서태후는 오히려 이 상황을 서양을 물리칠 기회라고 잘못 판단하고는 광서제의 반대에도 불구하고 의화단과 손을 잡기로 결정합니다.

　청나라가 1900년 6월 21일 서양과의 전쟁을 선포하자 서구열강들은 그동안의 반목을 멈추고 연합군을 구성합니다. 이때 연합군은 일본, 러시아, 영국, 프랑스, 미군, 독일, 이탈리아, 오스트리아-헝가리입니다.

　의화단은 의화권을 사용하면 총알이 튕겨 나가고 장풍으로 사람을 쓰러트린다고 굳게 믿은 듯하지만, 그런 것은 무협지에서나 존재하는 것입니다. 결국 선전포고한 지 2개월도 채 넘기기 전인 8월 14일에 베이징은 연합군에게 함락당합니다. 서태후는 8월 15일 수도에 남아 강화를 맺으려는 광서제를 반강제로 대동해 서안으로 도망칩니다. 베이징에 입성한 연

• 8개국의 연합군 : 왼쪽부터 영국군, 미군, 영국령 호주군, 영국령 인도군, 독일군, 프랑스군, 오스트리아-헝가리군, 이탈리아군, 일본군

합군은 시민들을 상대로 무차별 보복을 가했고 청나라는 열강들에 의해 식민지나 다름없는 상태가 됩니다.

실패 연속 쑨원

의사였던 쑨원은 병든 중국을 치료할 결심을 하고 1893년 광주에서 연약국에서 만주족 타도를 결의하는 모임을 가지며 본격적인 혁명가의 길로 나가게 됩니다. 그러나 처음에는 실패의 연속이었습니다. 공화국을 세운다는 목표 아래 흥중회를 설립합니다. 하와이와 홍콩, 광주까지 부지런히 뛰어다니며 무장봉기를 일으키려 하다가 실패하여 도망치게 됩니다. 도망치는 도중 친구는 잡혀서 죽고, 자신은 간신히 탈출해 일본에 머물게 됩니다.

1900년에는 혜주에서 봉기를 일으켜 2만 명의 세력을 확보했지만, 지원을 약속했던 일본의 대만총독부가 지원계획을 철회하면서 결국 실패로 끝납니다. 다시 미국 샌프란시스코와 일본을 돌아다니며 자금을 모집해 1910년 2월의 광주에서 봉기를 시도하지만 당국의 사전 차단으로 실패, 1911년 4월 다시 한번 광주 봉기를 시도하지만 이마저도 실패합니다. 쑨원은 다시 자금을 모으기 위해 해외로 나가게 됩니다.

하지만 바로 그해에 신해혁명이 터지면서 청나라가 무너지자 미국에 있던 쑨원은 귀국합니다. 이후 12월 25일 상하이에 도착, 12월 27일 중화민국 초대 임시 총통에 선출되고, 1월 1일 중화민국을 선포하고 초대 대총통에 취임합니다. 그러나 그는 그 자리에 오래 있지 못했습니다. 청나라를 무너트린다는 조건으로 북양군벌을 장악한 위안스카이에게 대총통직을 물려주고 1912년 4월 사임합니다. 그런데 청을 대신해 새로운 왕조를 세우고 황제가 되려고 했던 위안스카이는 유력인사들을 숙청하고 중화민국 의회를 해산시키더니, 1915년 12월 11일 참정원을 소집하여 황제로 추대되고 12월 12일에 중화제국을 선포, 12월 31일에 연호를 홍헌洪憲으로 정하고 중화제국 초대 황제가 됩니다.

일제, 조선을 침략하다

1899년 7월 17일 평등한 미일통상항해조약이 시행되면서 불평등한 미일수호통상조약은 효력을 잃습니다. 이 일은 일본이 아시아에서 탈출하여 서양의 일원이 되었다는 것을 증명하는 사건입니다. 근대화에 성공한 일본은 다른 유럽 열강들처럼 식민지를 건설하고자 합니다. 일본은 운요호 사건으로 조선과 강화도조약을 맺었고, 타이완을 침략했으며 류큐를 합병하여 오키나와현을 설치합니다.

조선에 동학농민운동이 발발하자 청과 일본의 군대가 파견되는데 일본군이 청군을 기습 공격하여 전쟁이 발발합니다. 일본이 승리하고 1895년 시모노세키조약을 체결하여 일본은 청으로부터 랴오둥반도와 타이완을 받습니다. 하지만 러시아와 프랑스, 독일 삼국이 간섭하자 결국 청에 반환합니다.

러시아가 조선에 조차지를 요구하자 발끈한 일본이 러시아 군항인 뤼순을 공격합니다. 일본이 전쟁에 승리했고 미국의 중재로 포츠머스 조약이 체결되며 러시아는 조선에서 물러납니다.

일제는 대한제국에 1905년 을사늑약을 강요하여 강제 체결하고, 1910년 조선을 병합합니다.

인도의 민족 운동

벵골은 인도와 중국, 동남아를 잇는 교역로로써 인도에서도 가장 부유하고 인구가 밀집된 지방 중 하나입니다. 한때 무굴 제국 전체 세수의 절반이 여기서 나왔을 정도입니다. 그런데 무슨 이유인지 영국은 1905년 두 지역을 종교에 따라 분리합니다. 하나의 경제공동체였던 지역을 나누자 공업화가 되지 않은 동벵골의 경제가 박살 납니다.

인도 민중들은 벵골 분할안에 강력히 반대합니다. 1905년 8월, 캘커타 국민 회의 대표는 국산품 애용 및 영국 상품 배척 운동인 스와데시 운동에 동참할 것을 호소합니다. 스와데시 운동은 인도 국민의 적극적인 호응으로 벵골 지방뿐 아니라 전 인도가 동참하는 운동이 됩니다. 이 때문에 토산품의 수요는 증가하고 영국 상품의 판매량은 줄어들었습니다. 1906년에는 스와라지(인도어로 자치自治) 운동까지 벌어집니다. 결국 영국은 1911년 벵골분할령을 취소합니다.

중동의 민족 운동

오스만의 개혁

1908년 청년 튀르크당이 탄지마트 헌법의 부활을 요구하며 봉기해 압뒬하미트 2세를 퇴위시키고 헌법과 의회를 부활시킨 뒤 개혁을 재추진합니다. 그러나 제1차 세계 대전 때 독일 편에 붙었다 패배하는 바람에 개혁은 실패하고 오스만 제국도 무너집니다.

이란의 개혁

이란은 1794년부터 카자르 왕조가 다스리고 있었습니다. 하지만 대대로 무능한 왕이 집권하면서 20세기 초에는 영국과 러시아에 의해 좌지우지되는 나라가 됩니다. 그러든지 말든지 샤는 국가의 이권을 영국과 러시아에 팔아먹으며 호화로운 생활을 하고 있었습니다.

1906년 시아파 지도자들과 상인을 중심으로 파업 및 군중집회가 벌어지고 의회와 헌법 제정을 통한 전제군주제의 종식을 요구합니다. 6월과 7월에는 시위대가 테헤란에 있는 영국공사관 앞에서 항의 집회를 개최하면서 왕을 압박하자 8월 5일 무자파르 딘 샤는 결국 제헌을 약속하는 포고령을 발표했고 10월 7일에는 최초로 의회가 개원되며 12월 30일 헌법이 제정됩니다. 그러나 러시아의 도움으로 집권한 무함마드 알리 샤는 의회를 해산시키고 혁명의 주도 세력을 체포합니다. 이란 전역에서 반란이 일어나 1909년에 무함마드 알리 샤는 러시아로 망명하고 그의 뒤를 이어 술탄 아흐마드 샤가 11세의 나이로 즉위합니다.

1921년 레자 칸의 쿠데타를 일으켜 아흐마드 샤는 권력을 상실하고, 1923년에 유럽으로 망명합니다. 1925년 이란 의회 마즐리스가 그를 공식적으로 폐위시킴으로써 카자르 왕조가 끝납니다.

와하브 운동

와하브 운동은 아랍인들이 쿠란의 가르침대로 살아야 한다고 주장하는 이슬람교 수니파 운동입니다. 와하브 운동의 중심지는 리야드이고 사우드 가문이 후원했습니다. 사우드 가문은 1932년 리야드를 수도로 사우디아라비아 왕국을 세웁니다.

아프리카의 민족 운동

아프리카에서는 각지에서 제국주의에 맞서는 민족 운동이 벌어지지만 세계열강의 군대 앞에 굴복하고 맙니다.

알제리의 베르베르족은 1830년부터 프랑스에 저항하지만 1884년 진압당합니다.

나미비아의 헤레로족은 1904년 무장봉기 하지만 독일에 진압당합니다.

탄자니아의 1905년 마지막 봉기도 독일에 진압당합니다.

줄루 왕국

남아프리카 줄루족의 족장 샤카는 투창-방패 위주의 전투를 혁신해 찌르기 창과 큰 방패를 이용한 육박전을 적극 도입하여 주변 부족을 정복하여 줄루 왕국을 건설합니다. 그는 영국 상인이 줄루 왕국을 방문하자 그들에게 무역항을 짓는 것을 허가했습니다. 그러나 말년에 정신병을 얻어 포악해지고 폭정을 일삼다가 1828년 이복동생 딩가네에게 살해당합니다.

4대 케취와요 캄판데 시대에 영국은 아프리카 남북종단정책의 남쪽 거점을 확보하기 위해 줄루 왕국을 쳐들어옵니다. 그러나 1879년 1월 22일 이산들와나 전투에서 창과 방패를 든 줄루군에게 기습당하여 머스킷으로 무장한 영국군은 1800명 중 약 1300명이 전사하는 참패를 당합니다. 하지만 1879년 7월 4일 울룬디 전투에서 개틀링 기관총과 대포를 동원한 영국의 공격에 약 6000명의 줄루군이 전사합니다.

줄루를 확보한 영국은 남아프리카 지역에 정착해 살던 네덜란드계 보어족을 공격해 트랜스발 공화국과 오라녜 자유국을 모두 병합하고 남북종단정책을 완성합니다. (보어전쟁, 1차 1880년 12월 20일~1881년 3월 23일, 2차 1899년 10월 11일~1902년 5월 31일) 한편 줄루 왕국은 1897년 영국령 남아프리카 연방에 합병됩니다.

수단의 마흐디국

수단에서는 수니파이자 수피 신도인 이슬람 학자 무함마드 아흐마드가 스스로를 마흐디로 선언합니다. (마흐디란 미래에 올 구세주를 의미합니다.) 무함마드 아흐마드의 신봉자들은 그가 튀르키예인과 영국인 불신자들과 그들의 하수인 이집트인으로부터 수단인들을 구하고 지상낙원을 건설하기 위해 신이 보낸 영도자라고 추켜세워 많은 수단인을 포섭합니다. 무함마드 아흐마드의 신도들은 이집트를 격파하며 승승장구했고, 1885년 옴두르만을 수도로 신정 국가인 마흐디 국을 건설합니다. 1885년에는 태평천국의 난 때 상승군을 지휘했던 찰스 조지 고든이 포로가 되어 참수당합니다.

영국은 당장 군대를 동원하여 마흐디국을 토벌합니다. 신앙심이 있는 사람 앞에서는 총알이 물로 변한다는 무함마드 아흐마드의 가르침이 무색하게 마흐디 군은 영국의 맥심 기관총 앞에 속수무책으로 죽어 나갔고 1899년 멸망합니다.

아프리카의 독립국 에티오피아

18세기 말 에티오피아는 여러 세력으로 갈라져 있었습니다. 요하네스 4세는 에티오피아의 통일을 위해 군사력과 외교력을 총동원하며 고군분투합니다. 하지만 수단의 마흐디 군과 전투 중에 전사합니다.

이후 1889년 메넬리크 2세가 즉위합니다. 메넬리크 2세는 아디스아바바로 천도하고 우방국 프랑스의 식민지 프랑스령 소말릴란드의 중심도시 지부티와 아디스아바바를 잇는 전선, 전화, 철도 등을 부설하고 에티오피아 최초의 현대식 병원과 학교를 개축하면서 본격적인 근대화에 들어갑니다. 또한 근대적 군대를 육성하여 남쪽과 동쪽의 오로모인들을 에티오피아에 합병시켜 영토를 두 배나 확장합니다.

이탈리아는 에티오피아를 식민지로 만들기 위해 침략하지만 프랑스의 지원과 근대적 군대를 갖춘 에티오피아에 패배하고 퇴각합니다. 이를 제1차 이탈리아-에티오피아 전쟁이라고 합니다.

에티오피아는 라이베리아와 더불어 아프리카에서 둘밖에 없는 독립국으로 남게 됩니다.

> ○ 읽을거리
>
> 라이베리아는 1821년 미국 식민협회의 주도하에 이루어진 '흑인들을 아프리카로 다시 돌려보내기' 운동으로 세워진 나라입니다. 1847년 미국령 라이베리아 식민지에서 독립하여 아프리카 최초의 공화국인 라이베리아가 됩니다. 독립은 했다고 해도 사실상 미국의 식민지와 다름없는 나라다 보니 유럽 열강 중 아무도 건드리지 않아 독립국으로 남게 됩니다. 그리고 라이베리아가 워낙 열악한 곳이라 거들떠볼 가치도 없었다는 이유도 있습니다.

제4부

현대 세계

제14장 | 제1차 세계 대전

	세계사	우리 역사
1914년	제1차 세계 대전 시작	
1915년	맥마흔 선언	
1916년	위안스카이 사망	일제 강점기
1917년	벨푸어 선언, 러시아 볼셰비키 혁명	
1918년	제1차 세계 대전 끝	

제1차 세계대전 이전 상황

제1차 세계대전이 일어난 이유는 한마디로 콕 집어 말하기 어렵습니다. 대체적으로는 세계열강들의 식민지 쟁탈전과 식민지국들의 민족 운동이 얽히고설켜 일어났다고 설명합니다.

범게르만주의와 범슬라브주의

발칸반도는 오스만의 영토였습니다. 하지만 오스트리아의 공세로 오스만은 발칸반도에서 물러납니다. 게르만족은 오스트리아가 차지한 발칸도 게르만족의 땅이라고 주장합니다. 이를 범게르만주의라고 합니다.

한편 슬라브족은 발칸에 거주하는 모든 슬라브족이 합쳐서 하나의 나라를 만들자는 범슬라브주의를 주창합니다. 20세기 초 게르만족의 대표 국가 독일과 슬라브족의 대표 국가 러시아는 발칸반도를 두고 첨예하게 대립합니다.

3국 동맹과 3국 협상

늦은 시기에 세계열강이 된 독일 제국은 식민지 쟁탈전에 뛰어들었지만 이미 차지할 땅이 남아있지 않았습니다. 독일이 식민지를 획득할 방법은 영국, 프랑스의 식민지를 뺏는 것밖에 없었습니다. 독일은 자기와 마찬가지로 늦은 시기 통일을 완성한 이탈리아와 같은 게르만족의 국가인 오스트리아-헝가리 제국을 끌어들여 1882년 3국 동맹을 맺습니다.

이에 따라 프랑스와 러시아는 고립되고 불안해진 두 국가는 1894년 러

불동맹을 체결합니다. 사이가 좋지 않던 영국과 러시아에도 동맹을 제안합니다. 영국이 1904년 영불협상을 체결하고, 1907년 영러협상을 체결하며 3국 협상이 이루어집니다. 파쇼다 사건으로 사이가 틀어진 영불, 중앙아시아의 패권을 차지하기 위해 경쟁(그레이트 게임)하던 영러가 손을 잡을 만큼 독일은 위협적이었습니다.

전쟁의 시작

1914년 6월 28일, 사라예보를 방문한 오스트리아-헝가리 제국의 황태자 프란츠 페르디난트 대공 부부를 세르비아 왕국의 민족주의 조직, '검은 손' 소속의 단원 가브릴로 프린치프가 암살하는 사건이 벌어집니다. 이에 분노한 오스트리아-헝가리 제국이 세르비아 왕국에 선전포고합니다. 러시아는 슬라브족의 국가 세르비아를 공격한 오스트리아-헝가리 제국에 선전포고합니다. 그러자 독일은 게르만 국가 오스트리아-헝가리 제국에게 선전포고한 러시아에 선전포고합니다.

> **⊘ 읽을거리**
>
> 가브릴로 프린치프는 만 20세까지 27일이 모자란 미성년자였던 관계로 사형에서 징역 20년으로 감형되어 교도소에 수감됩니다. 교도소에서 제1차 세계대전으로 가족이나 지인을 잃은 재소자들에게 괴롭힘을 당하다가 제1차 세계 대전이 끝나가던 1918년 영양실조로 사망합니다.

제1차 세계대전

독일은 전쟁이 시작되자마자 러시아를 제쳐두고 프랑스에 슐리펜 계획을 실행합니다. 슐리펜 계획은 알프레트 폰 슐리펜이 1905년 12월 작성한 독일 제국의 전쟁 계획으로 프랑스의 강력한 방어선을 회피하기 위해 벨기에와 네덜란드를 통과하여 프랑스를 침공하는 작전입니다. 독일은 슐리펜 계획에 따라 8월 2일에 룩셈부르크를 점령하고, 3일에 프랑스에 대해 선전포고한 뒤 4일 중립국 벨기에를 침공해 점령합니다.

영국은 전쟁 참전 명분을 찾아 관망 중이었습니다. 그러다가 영국이 독립을 인정했던 벨기에가 침공당했다는 핑계로 독일에 대해 선전포고한 뒤 프랑스로 영국 원정군을 투입합니다.

하지만 러시아가 8월 중순부터 독일의 동부를 공격하고, 9월 마른 전투에서는 프랑스, 영국 협상 군에게 저지당하며 서부전선과 동부전선 양면에서 싸워야 하는 상황이 됩니다.

노 맨스 랜드 (No Man's Land)

서부전선의 독일군은 프랑스 방면의 점령지역 유지와 방어를 위해서 참호를 팠고, 협상 군도 독일의 진공을 저지하기 위해서 참호를 팝니다. 참호는 계속 확장되어 북해에서 스위스 국경까지 늘어납니다. 양국 간의 참호 사이는 아무도 들어갈 수 없는 땅No Man's Land이 되었고 교착 상태는 지루하게 계속됩니다.

늘어나는 참전국

1914년 7월 영국의 해군 장관 처칠은 영국에서 만들어지던 오스만 전함 두 척을 동맹국 병기라는 이유로 압류합니다. 이 사실을 안 독일은 8월에 오스만에게 비밀리에 동맹을 추진하며 전함 두 척을 양도합니다. 독일 해군이 지휘하던 이 두 전함은 10월 말에 러시아의 세바스토폴 항구를 기습 공격합니다. 러시아는 11월에 오스만 제국에게 선전포고하며 오스만도 전쟁에 휘말리게 됩니다.

이집트 주재 영국 고등판무관 헨리 맥마흔은 1915년 아랍 민족이 오스만 제국에 반대하여 연합국 측에 서서 참전하는 조건으로 전후 팔레스타인 지역을 포함한 아랍 국가의 독립과 후세인 빈 알리 지도하에 아랍 칼리프제 구축을 지원하겠다고 약속하고 아랍 민족을 전쟁에 끌어들입니다. 그런데 1917년 아서 밸푸어 영국 외무대신은 팔레스타인 지방에 유대인의 국가 수립을 약속합니다. 서로 충돌하는 이 두 선언은 현재까지도 중동 지역을 전쟁의 도가니로 만들었습니다.

한편 1915년 4월 이탈리아는 삼국동맹을 배신하고 협상국에 가담합니다. 이 외에도 각국의 이해관계에 따라 많은 나라가 참전합니다.

정체되는 전쟁

1915년 1월에 오스만 제국과 독일은 영국과 영국령 인도의 연결을 끊어버리기 위해 수에즈 운하를 공격했으나 실패합니다. 2월부터 독일은 영국의 해상봉쇄를 뚫고자 무제한 잠수함 작전을 실행합니다. 같은 달 영국함대는 오스만 제국의 영토인 다르다넬스 해협을 돌파하여 러시아를 도와주려고 했으나 오스만의 저항으로 실패합니다. 4월에는 지상군을 동원해 갈리폴리 상륙작전을 실행했지만 무스타파 케말의 반격으로 실패하고 이듬해 1월 철수합니다. 윈스턴 처칠은 완전히 체면을 구겼고 무스타파 케말은 전쟁 영웅으로 급부상합니다.

1916년이 되자 서부전선의 베르됭 전투와 솜 전투에서만 200만 명이 살상됩니다.

5월 독일은 영국의 해상봉쇄를 뚫기 위해 영국 해군과 유틀란트 해전을 벌이지만 봉쇄를 뚫지 못합니다. 6월에는 중동의 아랍 부족들이 아랍 반란을 일으켜 오스만은 위기에 빠집니다.

1917년 러시아에서 혁명이 일어나 러시아가 전쟁에서 이탈합니다.

미국의 참전과 종전

독일의 무제한 잠수함 작전으로 미국의 상선들까지 피해를 보자 미국은 1916년 4월 독일에 선전포고합니다.

1918년 1월에 미국 대통령 우드로 윌슨은 평화 14개조를 발표하며 민족자결주의를 내세웁니다. 이후 미군은 본격적으로 전쟁에 참전하였고, 1918년 8월부터 하루에 만 명씩 프랑스로 들어와 나중에 90만 명에 달하게 됩니다.

9월 29일 불가리아 왕국, 10월 30일 오스만 제국이 항복합니다. 독일은 악착같이 버텼지만 11월 혁명으로 정부가 무너져 11월 11일에 콩피에뉴 휴전협정을 체결하면서 항복합니다.

전쟁의 영향

제1차 세계대전은 전쟁의 양상을 바꾸었습니다. 이때부터 군인뿐 아니라 국민들까지 전쟁에 동원되는 총력전의 양상을 띠기 시작합니다. 전쟁 기간 군인의 장비로 철모가 필수가 되었고, 맥심기관총(영국), 기관단총 (독일), 유보트(독일), 곡사포(오스트리아) 등의 신무기가 생겨났습니다.

1915년 4월부터 시작된 2차 이프르 전투에서 독일은 살상용 독가스를 사용합니다. 솜 전투에서 윈스턴 처칠은 참호를 돌파하기 위해 최초의 전차 마크 1을 투입합니다. 전쟁 말기에는 전투기와 폭격기가 사용되면서 1918년 영국에서 세계 최초로 공군이 결성됩니다.

종전 직전인 1918년부터 유럽에 인플루엔자 A형 바이러스의 변형인 H1N1 바이러스가 유행하더니 종전 후 귀환한 병사들에 의해 1920년까지 전 세계에 유행하여 1700만~5000만 명 정도가 사망합니다. 이 유행병 을 스페인 독감이라 하지만 스페인이 발원지는 아닙니다. 중립국이던 스 페인은 검열로부터 자유로워 유행병 소식을 집중적으로 보도했고, 다른 나라는 스페인 언론을 통해 질병에 대한 정보를 얻다 보니 스페인 독감이 라고 불리게 된 것입니다. 기록에 의하면 1918년 3월 미국에서 최초 발병 자 보고가 나왔습니다. 아마도 보균자가 유럽으로 참전하면서 유럽에 퍼 진 것 같습니다.

러시아 혁명

공산주의 사상의 러시아 전파

알렉산드르 2세가 암살당하며 개혁은 물 건너가 버리고 러시아는 오히려 전제정치를 강화합니다. 러시아의 지식인들은 공산주의 사상에 끌리기 시작하였고 1883년 게오르기 플레하노프의 주도하에 제네바에서 러시아 최초의 공산주의 혁명 조직 '노동자 해방단'이 결성됩니다.

특히 블라디미르 레닌은 공산주의 사상 전파를 열심히 했는데 1895년 '노동자계급 해방투쟁동맹'에 핵심 멤버로 참가했다가 투옥되어 1900년까지 수감 생활을 합니다. 그는 형기가 끝나고 출소하자마자 런던으로 망명하여 마르토프, 플레하노프와 함께 공산주의 신문 이스크라를 창간합니다. 그러나 1903년 런던에서 열린 러시아 사회민주노동당 제2차 당대회에서 레닌과 마르토프가 대립하게 됩니다.

레닌은 무장봉기와 프롤레타리아 독재만이 제정을 타도할 수 있다고 주장했지만, 마르토프는 서유럽의 사회주의 정당처럼 비폭력적이며 소小부르주아도 포함한 대중적이고 개방적인 정당이 필요하다고 주장합니다. 결국 두 사람의 안건은 투표에 부쳐졌고, 결과에 따라 레닌의 파벌은 다수파라는 뜻의 '볼셰비키', 마르토프의 파벌은 소수파라는 뜻의 '멘셰비키'로 불리게 됩니다.

피의 일요일 사건

1905년 1월 22일 일요일 수도 상트페테르부르크에서 러시아 민중들은 전제정을 타파하고 현대적 인권, 노동권, 기본권 등의 개념이 담긴 헌법을 제정하고 의회를 설치할 것과 농민과 노동자들의 열악한 경제 상황을 개선해 달라고 요구하며 궁전으로 행진합니다. 하지만 궁전을 지키던 친위대가 발포하여 수백 명의 사상자가 발생합니다. 이 때문에 러시아 민중들 마음에 수백 년간 자리 잡았던 황제 숭배 사상이 일시에 무너져 내립니다. 이 사건 이후 민중들은 황제의 퇴위를 요구하는 시위를 벌이게 됩니다. 노동자들과 농민뿐 아니라 군인들까지 가담하여 6월 전함 포템킨에서 수병들이 반란을 일으키는 사태까지 일어납니다.

결국 니콜라이 2세는 1905년 10월 선언을 발표합니다. 입법권을 가진 두마(국회)의 개설, 헌법 제정, 투표권 확대를 약속하였으며 언론·출판·결사·조합 결성의 자유·인권보장이 발표되었습니다. 1906년에는 헌법이 공포되고 전제군주가 두마(하원)와 국가평의회(상원)의 협조를 얻어 입법권을 행사하는 입헌군주제가 선언됩니다. 그러나 실제로는 황제가 입법, 행정, 군사, 외교 등의 실권을 모두 가진 허울뿐인 입헌군주 체제였습니다.

당시 니콜라이 2세는 혈우병으로 인해 사경을 헤매고 있던 알렉세이 황태자의 상태를 호전시키며 황제의 신임을 얻은 요승妖僧 라스푸틴에게 국정을 맡겼는데 오히려 사태를 더욱 악화시킵니다. 라스푸틴은 반대파에 의해 1916년 12월 29일 총에 맞아 사망하는데 이미 황제에 대한 신뢰는 나락으로 간 상태가 됩니다.

두 번의 혁명

제1차 세계대전이 한창이던 1917년 2월 23일 '세계 여성의 날'을 맞아 비보르크의 방직공업 여성 노동자들과 푸틸로프 공장의 노동자들이 '전쟁반대', '전제타도', '빵을 달라' 등의 슬로건을 내걸고 파업을 시작했고 곧 상트페테르부르크 전역으로 확대됩니다. 27일과 28일에는 진압을 명령받은 모든 병사가 혁명 세력 편에 가담하며 러시아 제국은 무너집니다. 이후 공산주의자들에 의해 노동자·농민·병사들의 민주적 자치 기구인 소비에트가 러시아를 장악합니다. 이때 소비에트를 장악한 쪽은 멘셰비키입니다. (이름은 소수파지만 실제로는 다수파였습니다.) 두마 임시위원회와 소비에트의 협정하에 임시정부가 수립되었습니다.

독일은 러시아 후방 전선의 교란을 목적으로 스위스에서 망명 중이던 블라디미르 레닌의 귀국을 지원합니다. 그런데 레닌은 4월 4일 볼셰비키 집회에서 제국주의 전쟁 반대, 프롤레타리아 독재 실현, 소비에트 공화국 수립, 새로운 국제혁명조직인 제3인터내셔널을 창설 등의 내용을 담은 4월 테제를 발표합니다. 이후 소비에트의 주도권은 단숨에 볼셰비키에 넘어갑니다.

권력을 빼앗길 위기에 처하자 임시정부는 볼셰비키를 탄압합니다. 그러나 볼셰비키를 지지하던 민중들은 7월부터 무장 시위를 벌입니다. 임시정부는 더욱 강력하게 민중들을 탄압하였고 임시정부의 신뢰는 바닥을 칩니다.

10월 볼셰비키는 혁명을 일으켜 임시정부를 타도하고 모든 권력을 장악합니다. 레닌이 최고직인 인민위원장이 되었고 트로츠키는 외무, 스탈린은 민족인민위원, 중앙 집행위장에는 스베르들로프가 임명됩니다.

제1차 세계대전 이후

제1차 세계 대전 종전 후 전후 문제 처리를 위해 파리 강화회의가 열립니다. 여기서 윌슨의 민족 자결주의에 따른 평화 원칙 14개조에 따라 처리하기로 하였습니다. 하지만 승전국인 영국과 프랑스 등은 1919년 독일과 베르사유 조약을 체결해 패전국 독일을 철저히 응징합니다.

그리고 국제 평화를 위해 국제연맹을 창설하지만 미국은 불참하고 침략국을 제재할 무력수단을 갖추지 못했다는 한계가 있습니다. 더불어 여성의 사회적 참여가 늘어났고 민주주의가 발달합니다.

각국의 재편

독일에서는 바이마르 공화국이 탄생합니다.

막대한 배상금을 지불하고 독일의 일부 영토였던 폴란드 땅이 독립하게 되고, 알자스-로렌은 프랑스에 병합됩니다. 아프리카 식민지는 열강들이 나누어 가집니다.

오스트리아-헝가리 제국도 폴란드와 이탈리아, 루마니아에 영토 일부를 양도해야만 했습니다. 크로아티아, 체코슬로바키아, 보스니아, 헤르체고비나, 슬로베니아는 연합 왕국으로 독립한 후 유고슬라비아 왕국이 건설되었고, 헝가리는 오스트리아에서 독립하여 왕국이 되고, 오스트리아

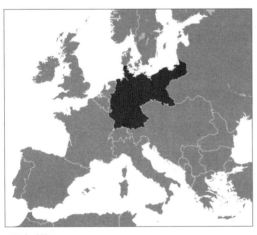

• 독일 제국

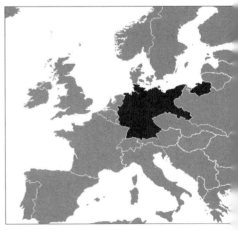

• 바이마르 공화국

제국은 사라지고 오스트리아 제1공화국이 탄생합니다.

러시아 제국에서 발트 3국 및 벨라루스, 우크라이나, 폴란드, 핀란드는 독립하고 루마니아에 영토 일부를 할양합니다.

오스만 제국은 사라지고 터키 공화국(현 튀르키예)이 탄생합니다. 그리스에 이즈미르를 할양하고, 제국 내의 속국들은 열강의 손으로 넘어갑니다. 1925년 이란에서는 팔라비 왕조가 탄생했고, 1926년 사우디아라비아가 건국됩니다.

제15장 | 세계대전 사이의 시기

	세계사	우리 역사
1919년	중국 5·4운동	3·1 운동
1920년	국제연맹 창립	봉오동, 청산리 전투
1921년	워싱턴 회의(~1922년)	
1922년	소련 건국	
1923년	터키 공화국 수립	
1924년	중국 1차 국공합작	
1926년	장제스 1차 북벌	6·10 만세 운동
1928년	장제스 2차 북벌 중국 통일	
1930년	간디 소금 행진	
1932년		이봉창, 윤봉길 의거

제1차 세계 대전과 제2차 세계 대전 사이의 20년 동안의 시기를 전간기戰間期, Interwar period라 합니다.

인도, 조선 등은 민족자결주의에 희망을 걸고 독립운동을 벌이지만, 애초에 민족자결주의가 패전국 식민지 나눠 가지기의 수단이었던지라 실패합니다.

공산주의는 전 중국으로 퍼지게 됩니다.

베르사유 체제

베르사유 조약을 체결한 다음 프랑스의 페르디낭 포슈 원수는 기껏해야 20년 정도의 휴전이 될 것이라는 예언을 합니다. 워싱턴 회의(1921~1922), 켈로그–브리앙 조약(1928), 런던 회의(1930) 등 군비 축소와 부전 조약이 맺어지지만 허울 좋은 소리일 뿐입니다.

독일은 베르사유 조약으로 인한 1320억 마르크라는 도저히 갚을 수 없는 배상금으로 인해 1919년부터 1921년 동안 물가가 무려 1조 배나 오르는 초인플레이션에 시달립니다.

러시아 내전

1차 세계 대전 뒤 러시아 내부에서 러시아 제국의 반 볼셰비키 세력이 다시 규합해 러시아 내전이 일어납니다. 볼셰비키를 상징하는 색은 적색, 반 볼셰비키를 상징하는 색은 백색이라 흔히 적백내전이라고도 불립니다.

연합군이 백군 세력을 지원하며 적군은 한때 위기에 빠지지만 트로츠키가 1918년 6월에 징병제를 실시하여 병력을 500만으로 늘리고, 구 제국 출신 장교들을 영입하여 반격에 들어갑니다. 결국 철도를 장악하여 수송력을 확보한 적군이 승리하고 1922년 12월 30일 러시아 소비에트 연방 사회주의 공화국이 탄생합니다. 그리고 러시아 제국의 지배를 받고 있던 소수민족들도 일제히 봉기하여 에스토니아, 라트비아, 리투아니아, 폴란드가 독립합니다.

중국 국공합작과 결렬

1915년 1월 일본은 북양정부의 위안스카이 대총통에게 독일이 차지했던 산둥반도 할양 등의 내용이 담긴 21개조의 요구를 합니다. 황제가 되는데 골몰해 있던 위안스카이는 그냥 서명을 해줍니다.

위안스카이는 1915년 12월 12일 중화제국을 선포하고 황제가 되었다가 1916년 3월 22일 이를 취소하고 3월 23일 다시 중화민국 대총통 자리로 복귀합니다. 결국 중화민국 각 지역의 대표들로부터 하야를 요구받고는 화병으로 6월 6일 사망합니다. 이에 쑨원은 1917년 광둥에 호법군 정부를 창설, 북양군벌을 토벌하고 중화민국을 되찾으려고 합니다. 그러나 쑨원은 뜻을 이루지 못하고 심지어 실각하기까지 합니다. 결국 모든 것을 포기하고 상하이로 거처를 옮깁니다.

중국 국민들이 1919년 5월 4일 톈안먼 광장에서 21개조의 요구를 철회하라는 대규모 시위를 벌이자 북양군벌은 결국 조약을 철회합니다. 같은 해 10월 쑨원은 중화혁명당을 개조해 국민당을 창설하고 광저우로 복귀하여 1921년 4월 27일 비상 대충통, 5월에는 정식 대충통에 취임합니다. 다시 북벌을 계획하지만, 1922년 영풍함 사건으로 또 쫓겨납니다.

한편 북양군벌은 안휘군벌과 직예군벌로 분열되고, 동북 지방에서 봉천군벌이 발흥하면서 내전이 벌어집니다. 1923년 북벌군을 재조직해 광저우를 회복한 쑨원은 육해군 대원수로 취임합니다.

제1차 국공합작

러시아 혁명의 성공에 자극받은 중국의 지식인들은 중국공산당을 결성합니다. 쑨원은 북벌을 완수하기 위해 공산당과의 일시적 합작에 동의합니다. 이에 따라 중국공산당원들은 국민당에 입당하되 정치공작을 우려하여 개인 자격으로만 입당하는 것을 허용합니다.

쑨원은 북벌을 시도하지만 결국 간암으로 1925년 사망합니다. 이후 장제스가 이끄는 중국 국민당과 국민혁명군이 1926년 7월 9일 북벌을 개시합니다. 1차 북벌에 성공한 국민당은 우한으로 수도를 옮깁니다.

그런데 공산당원은 국민당 내에 파벌을 만들어 내분을 일으킵니다. 공산당이 싫었던 장제스는 1927년 4월 12일 중국국민당 좌파와 중국공산당을 대상으로 군사쿠데타를 일으켜 난징정부를 수립합니다. 이로써 국민당은 우한정부, 난징정부, 공산당의 세 파로 갈라집니다.

이후 우한 정부와 공산당의 합작은 지속되었으나 공산당이 우한 정부를 장악하려는 시도를 하자 국민당은 공산당과의 합작은 완전히 파기하고 난징정부와 통합합니다. 이를 국공결렬이라 합니다.

장제스는 2차 북벌을 개시하여 1928년 12월 29일 마침내 중국을 통일하고 국민정부 주석에 취임합니다.

대장정

마오쩌둥은 1931년 루이진에 소비에트 임시 정부를 수립합니다. 장제스는 공산당 토벌 작전을 전개합니다.

마오쩌둥은 1934년 10월 국민혁명군의 공격에 중국 동남부의 장시성을 떠나 약 1년간에 걸쳐 9600킬로미터를 이동하여 서북부 산시성 옌안으로 이동하는 대장정을 실시합니다. 이때 인민의 물자를 하나도 약탈하지 않았고 잠도 길바닥에서 잤다고 합니다. 이러한 행동은 중국 인민의 마음을 얻을 수 있었고 공산당이 중국을 장악하는 원동력이 됩니다.

인도의 독립운동

윌슨의 민족 자결주의에 따라 인도도 독립될 것이라고 기대했습니다. 하지만 민족 자결주의는 패전국 식민지를 승전국이 나눠 먹기 위해 만든 원칙일 뿐이라 기대는 무참히 좌절됩니다.

간디는 인도의 완전한 자치를 요구하며 비폭력, 불복종 운동을 벌입니다. 대표적인 운동으로는 소금 행진이 있습니다.

영국은 인도에 소금 제조 금지법을 제정하고 소금에 무거운 세금을 매기려고 합니다. 간디는 6만 여 명의 사람을 이끌고 1930년 3월 12일 사바르마티 아쉬람에서 시작하여 4월 6일 구자라트 주의 단디까지 390킬로미터를 행진합니다.

비폭력, 무저항 투쟁만 있었던 것은 아닙니다. 네루는 인도 독립 연맹을 만들어 파업을 벌이고 무장투쟁을 하였습니다. 결국 영국은 1935년 인도의 각 주에 외교와 군사를 제외한 자치권을 인정합니다.

제16장 | 제2차 세계대전

	세계사	우리 역사
1936년	스페인 내전(~1939년)	
1937년	중일전쟁	
1938년	일본, 충칭대공습(~1943년)	조선의용대 조직
1939년	제2차 세계대전 시작	
1940년	히틀러, 파리 점령	대한민국임시정부, 한국광복군 조직
1941년	일본, 진주만 기습	대한민국임시정부, 대일선전포고 발표
1942년	미드웨이 해전	
1943년	이탈리아 항복 선언	
1944년	노르망디 상륙작전	
1945년	제2차 세계대전 끝	광복

제1차 세계대전의 패배와 굴욕적인 베르사유 조약에 대한 불만으로 독일 내에 여러 극단적 정부가 생겨나면서 독일의 정치는 혼란스러웠습니다. 다시 전쟁이 일어나는 것을 우려했던 미국은 도스 안과 영 안으로 배상금을 감면해 주고 독일에 투자하면서 독일 정치는 안정됩니다. 그러나 세계 대공황이 발생하면서 미국이 독일에 투자했던 투자금을 회수하자 독일 정치는 다시 혼란스러워집니다.

아돌프 히틀러는 나치즘으로 독일 국민의 마음을 사로잡았고, 독일은 라인란트 재무장을 기점으로 재무장 완료를 선언하며 다시 세계는 전운이 감돌게 됩니다.

이탈리아는 승전국으로 대접받지 못하자 좌절감과 배신감 때문에 파시 즘이 발전합니다.

일본은 전간기를 거치면서 완전히 군국주의 국가가 됩니다.

대공황

대공황

제1차 세계 대전 이후 호황기를 누리던 세계 경제는 1920년대 말 갑자 기 추락합니다.

1929년 10월 24일(검은 목요일)과 10월 29일(검은 화요일) 미국 월스 트리트의 주가가 급작스럽게 폭락the Wall Street Crash하면서 세계 대공황 이 시작됩니다. 대공황 이후 3년간 미국 시가총액의 88.88퍼센트가 증발 했고 미국의 GDP는 30~40퍼센트가 증발합니다. 독일의 경우 노동인구 의 44퍼센트가 실업자가 되기도 했습니다.

1차 세계 대전 후 경기를 부흥시키기 위해 돈을 마구 찍어내면서 돈의 가치가 폭락하면서 초인플레이션이 일어납니다. 그 때문에 상품의 가격 이 올라 생산은 해도 판매가 되지 않는 사태가 일어나고 이 때문에 회사 들이 줄도산하면서 실업자가 넘쳐나게 되어 세계 대공황 상태가 되었다 는 추측이 있습니다.

보너스 군대 시위 사건

1차 대전에 참전한 퇴역병들은 대공황으로 먹고살기 어려워지자 참 전 수당을 달라고 요구하지만 대통령이던 허버트 후버는 재정상의 이유로 반대합니다. 그러자 전국의 퇴역병들 중 일부가 워싱턴 D.C.에 가족들까지 데리고 상경해서 시위합니다. 그 수가 2만 5000명 정도였다고 합니다. 퇴역병들은 포토맥 강가에 판잣집을 짓고 지내면서 매일 법안 통과를 요구하는 시위를 벌였는데 이들이 스스로를 보너스 군대Bonus Army라고 불렀습니다.

하지만 언론과 정부는 시위대를 빨갱이들이라고 매도합니다. 후버는 맥아더에게 진압 명령을 내립니다. 그러자 맥아더는 조지 S. 패튼 소령을 불러 그의 지휘하에 있는 제3기병대를 이용, 탱크를 앞세우고 보너스 군대를 쓸어버립니다. 결국 진압은 성공했지만 5명 이상의 사망자와 1000명 이상의 부상자가 발생합니다.

뉴딜 정책

1933년 3월 대통령으로 취임한 루스벨트는 경제를 부양시키기 위해 뉴딜정책을 실시합니다.

은행개혁법, 긴급 안정책, 일자리 안정책, 농업 정책, 산업 개혁을 실시하였고 연방 차원의 복지 정책을 추진하고, 금본위제와 금주법을 폐지합니다.

1935년~1936년 두 번째 뉴딜정책을 실시합니다. 노동 조합 지원책, 공공사업진흥국의 안정 프로그램, 사회보장법, 소작인과 농업 분야의 이주 노동자를 비롯한 농부들에 대한 원조 프로그램을 포함하고 있습니다.

블록 경제

공황의 여파로 금본위제가 붕괴하자 세계 여러 나라는 통화권 별로 분열됩니다. 영국은 파운드 블록, 미국은 달러 블록, 프랑스는 프랑 블록, 일본은 엔 블록 등이 형성되어 본국과 식민지 간에 경제적 유대를 강화합니다.

파시즘, 나치즘, 군국주의

무솔리니와 파시즘

1차 세계대전 시기 이탈리아 사회당은 전쟁에 대한 참전 여부를 놓고 분열합니다. 참전을 주장한 베니토 무솔리니는 동지들을 모아 탈당하고 공산주의에 대항한 민족주의자들의 전쟁을 선포하고 참전합니다. 무솔리니는 자신의 민족주의적 사회주의 사상을 파시즘이라고 명명합니다. 파시즘은 고대 로마 집정관의 상징인 파스케스에서도 유래한 단어입니다.

파스케스는 고대 공화국 로마 시절 집정관의 경호원인 릭토르들이 들고 다니던 무기로, 도끼를 나무로 된 몽둥이 다발에 묶은 것입니다. '결속을 통한 힘'이라는 상징 때문에 평상시에는 묶어 놓습니다. 유사시에는 몽둥이를 풀어 군중을 두들겨 팼습니다. 파스케스는 공화국의 상징이기도 하므로 많은 공화국에서 상징으로 채택하여 사용합니다.

이탈리아의 철학자 조반니 젠틸레가 파시즘의 이론적 기초를 세웠습니다. 파시즘은 국가를 위한 사회주의라 정의할 수 있습니다. 모든 사적 행동은 오로지 국익을 위해서만 존재한다는 것이 파시즘의 토대입니다. 개인은 국익을 위해 국가에 자발적 복종을 해야 합니다.

이탈리아의 무솔리니는 라틴족의 우월성을 강조하고 고대 로마의 영광

• 파스케스

• 링컨 기념관 동상 양 팔걸이에 새겨진 파스케스

을 재현하겠다며, 국민을 현혹해 지도자를 뜻하는 '두체'에 오릅니다. 그리고 자신의 이상을 실현하기 위해 군사 독재를 실시합니다.

히틀러와 나치즘

히틀러는 제1차 세계 대전 때 독일 제국군에 자원입대하였습니다. 독일 제국의 패전 이후 히틀러는 독일 노동자당에 들어가 정치활동을 시작합니다. 그는 청중을 압도하는 연설과 경이로운 선전능력을 발휘하여 독일 노동자당을 독일의 제1당으로 일으켜 세웁니다. 독일 노동자당은 국가사회주의 독일 노동자당(나치당)으로 이름을 바꾸고 히틀러가 당수가 됩니다.

히틀러는 1933년 독일 국민들의 압도적인 표를 얻어 정권을 잡고 총리가 됩니다. 이후 행정부가 입법권까지 가지는 수권법을 통과시켜 나치 독일을 수립한 후 1934년 파울 폰 힌덴부르크 대통령이 사망하자 독일 대통령을 겸직하면서 퓌러(총통)가 됩니다. 퓌러가 된 히틀러는 베르사유 조약을 파기했으며, 군수산업과 중공업을 집중적으로 육성하고 아우토반과 같은 인프라를 대대적으로 건설해 독일을 재건합니다. 이 시기를 제3제국이라고도 부릅니다.

히틀러는 파시즘에 반유대주의, 인종차별주의, 우생학 등을 추가합니다. 이를 민족사회주의National Socialism라고 합니다.

나치즘의 상징은 卍입니다. 卍은 아리안족이 공통으로 사용하던 문양입니다. 불교, 힌두교, 자이나교를 비롯한 인도 계통의 종교에서 종교적 상징물로 사용되었고, 고대 게르만족의 룬 문자에도 사용됩니다. 순수 아리아인이 우월하다는 백인 우월주의적 혈통주의를 내세운 나치는 卍를 자신들의 상징으로 채택합니다.

나치즘은 인종차별을 극단적으로 추구하다 보니 유대인, 집시, 혼혈, 여호와의 증인, 공산주의자, 선천적 불구, 정신 박약, 탈영병, 병역 기피자는 박멸대상이었습니다.

일본의 군국주의

군국주의란 침략, 약탈, 정복, 무기 생산 등 일련의 전쟁 행위를 국가의 근간으로 삼는 이념입니다. 그 때문에 군사력을 국가의 최우선 순위로 두며, 정치, 경제, 교육, 문화 등, 국민 생활의 모든 영역이 전쟁 및 전쟁 준비를 목적으로 운영됩니다.

군국주의 국가 일본은 1931년 만주사변을 일으켜 중국 동북부의 랴오

닝성, 지린성, 헤이룽장성을 장악합니다. 1932년에는 청나라가 마지막 황제 선통제를 옹립하고 만주국을 수립합니다.

일본은 여기에 만족하지 않고 1932년 제1차 상하이 사변, 1933년 열하 사변을 일으키더니 국제연맹 탈퇴를 선언합니다.

제2차 세계대전

독일, 이탈리아, 일본은 1936년 11월 25일 방공 협정, 1939년 5월 25일 강철 조약, 1940년 9월 27일 삼국 동맹 조약을 맺습니다. 이들을 추축국이라 합니다.

라인란트 재무장

제1차 세계 대전의 패전 이후 독일은 베르사유 조약에 따라 라인강 서쪽 혹은 동쪽 50킬로미터 이내의 모든 영토에 군대를 진출하는 것이 금지되었습니다. 하지만 1936년 3월 7일 히틀러는 독일 국방군 2만 2000명, 지역 경찰 1만 4000명을 라인란트에 진주시키고 라인란트가 재무장을 발표합니다. 프랑스는 세계 3위의 경제 대국이며 막강한 군사력을 보유한 독일의 심기를 거스르지 못하고 인정할 수밖에 없었습니다.

스페인 내전

1936년 7월 스페인에서는 소련과 코민테른(제3인터내셔널)의 후원을 받은 인민전선과 나치와 가톨릭의 후원을 받은 국민전선이 내전을

• 당시의 참상을 표현한 피카소의 <게르니카>

벌입니다.

바스크 지방의 도시 게르니카는 독일군의 공습으로 수많은 사상자를 내고 폐허가 됩니다.

국민전선이 승리하며 프랑코 정권이 수립됩니다. 프랑코 정권은 좌익 대숙청을 시작합니다.

중일전쟁

1937년 7월 7일부터 1945년 9월 2일까지 중화민국과 일본 제국 사이에 전쟁이 벌어집니다.

국민당과 공산당은 일본을 물리치기 위해 제2차 국공합작을 합니다.

1937년 12월 17일 난징에 입성한 일본군은 최소 수만 명에서 최대 30만 명이 넘는 중국인을 무참히 학살합니다. 1938년 2월 18일부터 1943년 8월 23일까지는 충칭에 무차별로 폭격을 가해 수많은 민간인을 학살하니다. 1943년 11월 초부터 12월 말까지 일본군과 국민혁명군이 창더에서 공방전을 벌여 중화민국이 승리합니다.

뮌헨협정

체코슬로바키아는 제1차 세계 대전이 종전된 후 오스트리아-헝가리 제국의 해체 과정에서 민족자결주의에 따라 체코인과 슬로바키아인들이 독립하여 같이 건설한 국가입니다. 다양한 소수민족이 공존하였는데 가장 인구가 많은 민족은 300만 명에 달하는 주데텐란트의 독일인이었습니다. 히틀러는 민족자결주의를 역으로 이용해 독일인의 자결을 요구한다며 주데텐란트를 합병하려 합니다.

전쟁이 벌어지는 것이 싫었던 영국과 프랑스는 1938년 9월 30일 뮌헨에서 이탈리아의 중재 하에 히틀러와 회담을 합니다. 영국 수상인 네빌 체임벌린, 프랑스 총리인 에두아르 달라디에, 독일 퓌러인 아돌프 히틀러, 이탈리아 두체인 베니토 무솔리니가 모인 이 회담에서 체코슬로바키아의 의견은 철저히 무시한 나치 독일에 주데텐란트의 영유권이 넘어갑니다.

폴란드 침공

독일은 폴란드가 마음에 들지 않았습니다. 독일 입장에서는 제1차 세계대전 패배로 뺏긴 땅이고 그래서 독일 본토와 동프로이센이 갈라진 것이기 때문입니다.

히틀러는 스탈린과 함께 침공하기로 밀약을 맺고는 1939년 9월 1일 독일은 폴란드를 침공합니다. 이 전투부터 제2차 세계대전의 시작으로 봅니다. 독일 기갑부대에 대항해 폴란드 기병들은 죽을 걸 알면서도 나라를 지키기 위해 용감하게 돌격합니다. 9월 16일 폴란드의 패배가 기정사실로 되자 소련도 폴란드를 침공합니다. 폴란드는 독일과 소련이 나누어 가집니다. 독일은 인종청소를 자행해 수만 명을 학살합니다. 소련도 폴란드를 말살할 목적으로 1940년 4월 3일부터 약 2개월 동안 스몰렌스크 근방 카틴 숲을 비롯한 소련 서부 일대에 수용된 폴란드 지식인 2만 1768명을 학살합니다.

겨울전쟁

1939년 11월 30일 소련은 핀란드를 만만히 보고 침공합니다. 소련은 25개 사단, 54만 명의 병력을 동원하지만 소련보다 더 추운 핀란드에서 소련군이 추위로 얼어 죽는 동안 핀란드는 여유롭게 사우나를 즐기며 사냥으로 단련된 사격 솜씨로 소련군을 격퇴합니다. 핀란드군의 시모 해이웨는 조준경도 없는 소총으로 전쟁 동안 542명을 사살합니다. (저격수 역대 최다 기록입니다.)

하지만 1940년 2월 소련군은 90만 명의 병력을 더 투입해 총공격을 감행했고 핀란드 방위군 총사령관 만네르하임으로부터 항복을 받아냈습니다. 핀란드 영토의 11퍼센트, 산업능력의 10퍼센트를 뜯어갔기에 핀란드는 소련과 원수 사이가 되었고 나중에 주축국에 가담합니다.

됭케르크 철수작전

프랑스 전쟁부 장관인 앙드레 마지노는 독일의 침략에 대비해 1929년부터 1938년까지 프랑스-독일 국경에 대규모 요새 지대인 마지노선을 만들어두었습니다. 그런데 덴마크 방향 국경에는 덴마크의 반대로 만들지 않았습니다.

제2차 세계대전이 시작되자 프랑스 제4기갑사단장 샤를 드골은 독일이 벨기에로 우회 침공할 것이니 그쪽을 막아야 한다고 강력하게 건의하지만 묵살당합니다. 결국 드골의 우려대로 1940년 5월 10일부터 독일은 만슈타인의 지휘하에 벨기에 아르덴 숲을 넘어 침공합니다. 드골은 맹렬히 반격하여 독일군 기갑부대를 주춤하게 만들지만 독일군의 압도적인 전력에 결국 저지선이 뚫려버립니다.

독일은 기갑, 기계화보병, 항공기, 공수부대를 이용해 기동성을 최대한 추구한 전격전電擊戰을 벌여 연합국을 됭케르크로 밀어 넣습니다. 그런데 하인츠 구데리안의 기갑부대가 연합군을 섬멸하기 위해 진격하는 순간 히틀러가 진격 중지를 명령합니다.

영국은 연합국을 철수시키기 위해 자국의 선박을 있는 대로 긁어모아 됭케르크로 보냅니다. 국민들도 여기에 동참해 화물선, 유람선, 트롤어선, 요트까지 끌고 됭케르크로 가서 9일 동안 총 33만 8226명을 철수시킵니다.

1940년 6월 프랑스 정부는 나치 독일에 항복을 선언합니다. 이후 프랑스 남부에 나치 독일의 협력국 비시 프랑스가 세워집니다. 드골은 영국으로 망명하여 망명 정부 자유 프랑스를 조직합니다.

영국 본토 항공전

독일은 영국 침공을 결정합니다. 하지만 영국 항공대가 버티고 있어 배로 병력을 수송할 엄두를 내지 못합니다. 공군 원수 헤르만 괴링은 제공권을 장악하기 위해 폭격기와 전투기로 영국을 공격합니다. 이에 영국 공군이 격돌하면서 1940년 7월 10일부터 1940년 10월 31일까지 항공전이 벌어집니다.

영국 본토 항공전은 독일에 크게 불리했습니다. 영국까지 날아갈 연료가 간당간당한 데다 교전 중 탈출했을 때 생명을 보장받을 수 없었습니다. 반면에 영국군은 에니그마로 독일군 암호를 해독해 공격 경로를 알고 있었고, 최신 기술인 레이더를 사용해 적기를 조기 발견할 수 있었습니다. 게다가 교전 중 탈출하더라도 영국 시민들이 안전하게 보호해 줍니다. 이런 이유로 독일군은 끝내 영국을 점령하지 못합니다. 도리어 영국과 미국이 전쟁이 끝날 때까지 독일 본토를 공습하게 됩니다.

독소 전쟁

영국 본토 항공전은 실패했지만 당분간 영국이 독일을 공격하지 못할 것으로 생각한 히틀러는 독소 불가침 협정을 깨고 1941년 6월 22일 소련을 침공합니다. 스탈린의 안하무인인 성격과 스탈린의 대숙청으로 유능한 장교들이 전부 사라진 소련군은 전쟁 초반 대패하며 서쪽으로 밀려납니다.

그러나 소련 깊숙이 들어가면서 보급로가 길어지고 겨울이 되자 동장군이 공격을 개시합니다. 정신을 차린 스탈린은 참모들의 조언을 듣고 군인을 징집하며 군수물자를 생산합니다. 방어에 나서면서 1941년 10월 모스크바 공방전에 승리하며 독일군을 몰아냅니다.

1942년 8월부터 1943년 2월 2일까지 벌어진 스탈린그라드 전투에서 소련은 113만 명의 사상자를 내며 독일군을 몰아붙여 승리합니다. 주축군은 76만 명의 사상자를 내고 9만 명이 포로로 잡힙니다.

1943년 7월 4일 나치 독일은 마지막 남은 힘을 짜내어 쿠르스크 일대

• (좌) 소련 T-34 전차, 대량으로 찍어 공장에서 전장까지 그대로 달렸다고 합니다. 한국전쟁 때 북한 군도 사용했습니다. (우) 독일 티거 I

전략적 공세를 펼치지만 1943년 8월 23일 패배하며 동부전선의 주도권을 완전히 상실합니다.

쿠르스크 전투는 현재까지 가장 규모가 컸던 전투이며 기갑전입니다. 제2차 세계대전부터 전차는 육상 전투에 중요 전술 무기가 되었습니다.

1941년 9월부터 시작된 레닌그라드 공방전도 1944년 1월 27일 종료됩니다.

이탈리아, 연합국을 도와주다

독일군이 동과 서, 양쪽 전선에서 고군분투하는 동안 이탈리아군은 오히려 독일을 방해만 하고 있었습니다. 독일이 프랑스를 침공하자 이탈리아는 프랑스 남부를 침공하는데 주력부대도 아닌 프랑스 알프스 군에게 참패합니다. 1940년 8월에는 이집트 왕국을 침공하지만 연합군에게 참패하고 리비아까지 밀려버립니다.

독일은 에르빈 롬멜을 파견합니다. 롬멜은 1942년 7월 엘 알라마인 전투에서 연합군에게 궤멸 직전의 타격을 입힙니다. 하지만 10월 제2차 엘 알라메인 전투에서 버나드 로 몽고메리의 선전으로 주축군은 북아프리카에서 철수합니다. 사실은 히틀러가 보급을 제대로 안 해주자 롬멜이 철수한 것입니다.

무솔리니는 그리스를 침공하지만 또 참패합니다. 나치군은 독소전쟁을두 달 늦추고 이탈리아군을 구원합니다. 이 전투만 아니었으면 동장군의 공격을 받지 않았을 것입니다.

1943년 7월 연합군이 시칠리아를 점령하고 이탈리아 본토에 상륙합니다. 1943년 7월 24일, 파시스트 당 대회에서 무솔리니 탄핵 결의안이 통과되었고, 다음날 국왕 비토리오 에마누엘레 3세가 탄핵 결의안을 추인하고 무솔리니를 해임합니다. 무솔리니는 사임한 후 국왕의 명령에 따라 전범 혐의로 체포되어 애인 클라라와 함께 아펜니노산맥 골짜기의 그란사소산에 있는 '캄포 임포라토레' 산장에 연금됩니다. 9월 12일 이탈리아는 항복합니다.

그런데 바로 그날 오토 스코르체니 SS 보병 대위가 지휘하는 SS와 루프트바페 공수부대의 합동 특공대가 무솔리니를 구출해 독일로 호송합니다. 히틀러는 무솔리니에게 밀라노에 괴뢰정부인 이탈리아 사회 공화국을 세우게 합니다. 무솔리니는 국가 원수가 됩니다.

태평양 전쟁

중일전쟁에서 일본인의 만행 소식을 들은 미국은 석유 금수 조치와 철강 수출 제한 조치를 시행합니다. 세계 최강국이었던 미국을 상대로 이길수 있다는 커다란 착각을 한 일본은 1941년 12월 7일 아침, 항공모함 6척을 동원한 대함대를 이끌고 하와이 진주만의 미국 해군 태평양 함대를 기습 공격합니다. 이로써 태평양 전쟁이 시작됩니다.

1942년 4월 18일 둘리틀 특공대는 진주만 공습의 보복으로 항모에 육군 항공대 폭격기를 싣고 가서 일본 본토를 폭격하는, 거의 불가능한 작전을 성공시키며 미국군의 사기를 크게 올렸고 일본군의 사기를 크게 저하시킵니다.

1942년 6월 4일부터 6월 7일까지 미드웨이 제도 주변에서 일본 해군과 미 해군이 격돌합니다. 일본은 전함을 주력으로 하고 항공모함을 보조로 사용하는 전술을 택했지만 진주만 공습으로 전함을 잃은 미국은 항공모함을 주력으로 내세워 전투를 벌입니다. 그런데 항공모함 위주의 전술을 이용한 미군이 압도적으로 승리하면서 일본은 태평양 제해권을 상실합니다. 이후 해전은 항공모함 위주의 교리로 바뀌게 됩니다.

미국은 전시 생산 체제를 구축하여 품질 좋은 무기를 차고 넘칠 만큼 생산하며 일본을 몰아붙입니다.

• 일본전함 야마토 (기준 배수량 6만 9100톤)

• USS 엔터프라이즈호 (기준 배수량 1만 9800톤)

맥아더, 태평양 전쟁에서 승기를 잡다

제2차 세계 대전 시작 전 맥아더는 미국에서 독립한 신생 필리핀군 군사 고문이자 '최고사령관'이며 옛날 친구인 필리핀 대통령 케손에 의해 필리핀 육군 원수에 임명됩니다. 그 후 제2차 세계 대전이 발발하자 현역에 복귀, 이후 미군 극동 사령관, 남서태평양 사령관 등에 부임합니다. 그런데 일본군이 필리핀을 침공하자 제대로 막아내지를 못했고 미군 3만 명, 필리핀 12만 명을 합쳐 총 15만 병력으로 구성된 군대가 7만 명이 되어 바탄반도로 후퇴합니다.

하지만 맥아더뿐 아니라 아시아 전역의 연합군이 일본의 공습으로 박살 나는 바람에, 그나마 바탄반도에서 버티는 맥아더는 언론에 의해 미국인의 영웅이 되어버립니다. 영웅이 죽었다가는 사기에 문제가 생긴다고 판단한 루스벨트는 맥아더에게 명예훈장을 주면서 오스트레일리아로 후퇴할 것을 명령합니다. (맥아더가 말을 안 들어서 거의 협박했다고 합니다.) 결국 맥아더는 "I shall return"이라는 말을 남기며 도망칩니다.

오스트레일리아(정확히는 뉴기니)에서는 훌륭하게 방어에 성공하여, 일본군 20만 명 중 18만 5000여 명이 전사합니다. 그리고 일본군으로부터 필리핀을 탈환하는 데 성공합니다. 이때 미국군 40만으로 일본군 40만을 공격, 1만 명의 피해만 입고 일본군 40만을 전멸시킵니다. 하지만 여기에는 전혀 다른 속 사정이 있습니다. 필리핀의 일본군은 이미 제공권과 제해권을 상실하고 말라죽어가고 있었습니다. 40만 일본군 중 80퍼센트는 기아 및 질병으로 인한 비전투 손실입니다. 즉 맥아더는 손쉽게 승리하며 자신의 명예 회복을 할 수 있었습니다.

전쟁의 끝

1944년 6월 6일 연합군이 나치 독일 치하의 프랑스를 해방하고 유럽을 탈환하기 위해 역대 최대 규모의 상륙작전인 노르망디 상륙작전을 실시합니다.

나치 독일 육군 원수 에르빈 롬멜은 이런 일이 있을 것을 예상하고 대규모 지뢰 지대, 해안 장애물, 해안가 벙커, 육해군 해안포 및 야포 진지, 공수부대의 강하 방해 늪지대 조성을 실시합니다. 그러나 시간 부족으로 작업의 진척은 절반 정도만 실행되었고 이 때문에 연합군은 제법 큰 피해를 보았지만 상륙작전에 성공합니다. 롬멜은 7월 발생한 히틀러 암살 사건에 연루되었다는 의심을 받고 자살합니다.

태평양에서는 1944년 10월 일본 해군이 남아있는 모든 전력을 끌어모아 미군에게 마지막 승부를 걸었고 이 전투는 '레이테만 해전'으로 불리며 역사상 세계 최대의 해전으로 지금까지 기록되고 있습니다. 일본은 비행기 자폭 전술인 가미카제까지 동원하며 미 해군을 공격하지만 미국의 항공모함과 전함의 합동 공격에 완전히 와해하여 버립니다.

1945년 3월 도쿄 대공습이 시작되고 유럽에서는 독일 본토 침공이 시작됩니다. 동부 전선에서 소련군도 베를린으로 진격하여 4월에는 베를린에서 치열한 공방전이 벌어집니다. 결국 4월 30일 히틀러는 동거녀 에바 브라운과 함께 자살합니다.

유보트 함대 사령관직을 맡다가 해군 총사령관으로 승진한 해군 원수 카를 되니츠는 4월 30일 나치 독일과 바이마르 공화국의 국가 원수가 됩니다. 5월 23일 되니츠가 항복하면서 유럽에서 전쟁은 끝납니다.

4월 25일에는 이탈리아 파르티지아노(빨치산)가 총궐기해 밀라노를 해방시킵니다. 무솔리니는 밀라노에서 탈출하여 독일군으로 위장하고 도망치다가 파르티지아노에게 붙잡혀 1945년 4월 28일 사살당합니다.

일본은 인구 모두가 전쟁에서 명예롭게 죽자는 뜻의 '1억 옥쇄—億玉碎'를 외치며 최후의 발악을 하지만 8월 6일 히로시마에 리틀 보이Little Boy, 8월 9일 나가사키에 팻맨Fat Man이라는 원자폭탄이 떨어지며 8월 15일 무조건 항복합니다. 맥아더는 일본과의 항복 협상에 대표로 참석해 전함 미주리호 함상에서 항복 조인서에 직접 사인하고 일본의 항복을 받아냅니다.

⊘ 읽을거리

'파르티잔(partisan)'은 나폴레옹 전쟁 중 프랑스군을 괴롭히던 스페인 게릴라를 지칭하던 프랑스 단어입니다. 스페인 내전과 2차 세계 대전 당시 추축국에 대항하던 게릴라들을 파르티잔이라고 부르며 이 명칭이 전 세계적으로 널리 알려지게 됩니다. 이탈리아에서는 파르티지아노(Partigiano), 러시아에서는 빠르찌잔(Партизан) 등으로 불리다가 한국전쟁 때 북한군에 의해 빨치산이라는 이름으로 알려지게 됩니다.

그런데 정작 이 명칭을 만든 프랑스에서는 프랑스의 파르티잔들을 레지스탕스(Résistance)라고 불렀습니다.

전쟁 이후

연합국은 카이로, 얄타, 포츠담 회담을 열어 전후 처리 문제를 결정합니다.

말썽을 부린 독일은 동서로 분리시킵니다. 그런데 애꿎은 대한민국도 남북으로 분리됩니다.

연합국은 국제 평화와 질서를 유지하고, 분쟁과 전쟁을 막을 수 있는 강력한 국제기구가 필요하다는 것에 공감합니다. 1945년 10월 24일 프랑스, 중국, 소련, 미국, 영국 주요 5개국과 기타 46개국들이 서명하여 정식으로 유엔United Nation이 출범합니다. UN은 국제 평화 유지를 위해 유엔 평화유지군을 파견할 수 있습니다.

제17장 | 냉전의 시대

	세계사	우리 역사
1946년	중국, 국공내전 (~1949년)	
1947년	미국, 트루먼 독트린 발표, 인도 독립	
1948년	1차 중동전쟁	대한민국 정부 수립
1949년	NATO 북대서양조약기구 결성, 중화인민공화국 수립	
1950년		6·25 전쟁(~1953년)
1954년	베트남 디엔비엔푸 전투	
1955년	바르샤바조약기구 결성	
1958년	중공 대약진 운동(~1962년)	4·19 혁명
1961년	베를린 장벽 건설	5·16 군사정변
1962년	쿠바 미사일 위기	
1964년	미국 베트남 전쟁 참전(~1973년)	
1965년	문화대혁명 (~1976년)	
1968년	프라하의 봄	
1969년	닉슨 독트린	
1972년	데탕트	7·4 남북공동성명 발표, 유신헌법
1973년	1차 석유파동	
1975년	캄보디아 킬링필드(~1979년)	
1979년	소련 아프가니스칸 침공, 이란 혁명	10·26 사태, 12·12 사태
1980년	이란-이라크 전쟁	
1987년		6월 민주항쟁
1989년	베를린 장벽 붕괴, 루마니아 차우세스쿠 실각	
1990년	독일 통일	
1991년	소련 해체	한국, 북한 UN 동시 가입

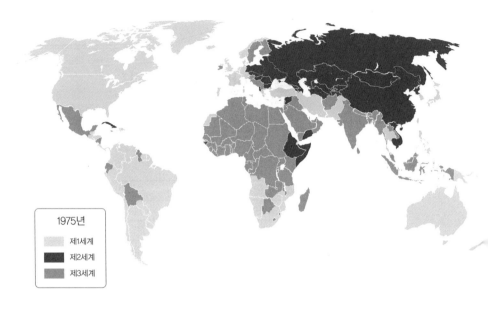

제2차 세계대전 이후 세계 질서는 미국과 소련이라는 두 초강대국으로 재편됩니다.

유럽에서는 소련을 중심으로 한 공산주의 혁명이 도미노처럼 일어나며 동유럽이 공산화됩니다. 미국은 이에 대응하여 서유럽을 미국의 영향력 아래 두려고 합니다.

미국은 친미 국가들을 제1세계第一世界, first world, 친소 국가들을 제2세계第二世界, second world라고 분류합니다. 대표적으로 나토NATO에 속한 유럽 국가가 제1세계, 바르샤바 조약 기구에 가입한 국가는 제2세계입니다. 제1세계와 제2세계는 전쟁은 하지 않았지만 언제든지 전쟁이 일어날 수 있다고 서로를 경계하게 됩니다. 이 시대를 냉전의 시대라 합니다. 한편 제1세계와 제2세계에 해당하지 않는 국가들은 제3세계第三世界, third world 라고 합니다.

1969년까지의 세계

동구권의 공산화

1947년까지 루마니아, 불가리아 등 많은 나라가 왕정을 폐지하고 공산주의 국가를 세웁니다. 공산주의 국가들은 외부 세계와 완전히 단절하는데 이를 일러 철의 장막이라고 합니다. 철의 장막은 제2세계가 무너질 때까지 걷히지 않았습니다.

1947년 트루먼은 미국의 전통적인 고립주의를 탈피하여 공산주의를 저지하기 위해 개입하겠다고 선언합니다. (트루먼 독트린) 이에 따라 제1세계 재건과 경제적 번영을 위해 미국이 원조를 해주는 마셜 플랜이 실행됩니다.

인도 독립

인도는 제2차 세계대전 협조의 대가로 영국으로부터 독립을 얻어냅니다. 그러나 인도 제국 내 무슬림들이 이슬람 국가 수립을 요구하면서 인도 전역에서 무슬림-비무슬림 간의 충돌로 수십만 명이 사망하는 혼란 상태가 됩니다.

영국은 인도 제국을 분할하기로 하고 동벵골 지역과 인도 제국 서북부를 분리합니다. 1947년 8월 14일에 무슬림 국가인 파키스탄 자치령을 세웠고, 나머지 지역에는 8월 15일에 비무슬림 국가인 인도 자치령을 세웁니다. 간디는 인도의 분열을 막으려 했지만 힌두교 극우파 청년 나투람 고드세에게 암살당합니다. 두 국가는 1947년 카슈미르를 놓고 제1차 인도-파키스탄 전쟁을 벌이기도 했습니다.

1차 중동전쟁

1948년 5월 15일부터 1949년 3월 10일까지 팔레스타인을 두고 유대인과 아랍이 전쟁을 벌였습니다. 유대인이 승리하며 이스라엘이 건국됩니다. 반면 대규모 팔레스타인 아랍인 난민이 발생합니다.

NATO 결성

1949년 4월 4일 북대서양 조약 기구가 결성됩니다. 북대서양 조약 제5조는 "회원국 일방에 대한 무력 공격을 전체 회원국에 대한 공격으로 간주한다"라고 명시되어 있습니다.

중국의 공산화

국공내전 끝에 1949년 중국이 공산화되고 장제스는 대만으로 도망칩니다. 공산 중국은 중공, 대만의 중화민국은 자유중국이라 불렸지만 실상 자유중국은 계엄령을 선포하여 자유라고는 없는 나라였습니다.

한국전쟁

김일성의 남침으로 한반도에서는 전쟁이 일어납니다. 최초로 UN군이 파병된 전투입니다. 1953년 휴전하였고 지금도 여전히 휴전 중입니다.

맥아더는 한국전쟁에 참전하여 '인천상륙작전'을 성공시켜 오래간만에 자신의 참모습을 보여줍니다. 하지만 중공군이 남진하고 있다는 확실한 증거와 전선 장교들의 요청에도 불구하고 압록강까지 진격하다가, 중공군에게 역습을 당해 미 8군과 10군단은 거의 궤멸 상태가 되고 이어지는 청천강 전투에서 UN군은 대패하고 맙니다. 그러자 맥아더는 만주에 핵

폭탄을 투하하고 중공을 침공하자고 요구합니다. 그랬다면 제3차 세계대전이 일어났을 것입니다.

맥아더의 안하무인하고 독불장군스러운 성격을 잘 아는 트루먼 대통령은 결국 맥아더를 파면합니다. 그는 미국 군가에 나오는 "노병은 죽지 않는다. 다만 사라질 뿐이다Old soldiers never die; they just fade away"라는 말과 함께 퇴임합니다.

디엔비엔푸

1954년 3월 13일부터 5월 7일까지 베트남 디엔비엔푸 일대에서 전투가 벌어집니다. 공산주의인 베트민(월맹)이 승리하고 프랑스는 베트남에서 철수합니다.

중공 대약진운동

모택동은 1958년 미국, 소련, 영국, 프랑스를 따라잡겠다며 '제2차 5개년 계획'을 수립하고 실행합니다. 이를 대약진운동大跃进运动이라 합니다. 먼저 철 생산량을 늘리기 위해 집마다 뒤뜰에 토법고로를 지어서 철을 생산하게 합니다. 하지만 여기서 생산된 철로 만들어진 물건들은 실생활에 전혀 사용할 수 없는 것들입니다. 부엌칼은 무만 잘라도 휘어지고, 농기구는 흙을 한 번만 갈아도 자루째 부러졌습니다. 그뿐만 아니라 토법고로에 쓸 연료를 구하려다 보니 주변 숲의 나무들이 모두 벌목되어 버립니다. 이 때문에 1960년과 1961년에는 홍수와 가뭄이 발생합니다.

마오쩌둥은 논에다 벼를 빽빽하게 심으면 생산량이 늘 거로 생각하고는 그대로 실행에 옮깁니다. 하지만 벼 사이의 간격이 너무 좁아 벼의 생장이 저해되고 병충해가 발생하면서 수확이 크게 줄어버립니다. 게다가 참새들이 작물의 낱알을 먹는다는 이유로 참새 박멸 운동을 합니다. 정확하게는 제사해除四害 운동으로 참새, 쥐, 모기, 파리를 사해四害로 지정하고 박멸하는 운동이었습니다. 그런데 정작 박멸되어야 할 쥐, 모기, 파리는 박멸되지도 않았고 참새만 박멸되었습니다. 결국 1958년 이후 충해가 확산하면서 흉년이 듭니다. 대약진운동 기간에 굶어 죽은 사람이 3000만~5000만 명이라고 합니다.

대약진 운동을 주도한 마오쩌둥의 권위는 추락하고 1959년 당중앙위원회의 결정에 따라 마오쩌둥은 국가 주석을 사퇴합니다. 국가 주석은 류사오치가 이어받아 덩샤오핑과 함께 대약진운동의 혼란을 수습합니다.

베를린 장벽 설치

동서 베를린은 왕래가 자유로웠습니다. 소련 서기장 니키타 흐루쇼프는 날로 발전하는 공산주의 동독의 위용을 보고 자연스럽게 서독 사람들이 동독으로 몰려올 거라고 호언장담했습니다. 하지만 현실은 1961년까지 베를린을 통해 동독에서 탈출한 독일인의 수가 380만 명이었습니다. 동독은 1961년 8월 13일에 베를린에 장벽을 축조하여 동서의 왕래를 완전히 금지합니다. 혹시라도 넘어가는 사람은 그 자리에서 사살했습니다.

쿠바 미사일 위기

쿠바는 줄곧 미국의 속국이나 다름없었습니다. 친미 성향의 대통령이던 바티스타는 대단히 무능하고 부패해서 자신의 사리사욕만 채우는 사람이었습니다. 피델 카스트로, 라울 카스트로, 체 게바라 등은 1953년부터 혁명 운동을 일으켜 1958년 바티스타의 친미 정권을 무너트리고 공산주의 국가를 건설합니다.

1962년 10월 14일 미국의 U-2 정찰기가 쿠바에 소련의 핵 탄도미사일 기지가 건설되는 것을 포착합니다. 소련과 미국은 전쟁 직전까지 갔다가 흐루쇼프가 튀르키예에 배치한 미국의 핵 탄도미사일 철수를 조건으로 협상을 신청하고 미국이 받아들이면서 다행히 제3차 세계대전은 일어나지 않았습니다.

베트남 전쟁

1954년 디엔비엔푸 전투 이후 제네바 합의에서 베트남이 공산주의 북베트남(월맹)과 자본주의 남베트남으로 분단됩니다. 제네바 합의에 따라 남북 총선을 해야 했으나 공산주의 정부가 들어서는 것이 두려웠던 남베트남과 미국이 총선을 거부합니다.

북베트남은 적화통일을 목적으로 1955년 남침합니다. 남베트남을 도와주고 싶었던 미국은 1964년 통킹만에서 고의로 국경을 넘어 월맹의 경고 사격을 유도한 후, 월맹이 미국을 공격했으니 우리도 월맹을 공격하겠다는 참전 명분을 만들어 베트남 전쟁에 개입합니다. 하지만 월맹의 땅굴을 이용한 게릴라전에 고전하다가 1973년 결국 철수합니다.

1975년 사이공이 함락되며 베트남 전쟁이 끝납니다.

문화대혁명

마오쩌둥은 자신을 신으로 모시고 자신의 어록을 경전으로 여기는 젊은이들에게 대약진운동의 실패는 자기 탓이 아니라 부패한 관료주의 때문이라고 선동합니다. 이에 넘어간 젊은이들(홍위병)은 1966년 8월 8일 관료주의와 옛 문화의 잔재를 없애버리는 혁명을 일으킵니다.

먼저 류사오치는 홍위병에게 붙잡혀 고문을 당하고는 국가주석직에서 쫓겨나 가택에 연금되었다가 몇 년 후 사망합니다. 덩샤오핑도 재교육을 세 번이나 받고 난 뒤 지방의 트랙터 엔진 공장에서 일하게 됩니다. 홍위병들은 지식인들과 정치인들을 길바닥에 끌고 나와 공개 처벌을 하고는 강제노동 수용소로 보내버립니다. 또 절, 사당, 성당은 폐쇄되거나 약탈당했고 중국의 수많은 문화유산도 박살이 납니다. 결국 1968년 마오쩌둥은 이전보다도 더욱 강력한 권력을 가지게 됩니다.

그러자 마오쩌둥은 쓸모가 없어진 홍위병들을 처리해 버립니다. 모택동은 인민해방군이 홍위병보다 우위라고 선언하고 홍위병들을 진압합니다. 그리고 홍위병들을 농촌으로 내려보내는 상산하향上山下鄕 운동으로 완전히 해체해 버립니다.

문화대혁명 기간에 모택동에게 빌붙어 권력을 장악한 강청, 왕홍문, 장춘교, 요문원을 사인방이라고 합니다. 이들은 문화대혁명 이후 무소불위의 권력을 휘둘렀지만 1976년 모택동이 죽으면서 권력을 잃어버립니다. 다시 권력을 찾기 위해 상해에서 병력을 모집하는 등의 발악을 했지만 결국 한 달도 못 되어 전부 체포됩니다.

1981년에 공개 재판이 열리고 강청과 장춘교는 사형 집행유예, 왕홍문은 종신형, 요문원은 20년형을 선고받습니다. 그 후 강청은 1991년 식도암으로 후송된 병원에서 자살, 왕홍문은 1992년 감옥에서 병사, 장춘교는 1998년 가석방된 후 얼마 지나지 않아 병사, 요문원은 1996년에 가석방된 후 2005년 병사합니다.

프라하의 봄

1968년 1월 5일 체코슬로바키아 서기장이 된 알렉산데르 둡체크는 인간의 얼굴을 한 사회주의라는 구호 아래 다당제 도입, 언론 자유화, 연방제 국가로 체제 전환 등 민주화를 시도합니다. 그러나 이를 공산주의 이탈로 여긴 소련은 8월 21일 체코슬로바키아를 침공하여 둡체크를 체포합니다. 둡체크는 체코슬로바키아 국민들에게 무력 저항을 하지 말 것을 호소합니다.

둡체크가 모스크바로 강제 송환되면서 프라하의 봄은 오지 못합니다. 그러나 1989년 동유럽 혁명으로 프라하에는 봄이 왔고 둡체크는 1989년 12월부터 1992년까지 체코슬로바키아의 연방 의회 의장을 맡게 됩니다.

데탕트

데탕트Détente는 '긴장의 완화'를 뜻하는 프랑스어입니다. 1970년대 초부터 약 10년간 지속된 미국과 소련의 대립이 다소 완화되었던 현상을 말합니다.

닉슨 독트린

미국은 베트남 전쟁을 수행하는 과정에서 대대적인 반전 여론이 일어납니다. 제37대 미국 대통령 리처드 닉슨은 시대의 요구에 호응해 1969년 7월 25일 괌에서 닉슨 독트린을 발표합니다.

베트남 전쟁과 같은 군사적 개입을 피하고, 태평양 지역에 직접적, 군사적 또는 정치적인 과잉 개입은 하지 않으며, 아시아 국가들이 자주적으로 행동하도록 돕겠다는 내용입니다. 이러한 닉슨 독트린은 1972년 7.4 남북 공동 성명을 발표하는 계기가 되었습니다.

1차 오일쇼크

1971년 리처드 닉슨은 미국의 금 태환 제도를 폐지합니다.

세계 경제가 불안해지자 아랍의 산유국들은 석유 무기화 정책을 추진합니다. 1973년 아랍 산유국들이 석유를 매월 단 5퍼센트만 감산했음에도 불구하고 석유 가격은 4배로 폭등합니다. 감산정책은 1974년까지 계속되었습니다.

킬링필드

1975년 공산주의 무장 군사 조직인 크메르루주가 캄보디아를 장악합니다. 크메르루주는 기존의 산업시설을 모두 파괴하고 국민을 모조리 농사꾼으로 만듭니다. 기업인·유학생·부유층·구 정권의 관계자들은 반동분자로 몰아서 학살했는데 그 수가 800만 명 중 170만~250만 명가량 되는 것으로 추정됩니다. 크메르루주는 시체들을 집단 매장했는데 이곳을 킬링필드라고 부릅니다.

크메르루주 정권은 1979년 베트남의 침공 때까지 계속됩니다.

이란혁명

이란의 팔라비 2세는 즉위 후 친서방 외교 노선을 취하고 개발독재를 하면서 서구식 세속국가를 지향하는 백색혁명을 주도합니다. 그러나 이슬람 원리주의자들은 토지개혁, 세속주의 지향, 공교육 보급과 여성 참정권, 교육권 보장 및 히잡, 차도르 착용 금지와 같은 개혁의 내용이 마음에 들지 않았습니다.

이슬람 율법학자 아야톨라 루홀라 호메이니는 1963년 반정부 투쟁을 벌이다 프랑스로 추방됩니다. 하지만 호메이니는 프랑스에서 이란 국내 세력과 연계하여 반정부 운동을 이어 나갔고 1979년 이란 혁명을 일으켜 팔라비 왕조를 무너트리고 이슬람 종교 지도자가 최고 권력을 가지는 사실상 신정 체제의 이란 이슬람 공화국을 수립합니다.

이란 혁명으로 아랍의 정세가 불안해지자 2차 오일쇼크가 일어나고 한국도 오일 쇼크의 영향을 받아 실업자들이 많이 생겼습니다.

소련-아프가니스탄 전쟁

1978년 아프간 좌익 반군들이 쿠데타를 일으켜 아프가니스탄 공화국을 무너트리고 공산정권을 수립합니다. 이에 지방의 여러 부족이 반발하였고 무자헤딘이라는 이름의 반군 게릴라들이 공산 정권에 저항하면서 내전이 벌어집니다.

소련은 무자헤딘을 진압하기 위해 1979년 12월 24일 아프가니스탄을 침범합니다. 그러나 1989년 진압에 실패하고 철수했으며 아프가니스탄의 공산 정권은 붕괴합니다. 이 전쟁은 소련 붕괴에도 적잖은 영향을 미쳤습니다.

이란-이라크 전쟁

이란에 시아파 정부가 들어서자 이라크에서도 사담 후세인의 수니파

정부를 타도하고 시아파 정부를 세우자는 소요 사태가 일어납니다. 사담 후세인은 이란이 무너지면 소요 사태도 없어진다는 아주 간단한 발상을 합니다. 더구나 이란은 혁명 때문에 기존 군 세력을 숙청하고 그 공백을 민병대 수준에 불과한 이란 혁명 수비대로 채웠기 때문에 군사력이 매우 허약한 상태였습니다. 호메이니를 싫어하는 미국과 수니파 아랍권 국가, 심지어 소련의 지원까지 받은 이라크는 1980년 9월 22일 이란을 침공합니다.

위기에 몰린 이란은 애국심에 호소하고 숙청당했던 군 인력을 복귀시킵니다. 더구나 이란은 팔라비 왕조 시절 미국으로부터 사들인 우수한 무기들이 있었기 때문에 전쟁은 장기전으로 들어갑니다. 1988년 8월 20일 결국 서로의 국력만 깎아 먹은 채 전쟁은 종결됩니다.

냉전의 끝

동유럽 혁명

소련의 미하일 고르바초프 대통령은 동유럽이 공산주의에서 벗어나더라도 강제로 간섭하지 않겠다는 뜻을 천명합니다. 1989년 초 폴란드, 헝가리가 총선을 통해 공산주의에서 벗어나면서 혁명이 시작됩니다.

베를린 장벽 붕괴

동유럽 혁명의 영향을 받아 동독에서도 민주화 시위가 연일 벌어집니다. 동독 지도부는 시위대를 달래기 위해 1989년 11월 9일 오후 6시 58분기자회견으로 여행 자유화 정책을 발표합니다.

그런데 당시 기자 회견장에서 이탈리아 ANSA 통신의 동베를린 주재 기자인 리카르도 에르만이 이를 국경 전면 개방으로 오해하고는 "베를린 장벽이 무너졌다!"라고 이탈리아에 전달합니다. 이 오보는 서독의 뉴스 프로그램이던 타게스샤우에 의해 "국경 개방 조치가 지금 즉시 시행된다"라고 보도됩니다. 이 뉴스를 시청한 동독 시민들이 우르르 베를린 장벽으로 몰려들었고 동독 국경수비대원들은 어쩔 수 없이 국경을 열어주며 오보는 현실이 됩니다.

소련 붕괴

1989년 동유럽이 줄줄이 공산주의를 포기하면서 종주국인 소련도 힘이 약해졌고 1991년 7월에는 바르샤바 조약 기구마저 해체됩니다. 소비에트 연방에 속해있던 발트 3국인 리투아니아, 에스토니아, 라트비아는 이미 독립을 확정 지었고 다른 공화국들도 탈퇴를 고민하는 등 소련은 바야흐로 해체 위기에 처해있었습니다. 소련의 공산당 보수파들은 쿠데타를 감행하고 8월 18일 고르바초프를 크림반도의 별장에 감금합니다. 하지만 러시아 대통령 옐친이 봉기를 촉구하였고 수만 명의 시민이 이에 호응하여 거세게 저항하면서 쿠데타는 실패합니다.

하지만 이 사건으로 고르바초프는 심각한 타격을 입게 되고 반대로 옐친이 급부상합니다. 8월 25일 고르바초프 대통령은 공산당 서기장 사임을 선언했고 8월 29일에는 아예 공산당 활동이 금지됩니다. 9월 6일 발트 3국의 독립이 승인되었고 나머지 공화국들도 소련 건국 69주년을 나흘 앞둔 12월 26일 독립이 승인되면서 소련은 지구상에서 사라집니다.

나가는 글

소련의 붕괴로 미국은 세계 유일의 초강대국으로 떠오릅니다. 중국이 도전하고 있지만 아직은 힘들 것 같습니다. 제3천년기가 시작되면서 일어난 가장 큰 역사적 사건은 아마도 대한민국이 선진국이 된 것입니다. 대한민국은 한국전쟁 직후 세계에서 가장 약하고 가난한 나라였으며 미국의 원조 없이는 생존이 불가능한 나라였습니다. 1970, 1980년대에는 사정이 조금 나아졌지만 쿠데타와 군사독재에 신음하던 나라였습니다. 그러나 현재 대한민국은 인류 역사상 거의 유일한 최극빈국에서 선진국으로 진입한 나라가 되었습니다.

이 책을 찬찬히 읽은 분들이라면 역사는 반복된다는 것을 아셨을 것입니다. 그 때문에 역사를 배워야 합니다. 과거를 알면 미래를 예측할 수 있습니다. 또한 역사를 통해 삶의 지혜를 배울 수 있습니다. 성공한 위인들의 삶에서 그 비결을 배우시고, 실패한 인물들의 삶을 타산지석他山之石 삼으시기를 바랍니다. 반복되는 역사에서 교훈을 얻은 분은 결코 같은 실수를 반복하지 않을 것입니다.

여러분들의 힘으로 22세기가 시작되기 전 대한민국이 초강대국이 되기를 기대합니다.

한 마디만 더 덧붙이겠습니다.

인류의 역사를 한두 권의 책으로 요약하는 것은 정말로 힘든 작업이었습니다. 어쩔 수 없이 문화나 예술, 생활에 관한 역사는 생략할 수밖에 없었습니다. 다른 분야의 역사가 궁금하신 분들은 필자의 전작이나 앞으로 나올 졸저들을 참고하여 주십시오.

생존을 위한 세계사

1판 1쇄 인쇄 2025년 1월 15일
1판 1쇄 발행 2025년 1월 20일

지은이 강태형
펴낸이 이윤규

펴낸곳 유아이북스
출판등록 2012년 4월 2일
주소 서울시 용산구 효창원로 64길 6
전화 (02) 704-2521
팩스 (02) 715-3536
이메일 uibooks@uibooks.co.kr

ISBN 979-11-6322-161-6 (03900)
값 18,000원